쿡 찍어 먹는
일한단어 9000

쿡 찍어 먹는 일한단어 9000

엮은이	Plus & Plus 어학원
초판 1쇄 인쇄	2009년 11월 30일
초판 1쇄 발행	2009년 12월 5일
펴낸 곳	Plus&Plus
발행인	전승윤
등록	제305-2009-10호
주소	부산시 서구 암남동 301-53호
전화	070-7617-4372(대표)
팩스	051-256-4371
이메일	lap21@korea.com
공급처	빛과 향기
주소	서울시 동대문구 신설동 114-89 삼우빌딩 C동 403호
전화	02-2233-2919(대표)

책값은 뒤표지에 있습니다.
ISBN 978-89-962455-3-7

- 본 저작물은 신저작권법에 의해 보호를 받는 저작물이므로 무단 전재 및 복제를 금합니다.
- 잘못 만들어진 책은 구입하신 서점에서 교환해 드립니다.

쿡 찍어 먹는
일한단어 9000

Plus&Plus 어학원 엮음

차례

들어가는 글 • 6
일본어 문자 • 7
일본어 발음 • 9

あ	22
う	40
お	48
き	82
け	108
さ	137
す	174
そ	190
ち	212
て	225
な	247

い	32
え	45
か	57
く	100
こ	119
し	145
せ	181
た	196
つ	219
と	232
に	254

ぬ	258
の	262
ひ	282
へ	306
ま	319
む	332
も	341
ゆ	348
ら	356
る	363
ろ	367

ね	259
は	266
ふ	293
ほ	310
み	326
め	336
や	345
よ	352
り	359
れ	364
わ	370

들어가는 글

  이 책은 일상생활에서 자주 쓰이는 실용 일한 9000여 단어를 엄선하여 수록하였다.

  일본어는 단어만 알면 외국인처럼 유창하게 말할 수 있기 때문에 하나의 실용 일본어 단어에서 외국어 학습의 문이 무한대로 열린다.

  또한 습의 시기에 가장 필요한 것이 외국어 사전이다. 그러나 대부분의 외국어사전은 한정된 지면에 방대한 정보를 수록하기 때문에 보기 편하고 쉽게 찾기에는 많은 문제를 안고 있다. 그리고 자세한 어구, 해설, 문법 등이 나열되어 있어도 초보자는 오히려 단어의 뜻(의미) 자체가 이해하기 어려운 경우가 많다.

  이 실용 일본어 단어장은 일본어를 배우는 학생에서 실버세대까지 초보자의 시각과 입장에서 이 책을 구성해 누구나 간편하게 찾고 배울 수 있도록 했다.

일본어 문자

　일본에서는 한자(漢字)와 히라가나(ひらがな)와 가타카나(カタカナ)의 3종류 문자가 사용되고 있다. 한자는 우리와 같이 쓰이고 있으나 일부 한자는 정자를 간략하게 쓰는 '신자체'를 쓰고 있다. 히라가나는 한자의 초서체처럼 간단히 줄여서 만든 문자이며, 가타카나는 한자의 일부 획만을 취해 만든 문자이다.

　히라가나는 일상적인 표기에 상용되고 있으며, 가타카나는 외래어 표기에 주로 쓰인다. 일반적으로 이 두 문자를 '가나(仮名)'라고 하며, 가나를 모음을 기준으로 나눈 '5단(段)'과 자음(あ행은 예외)을 기준으로 나눈 '10행'을 배열한 표를 '오십음도(五十音図)'라고 한다. 지금은 50글자 중 중복 및 소멸된 5글자는 쓰이지 않으며, 남은 45자에 발음(撥音) 'ん'이 추가되어 46자가 쓰이고 있다.

◆ 히라가나(ひらがな)・가타카나(カタカナ)

	あ단	い단	う단	え단	お단
あ행	あ(ア) 아[a]	い(イ) 이[i]	う(ウ) 우[u]	え(エ) 에[e]	お(オ) 오[o]
か행	か(カ) 카[ka]	き(キ) 키[ki]	く(ク) 쿠[ku]	け(ケ) 케[ke]	こ(コ) 코[ko]
さ행	さ(サ) 사[sa]	し(シ) 시[shi]	す(ス) 스[su]	せ(セ) 세[se]	そ(ソ) 소[so]
た행	た(タ) 타[ta]	ち(チ) 치[chi]	つ(ツ) 츠[tsu]	て(テ) 테[te]	と(ト) 토[to]
な행	な(ナ) 나[na]	に(ニ) 니[ni]	ぬ(ヌ) 누[nu]	ね(ネ) 네[ne]	の(ノ) 노[no]
は행	は(ハ) 하[ha]	ひ(ヒ) 히[hi]	ふ(フ) 후[fu]	へ(ヘ) 헤[he]	ほ(ホ) 호[ho]
ま행	ま(マ) 마[ma]	み(ミ) 미[mi]	む(ム) 무[mu]	め(メ) 메[me]	も(モ) 모[mo]
や행	や(ヤ) 야[ya]		ゆ(ユ) 유[yu]		よ(ヨ) 요[yo]
ら행	ら(ラ) 라[ra]	り(リ) 리[ri]	る(ル) 루[ru]	れ(レ) 레[re]	ろ(ロ) 로[ro]
わ행	わ(ワ) 와[wa]				を(ヲ) 오[wo]
	ん(ン) 응[ng,n,m]				

일본어 발음

◆ **청음(清音)**

청음이란 오십음도(앞의 히라가나, 가타카나 도표)에서 마지막 문자인 ん(ン)을 제외한 모든 음을 말하며 맑은 소리를 낸다.

あ행	あ(ア)	い(イ)	う(ウ)	え(エ)	お(オ)
	아[a]	이[i]	우[u]	에[e]	오[o]

あ행은 우리말의 '아·이·우·에·오'와 발음이 같으며 단, う는 '우'와 '으'의 중간음으로 입술을 자연스러운 상태에서 발음한다.

か행	か(カ)	き(キ)	く(ク)	け(ケ)	こ(コ)
	카[ka]	키[ki]	쿠[ku]	케[ke]	코[ko]

か행은 단어의 첫머리에 올 때는 '가·기·구·게·고'와 비슷하며, 단어의 중간이나 끝에 올 때는 '까·끼·꾸·께·꼬'로 발음한다.

さ행	さ(サ)	し(シ)	す(ス)	せ(セ)	そ(ソ)
	사[sa]	시[shi]	스[su]	세[se]	소[so]

さ행은 우리말의 '사·시·스·세·소'와 발음이 같다. 단, し의 발음은 '쉬'에 가까운 '시'로 발음하고 す는 '수'보다는 '스'에 가깝게 발음한다.

た행	た(タ)	ち(チ)	つ(ッ)	て(テ)	と(ト)
	타[ta]	치[chi]	츠[tsu]	테[te]	토[to]

た행의 た·て·と는 단어가 첫머리에 올 때는 '다·데·도'로 발음하고, 중간이나 끝에 올 때는 '따·떼·또'로 발음한다. ち는 '치'에 가까운 발음이지만 두 번째 음절에 오면 '찌'로 발음하고 つ는 '츠·쯔·쓰'의 복합적인 발음이다.

な행	な(ナ)	に(ニ)	ぬ(ヌ)	ね(ネ)	の(ノ)
	나[na]	니[ni]	누[nu]	네[ne]	노[no]

な행은 우리말의 '나·니·누·네·노'로 발음한다.

は행	は(ハ)	ひ(ヒ)	ふ(フ)	へ(ヘ)	ほ(ホ)
	하[ha]	히[hi]	후[fu]	헤[he]	호[ho]

は행의 발음은 우리말의 'ㅎ'음과 거의 같다. 단 ふ는 '후'와 '흐'의 중간음으로 입술을 자연스러운 상태에서 발음한다.

ま행	ま(マ)	み(ミ)	む(ム)	め(メ)	も(モ)
	마[ma]	미[mi]	무[mu]	메[me]	모[mo]

ま행은 우리말의 '마·미·무·메·모'로 발음한다.

や행	や(ヤ)		ゆ(ユ)		よ(ヨ)
	야[ya]		유[yu]		요[yo]

や행은 우리말의 '야·유·요'와 발음이 같고, 반모음으로 쓰인다.

ら행	ら(ラ)	り(リ)	る(ル)	れ(レ)	ろ(ロ)
	라[ra]	리[ri]	루[ru]	레[re]	로[ro]

ら행은 우리말의 '라·리·루·레·로'와 발음이 같다.

わ행	わ(ワ)				を(ヲ)
	와[wa]				오[wo]

わ행은 우리말의 '와·오'와 발음이 같다. 단, を는 あ행의 お와 발음이 같지만 단어에는 쓰이지 않고 우리말의 '~을(를)'의 뜻으로만 쓰인다.

◆ **탁음(濁音)**

탁음이란 か·さ·た·は(カ·サ·タ·ハ)행의 글자 오른쪽 윗부분에 탁점(゛)을 붙인 음을 말한다. だ행의 ぢ·づ는 ざ행의 じ·ず와 발음이 동일하여 현대어에서는 특별한 경우 이외는 별로 쓰이지 않는다.

か행	が(ガ) 가[ga]	ぎ(ギ) 기[gi]	ぐ(グ) 구[gu]	げ(ゲ) 게[ge]	ご(ゴ) 고[go]
さ행	ざ(ザ) 자[za]	じ(ジ) 지[ji]	ず(ズ) 즈[zu]	ぜ(ゼ) 제[ze]	ぞ(ゾ) 조[zo]
た행	だ(ダ) 다[da]	ぢ(ヂ) 지[ji]	づ(ヅ) 즈[zu]	で(デ) 데[de]	ど(ド) 도[do]
は행	ば(バ) 바[ba]	び(ビ) 비[bi]	ぶ(ブ) 부[bu]	べ(ベ) 베[be]	ぼ(ボ) 보[bo]

◆ **반탁음(半濁音)**

반탁음은 は행의 오른쪽 윗부분에 반탁점(゜)을 붙인 것을 말한다. 반탁음은 우리말의 'ㅍ,ㅃ'의 중간 음이며, 단어의 첫머리에 올 경우에는 'ㅍ'에 가깝게 발음하고, 단어의 중간이나 끝에 올 때는 'ㅃ'에 가깝게 발음한다.

は행	ぱ(パ) 바[ba]	ぴ(ピ) 비[bi]	ぷ(プ) 부[bu]	ぺ(ペ) 베[be]	ぽ(ポ) 보[bo]

◆ **요음(拗音)**

요음이란 각 자음 'き・し・ち・に・ひ・み・り・ぎ・じ・び・ぴ'에 'や・ゆ・よ'를 작게 붙인 음을 말한다. 'や・ゆ・よ'는 우리말의 'ㅑ・ㅠ・ㅛ'와 같은 역할을 한다.

きゃ(キャ) 캬[kya]	きゅ(キュ) 큐[kyu]	きょ(キョ) 쿄[kyo]
しゃ(シャ) 샤[sha]	しゅ(シュ) 슈[shu]	しょ(ショ) 쇼[sho]
ちゃ(チャ) 챠[cha]	ちゅ(チュ) 쥬[chu]	ちょ(チョ) 쵸[cho]
にゃ(ニャ) 냐[nya]	にゅ(ニュ) 뉴[nyu]	にょ(ニョ) 뇨[nyo]
ひゃ(ヒャ) 햐[hya]	ひゅ(ヒュ) 휴[hyu]	ひょ(ヒョ) 효[hyo]
みゃ(ミャ) 먀[mya]	みゅ(ミュ) 뮤[myu]	みょ(ミョ) 묘[myo]
りゃ(リャ) 랴[rya]	りゅ(リュ) 류[ryu]	りょ(リョ) 료[ryo]
ぎゃ(ギャ) 갸[gya]	ぎゅ(ギュ) 규[gyu]	ぎょ(ギョ) 교[gyo]
じゃ(ジャ) 쟈[ja]	じゅ(ジュ) 쥬[ju]	じょ(ジョ) 죠[jo]
びゃ(ビャ) 뱌[bya]	びゅ(ビュ) 뷰[byu]	びょ(ビョ) 뵤[byo]
ぴゃ(ピャ) 퍄[pya]	ぴゅ(ピュ) 퓨[pyu]	ぴょ(ピョ) 표[pyo]

◆ ん발음

ん(응)은 항상 다른 글자 뒤에 쓰여 우리말의 받침과 같은 구실을 한다. 또한 ん 다음에 오는 글자의 특성에 따라 'ㄴ·ㅁ·ㅇ'으로 소리가 난다.

① 'ㄴ(n)'으로 발음하는 경우

'さ·ざ·た·だ·な·ら'행 글자 앞에서는 'ㄴ'으로 발음한다.

べんとう	べんり	あんない	かんじ
벤또-(도시락)	벤리(편리)	안나이(안내)	칸지(한자)

② 'ㅁ(m)'으로 발음하는 경우

'ば·ぱ·ま'행 글자 앞에서는 'ㅁ'으로 발음한다.

しんぶん	ぜんぷ	えんぴつ	しんぱい
심붕(신문)	젬부(전부)	엠피쯔(연필)	심빠(근심)

③ 'ㅇ(ng)'으로 발음하는 경우

'か·が'행 글자 앞에서는 'ㅇ'으로 발음한다.

おんがく	かんこく	まんが	ぎんこう
옹가꾸(음악)	강꼬꾸(한국)	망가(만화)	깅꼬-(은행)

④콧소리 모음으로 발음하는 경우

'あ·は·や·わ'행의 글자 앞 또는 단어 끝에 왔을 때는 콧소리 모음으로 발음되며, 이 책에서는 'ㅇ'으로 대용하기로 한다.

れんあい	ほんや	でんわ	あんず
렝아이(연애)	홍야(서점)	뎅와(전화)	앙즈(살구)

◆ **촉음(促音)**

촉음이란 つ를 작은 글자 っ로 표기하여 다른 글자 밑에서 받침으로만 쓰인다. 이 촉음은 하나의 음절을 갖고 있으며, 뒤에 오는 글자의 특성에 따라 'ㄱ·ㅅ·ㄷ·ㅂ'으로 발음한다.

① 'ㄱ(k)'으로 발음하는 경우

か행의 글자 앞에서는 'ㄱ'으로 발음한다.

さっか	がっこう	はっけん	にっき
삭까(작가)	각꼬ー(학교)	학껜(발견)	닉끼(일기)

② 'ㅅ(s)'으로 발음하는 경우

さ행의 글자 앞에서는 'ㅅ'으로 발음한다.

ざっし	きっさてん	いっち	けっせき
잣시(잡지)	깃사뗑(찻집)	잇찌(일치)	겟세끼(결석)

③ 'ㄷ(t)'으로 발음하는 경우

た행의 글자 앞에서는 'ㄷ'으로 발음한다.

まったく	きって	おっと	あさって
맏따꾸(전혀)	긴떼(우표)	옷또(남편)	아산떼(모레)

※ 본문에서는 'ㄷ'으로 나는 발음을 편의상 'ㅅ'으로 표기하였다.

④ 'ㅂ(p)'으로 발음하는 경우

ぱ행의 글자 앞에서는 'ㅂ'으로 발음한다.

いっぱい	きっぷ	あっぱれ	いっぺん
입빠이(가득)	킵뿌(표)	압빠레(훌륭함)	입뻰(일편)

◆ **장음(長音)**

모음에는 단음과 장음이 있다. 장음이란 발음을 길게 발음하는 것을 말한다. 우리말에서는 장음의 구별이 어렵지만 일본어에서는 이것을 확실히 구분하여 쓴다. 음의 장단에 따라 그 의미가 달라지므로 주의해야 한다.

장음은 '-'로 표기한다.

① あ단 글자 다음에 모음 あ가 이어질 때

おばあさん	おかあさん	まあい
오바-상(할머니)	오까-상(어머니)	마-이(간격)

② い단 글자 다음에 모음 い가 이어질 때

おじいさん	みいり	ちいき
오지 ― 상(할아버지)	미 ― 리(결실)	찌 ― 끼(지역)

③ う단 글자 다음에 모음 う가 이어질 때

くうせき	くうき	ふうふ
쿠 ― 세끼(공석)	쿠 ― 끼(공기)	쯔 ― 싱(통신)

④ え단 글자 다음에 모음 え나 い가 이어질 때

おねえさん	けいえい	えいご
오네 ― 상(누님, 언니)	케 ― 에 ―(경영)	에 ― 고(영어)

⑤ お단 글자 다음에 모음 お나 う가 이어질 때

おとうさん	こうえん	とおり
오또 ― 상(아버지)	코 ― 엥(공원)	토 ― 리(길)

◆ 표준어

지역, 계층에 관계없이 통용되는 말로, 일본어의 표준어는 도쿄 지방의 교양 있는 사람들이 쓰는 언어로 규정하고 있다.

◆ 발음 구조

일본어는 '1자음+1모음'의 형식을 취하거나 '1모음'으로 구성되어 있다. 즉, 자음(子音)은 항상 모음(母音) 앞에서만 발음된다.

◆ 어휘

일본어 어휘는 순수 고유어 이외에, 외국에서 들어온 외래어가 있다. 또한 우리처럼 한자어 어휘가 있는데, 이것은 거의 외래어라는 의식이 없어 순수 일본어처럼 쓰이고 있다.

◆ 문법

일본어의 어순(語順)은 우리말과 매우 비슷하며, 용언의 활용 및 단어와 단어 사이를 연결하는 조사가 있다. 또한 영어와는 달리 단수와 복수의 개념이 분명하지 않고, 성(姓)의 구별이 없으며, 경어법이 발달했다.

◆ **외래어 표기법**

① 장음은 장음부호 'ー'를 붙여서 표기한다.

スープ(soup) 스-프

チーズ(cheese) 치-즈

② 외래어 'ㅏ-'는 가타카나 'フ'에 작은 글자 ァ・ィ・ゥ・ェ・ォ를 붙여 표기한다.

ファイア(fire) 화이아

フィルター(filter) 휘루타-

③ 외래어 'ti-', 'di-'는 テ,デ에 작은 글자 ィ를 붙여 ティ,ディ로 표기한다.

ティー(tea) 티-

ディジタル(digital) 디지따루

쿡 찍어 먹는
일한단어 9000

あ (ア)

あい	愛 [아이]	사랑
あいいろ	藍色 [아이-로]	남빛
あいかわらず	相変わらず [아이까와라즈]	여전히
あいがん	哀願 [아이강]	애원
あいきょう	愛嬌 [아이꾜-]	애교
あいくち	匕首 [아이구찌]	비수
あいこう	愛校 [아이꼬-]	애교
あいこく	愛国 [아이꼬꾸]	애국
あいさいか	愛妻家 [아이사이까]	애처가
あいさつ	挨拶 [아이사쓰]	인사
あいしょう	合性 [아이쇼-]	궁합
あいじょう	愛情 [아이죠-]	애정
あいする	愛する [아이스루]	사랑하다
あいせき	相席 [아이세끼]	합석
あいそ	愛想 [아이소]	붙임성
あいだがら	間柄 [아이다가라]	사이
あいちゃく	愛着 [아이쨔꾸]	애착
あいついで	相次いで [아이쓰이데]	연이어
あいづち	相槌 [아이즈찌]	맞장구

あいて	相手 [아이떼]	상대
アイデア	idea [아이데아]	아이디어
あいにく	生憎 [아이니꾸]	공교롭게, 하필이면
あいのこ	合の子 [아이노꼬]	혼혈아
あいのり	相乗り [아이노리]	합승
あいぶ	愛撫 [아이부]	애무
あいよう	愛用 [아이요-]	애용
あいろ	隘路 [아이로]	애로
アイロン	iron [아이롱]	다리미
アイロンがけ	ironがけ [아이롱가께]	다림질
あう	会う [아우]	만나다
アウト	out [아우또]	아웃
あえぐ	喘ぐ [아에구]	헐떡이다
あお	青 [아오]	파랑
あおい	青い [아오이]	푸르다, 파랗다
あおいろ	青色 [아오이로]	청색
あおぐ	仰ぐ [아오구]	우러러보다
あおだいしょう	青大将 [아오다이쇼-]	구렁이
あおにさい	青二才 [아오니사이]	애송이
あか	垢 [아까]	때
あかい	赤い [아까이]	붉다, 빨갛다
あかぐろい	赤黒い [아까구로이]	검붉다
あかじ	赤字 [아까시]	적자
あかしんごう	赤信号 [아까싱고-]	적신호
あかす	明す [아까스]	밝히다
あかちゃん	赤ちゃん [아까짱]	갓난아기
あかつき	暁 [아까쯔끼]	새벽

あ

あからむ	赤らむ [아까라무]	붉어지다
あからめる	赤らめる [아까라메루]	붉히다
あかり	灯 [아까리]	불(등)
あがる	上がる [아가루]	올라가다
あかるい	明るい [아까루이]	밝다, 환하다
あき	秋 [아끼]	가을
あきめくら	明盲 [아끼메꾸라]	문맹
あきや	空き家 [아끼야]	빈집
あきらか	明らか [아끼라까]	뚜렷함, 명백함
あきらかだ	明らかだ [아끼라까다]	분명하다
あきらめる	諦める [아끼라메루]	체념하다
あきる	飽きる [아끼루]	싫증나다
あく	空く [아꾸]	비다
あくしつ	悪質 [아꾸시쓰]	악질
あくしゅ	握手 [아꾸슈]	악수
あくしゅう	悪臭 [아꾸슈ー]	악취
あくせい	悪性 [아꾸세ー]	악성
あくせく	[아꾸세꾸]	악착같이
アクセサリー	accessory [아꾸세사리ー]	액세서리
アクセント	accent [아꾸센또]	악센트
あくとう	悪党 [아꾸또ー]	악당
あくにん	悪人 [아꾸닝]	악인
あくび	欠伸 [아꾸비]	하품
あくま	悪魔 [아꾸마]	악마
あくまでも	[아꾸마데모]	어디까지나
あくむ	悪夢 [아꾸무]	악몽
あぐら	胡座 [아구라]	책상다리

あくらつ	悪辣 [아꾸라쓰]	악랄
あけがた	明け方 [아께가따]	새벽녘
あげはちょう	揚羽蝶 [아게하쪼-]	호랑나비
あけぼの	曙 [아께보노]	먼동
あける	空ける [아께루]	뚫다, 비우다
あご	顎 [아고]	턱
あこがれ	憧れ [아꼬가레]	동경
あこがれる	憧れる [아꼬가레루]	동경하다, 그리워하다
あさ	朝 [아사]	아침
あざ	痣 [아자]	멍
あさい	浅い [아사이]	얕다
あさがお	朝顔 [아사가오]	나팔꽃
あさがた	朝方 [아사가따]	아침결
あさせ	浅瀬 [아사세]	여울
あさって	明後日 [아삿떼]	모레
あさね	朝寝 [아사네]	늦잠, 아침잠
あさねぼう	朝寝坊 [아사네보-]	잠꾸러기
あさめし	朝飯 [아사메시]	조반, 아침밥
あざやかだ	鮮やかだ [아자야까다]	또렷하다
あざらし	海豹 [아자라시]	바다표범
あし	足・脚 [아시]	발(다리)
あじ	味 [아지]	맛
あしあと	足跡 [아시아또]	발자국
あじけない	味気ない [아지께나이]	따분하다
あじつけ	味付け [아지쓰께]	양념
あしどり	足取り [아시도리]	걸음걸이
あしのうら	足の裏 [아시노-라]	발바닥

あしのこう	足の甲 [아시노꼬-]	발등
あしば	足場 [아시바]	발판
あしぶみ	足踏み [아시부미]	답보
あしゆび	足指 [아시유비]	발가락
あじわう	味わう [아지와우]	맛보다
あす	明日 [아스]	내일
あずかる	預かる [아즈까루]	맡다
あずき	小豆 [아즈끼]	팥
あずける	預ける [아즈께루]	맡기다
アスファルト	asphalt [아스화루또]	아스팔트
あせ	汗 [아세]	땀
あぜ	畦 [아제]	논두렁
あせも	汗疹 [아세모]	땀띠
あせる	焦る [아세루]	조바심치다
あそこ	[아소꼬]	저기
あそびば	遊び場 [아소비바]	놀이터
あだ	仇 [아다]	원수
あたえる	与える [아따에루]	주다
あたたかい	暖かい [아따타까이]	따뜻하다
あだっぽい	婀娜っぽい [아답뽀이]	요염하다
あたふた	[아따후따]	허둥지둥
あたま	頭 [아따마]	머리
あたらしい	新しい [아따라시-]	새롭다
あちら	[아찌라]	저쪽, 저기
あつい	暑い [아쓰이]	덥다
あつい	熱い [아쓰이]	뜨겁다
あつい	厚い [아쓰이]	두껍다

あっか	悪化 [악까]	악화
あつかう	扱う [아쓰까우]	다루다
あっけない	呆気ない [악께나이]	맥 빠지다
あつさ	暑さ [아쓰사]	더위
あつさ	厚さ [아쓰사]	두께
あっせん	斡旋 [앗셍]	알선
あっとう	圧倒 [앗또-]	압도
あっぱく	圧迫 [앗빠꾸]	압박
アッピール	appeal [앗삐-루]	어필
あつまる	集まる [아쓰마루]	모이다
あつめる	集める [아쓰메루]	모으다
あつらえむき	誂え向き [아쓰라에무끼]	안성맞춤
あつらえる	誂える [아쓰라에루]	맞추다(주문), 장만하다
あつりょく	圧力 [아쓰료꾸]	압력
あてこする	当て擦る [아떼꼬스루]	비꼬다, 빗대다
あてる	当てる [아떼루]	대다(손), 맞히다
あと	跡 [아또]	자국
あと	後 [아또]	뒤
あとかた	跡形 [아또가따]	흔적
あとしまつ	後始末 [아또시마쓰]	뒤치다꺼리
あとずさり	後退り [아또즈사리]	뒷걸음질
アドバイス	advice [아도바이스]	어드바이스
あとまわし	後回し [아또마와시]	뒤로 미룸
あな	穴 [아나]	구멍
アナウンサー	announcer [아나운사-]	아나운서
あなぐま	穴熊 [아나구마]	오소리
あなた	貴方 [아나따]	당신

あなどる	侮る [아나도루]	깔보다
アナログ	analog [아나로구]	아날로그
あに	兄 [아니]	오빠, 형
あによめ	兄嫁 [아니요메]	형수
あね	姉 [아네]	누나
あのよ	彼の世 [아노요]	저승
アパート	apart [아빠-또]	아파트
あばく	暴く [아바꾸]	들추다, 폭로하다
あばた	痘痕 [아바따]	곰보
あばらぼね	肋骨 [아바라보네]	갈비
あばれる	暴れる [아바레루]	날뛰다
あばれんぼう	暴れん坊 [아바렘보-]	망나니
あひる	家鴨 [아히루]	오리
あぶら	油 [아부라]	기름
あぶらあげ	油揚 [아부라-게]	유부
あぶらえ	油絵 [아부라에]	유화
あぶらっこい	脂っこい [아부락꼬이]	기름지다
あふれる	溢れる [아후레루]	넘쳐흐르다
あほう	阿呆 [아호-]	등신
あま	海女 [아마]	해녀
あまい	甘い [아마이]	달다(맛)
あまがえる	雨蛙 [아마가에루]	청개구리
あまがき	甘柿 [아마가끼]	단감
あまた	數多 [아마따]	허다함
あまだれ	雨垂れ [아마다레]	낙숫물
アマチュア	amateur [아마쮸아]	아마추어
あまっこ	尼っ子 [나막꼬]	계집년

あまったるい	甘ったるい [아맛따루이]	달콤하다
あまねく	普く [아마네꾸]	널리, 두루두루
あまのじゃく	天の邪鬼 [아마노자꾸]	심술꾸러기
あまみず	雨水 [아마미즈]	빗물
あまりにも	[아마리니모]	너무나도
あみ	網 [아미]	그물
あみもの	編み物 [아미모노]	편물, 뜨개질
あむ	編む [아무]	엮다, 짜다(옷)
あめ	雨 [아메]	비
あめ	飴 [아메]	엿
あめ	天 [아메]	하늘
あやうい	危うい [아야우이]	위태롭다
あやしい	怪しい [아야시-]	괴상하다, 수상쩍다
あやす	[아야스]	어르다
あやつりにんぎょう	操り人形 [아야쓰리닝교-]	꼭두각시
あやつる	操る [아야쓰루]	조종하다
あやまる	謝る [아야마루]	사과하다
あやまる	誤る [아야마루]	그르치다
あやめ	菖蒲 [아야메]	붓꽃
あゆ	鮎 [아유]	은어
あゆみ	歩み [아유미]	걸음
あらい	荒い [아라이]	거칠다
あらいざらい	洗いざらい [아라이자라이]	깡그리
あらう	洗う [아라우]	빨다(세탁), 씻다
あらかじめ	予め [아라까지메]	미리
あらし	嵐 [아라시]	폭풍우
あらすじ	荒筋 [아라스지]	줄거리

あ

あらそい	争い [아라소이]	다툼
あらそう	争う [아라소–]	다투다, 싸우다
あらゆる	[아라유루]	온갖
あられ	霰 [아라레]	우박
あらわす	現わす [아라와스]	나타내다
あらわれる	現れる [아라와레루]	나타나다
あり	蟻 [아리]	개미
ありあまる	有り余る [아리아마루]	남아돌다, 넉넉하다
ありがたい	有難い [아리가따이]	고맙다
アリバイ	alibi [아리바이]	알리바이
ある	有る [아루]	있다(사물)
あるいは	或は [아루이하]	혹시
あるきまわる	歩き回る [아루끼마와루]	돌아다니다
あるく	歩く [아루꾸]	걷다
アルコール	alcohol [아루꼬–루]	알코올
アルバイト	Arbeit [아루바이또]	아르바이트
アルバム	album [아루바무]	앨범
あれ	[아레]	저것
アレルギー	Allergie [아레루기–]	알레르기
あわ	粟 [아와]	조
あわ	泡 [아와]	거품
あわせる	合わせる [아와세루]	맞추다(조합), 합치다
あわただしい	慌ただしい [아와타다시–]	뒤숭숭하다
あわてる	慌てる [아와떼루]	당황하다
あんき	暗記 [앙끼]	암기
アングル	angle [앙구루]	앵글
アンケート	enquete [앙께–또]	앙케트

あんこく	暗黒 [앙꼬꾸]	암흑
あんさつ	暗殺 [안사쓰]	암살
あんじ	暗示 [안지]	암시
あんしつ	暗室 [안시쓰]	암실
あんしん	安心 [안싱]	안심
あんず	杏 [안즈]	살구
あんぜん	安全 [안젱]	안전
あんだ	安打 [안다]	안타
あんたん	暗澹 [안땅]	암담
あんてい	安定 [안떼이]	안정
アンテナ	antenna [안떼나]	안테나
あんど	安堵 [안도]	안도
あんない	案内 [안나이]	안내
あんのじょう	案の定 [안노죠-]	짐작대로
あんま	按摩 [암마]	안마
あんみん	安眠 [암밍]	안면
あんよ	[앙요]	걸음마

い (イ)

い	胃 [이]	위(장기)
いあん	慰安 [이앙]	위안
いいあらそい	言い争い [이-아라소이]	말다툼, 언쟁
いいがかり	言い掛かり [이-가까리]	생트집
いいかげんに	言い加減に [이-까겐니]	아무렇게나
いいつけ	言いつけ [이-쓰께]	분부
いいはる	言い張る [이-하루]	우기다
いいん	委員 [이잉]	위원
いう	言う [이우]	말하다(말)
いえ	家 [이에]	집
いえで	家出 [이에데]	가출
いおり	庵 [이오리]	암자
いか	烏賊 [이까]	오징어
いがい	意外 [이가이]	뜻밖
いかす	生かす [이까스]	살리다
いかり	錨 [이까리]	닻
いかん	遺憾 [이깡]	유감
いきさつ	経緯 [이끼사쓰]	경위
いきづまる	息詰まる [이끼즈마루]	숨막히다

いきどおり	憤り [이끼도-리]	분노
いきなり	意気なり [이끼나리]	다짜고짜로, 느닷없이
いきのこる	生き残る [이끼노꼬루]	살아남다
いきのね	息の根 [이끼노네]	숨통
イギリス	Inglez [이기리스]	영국
いきる	生きる [이끼루]	살다
いく	行く [이꾸]	가다
いくじ	育児 [이꾸지]	육아
いくせい	育成 [이꾸세-]	육성
いくつ	幾つ [이꾸쓰]	몇 개
いくら	[이꾸라]	얼마, 어느 정도
いけ	池 [이께]	연못
いけどる	生け捕る [이께도루]	사로잡다
いけにえ	生け贄 [이께니에]	희생물
いけばな	生け花 [이께바나]	꽃꽂이
いけるしかばね	生ける屍 [이께루시가바네]	산송장
いけん	意見 [이껭]	의견
いこつ	遺骨 [이꼬쓰]	유골
いざかや	居酒屋 [이자까야]	선술집
いさぎよく	潔く [이사기요꾸]	미련 없이
いさましい	勇ましい [이사마시-]	용감하다
いざり	躄 [이자리]	앉은뱅이
いさん	遺産 [이상]	유산
いし	石 [이시]	돌
いしがき	石垣 [이시가끼]	돌담
いしころ	石ころ [이시꼬로]	돌멩이
いしだい	石鯛 [이시다이]	돔

いじっぱり	意地っ張り [이집빠리]	고집불통
いしつぶつ	遺失物 [이시쯔부쯔]	유실물
いじめ	苛め [이지메]	왕따
いしゃ	医者 [이샤]	의사
いしょ	遺書 [이쇼]	유서
いしょう	衣裳 [이쇼-]	의상
いじょう	以上 [이죠-]	이상
いじょう	異常 [이죠-]	이상, 정상이 아님
いじらしい	[이지라시-]	애처롭다
いじわる	意地悪 [이지와루]	심술쟁이
いす	椅子 [이스]	의자
いずみ	泉 [이즈미]	샘
いせい	異性 [이세-]	이성(다른 성)
いせえび	伊勢えび [이세에비]	왕새우
いせき	遺跡 [이세끼]	유적
いそがしい	忙しい [이소가시-]	바쁘다
いそぎんちゃく	磯巾着 [이소긴쨔꾸]	말미잘
いそぐ	急ぐ [이소구]	급하다, 서둘다
いた	板 [이따]	판자
いたい	痛い [이따이]	아프다
いたく	委託 [이따꾸]	위탁
いたずら	悪戯 [이따즈라]	장난
いたち	[이따찌]	족제비
いたば	板場 [이따바]	조리사
いためる	炒める [이따메루]	기름에 볶다
イタリア	italia [이따리아]	이탈리아
いたる	至る [이따루]	다다르다

いたるどころ	至る所 [이따루도꼬로]	도처
いたん	異端 [이땅]	이단
いち	位置 [이찌]	위치
いちご	苺 [이찌고]	딸기
いちじ	一時 [이찌지]	한때
いちず	一途 [이찌즈]	외곬
いちどう	一同 [이찌도-]	일동
いちにち	一日 [이찌니찌]	하루
いちねん	一念 [이찌넹]	일념
いちば・しじょう	市場 [이찌바・시죠-]	시장(마켓)
いちぶ	一部 [이찌부]	일부
いちぶしじゅう	一部始終 [이찌부시쥬-]	자초지종
いちまい	一枚 [이찌마이]	일매
いちみ	一味 [이찌미]	일당, 한패
いちょう	胃腸 [이쵸-]	위장(장기)
いちょう	銀杏 [이쵸-]	은행나무
いちりゅう	一流 [이찌류-]	일류
いつ	[이쯔]	언제
いつか	[이쯔까]	언젠가
いっきに	一気に [잇끼니]	단숨에
いっさい	一切 [잇사이]	일체
いつしか	[이쯔시까]	어느덧
いっしゅ	一種 [잇슈]	일종
いっしょう	一生 [잇쇼-]	일생, 평생
いっしょに	一緒に [잇쇼니]	더불어, 함께
いっすんぼうし	一寸法師 [잇슨보-시]	난쟁이
いっせいに	一斉に [잇세-니]	일제히

いっそ	[잇소]	차라리
いったい	一体 [잇따이]	도대체
いったん	一旦 [잇땅]	일단
いっち	一致 [잇찌]	일치
いっちょうら	一張羅 [잇쵸-리]	단벌
いつつ	五つ [이쓰쓰]	다섯
いっとう	一等 [잇또-]	일등
いつのまにか	いつの間にか [이쓰노마니까]	어느새
いっぱい	一杯 [입빠이]	가득
いっぱいだ	一杯だ [입빠이다]	가득하다
いっぱん	一般 [입빵]	일반
いっぽう	一方 [입뽀-]	한쪽
いっぽうてき	一方的 [입뽀-떼끼]	일방적
いつも	[이쓰모]	언제나
いと	糸 [이또]	실
いと	意図 [이또]	의도
いど	井戸 [이도]	우물
いどう	移動 [이도-]	이동
いときりば	糸切り歯 [이또끼리바]	송곳니
いとぐち	緒 [이또구찌]	가닥, 실마리
いとこ	従兄弟 [이또꼬]	사촌형제
いとなむ	営む [이또나무]	영위하다
いとま	暇 [이또마]	겨를, 여가, 틈
いどむ	挑む [이도무]	도전하다
いない	以内 [이나이]	이내
いなか	田舎 [이나까]	시골
いなかっぺ	田舎っぺ [이나깝뻬]	시골뜨기

いなかもの	田舎者 [이나까모노]	촌놈
いなご	蝗 [이나고]	메뚜기
いなずま	稲妻 [이나즈마]	번개
イニシアル	initial [이니시아루]	이니셜
いぬ	犬 [이누]	개
いぬちくしょう	犬畜生 [이누치꾸쇼-]	개새끼
いね	稲 [이네]	벼
いのしし	猪 [이노시-]	멧돼지, 산돼지
いのち	命 [이노찌]	목숨
いのちびろい	命拾い [이노찌비로이]	구사일생
いのる	祈る [이노루]	빌다
いばる	威張る [이바루]	뽐내다, 으스대다
いはん	違反 [이항]	위반
いびき	鼾 [이비끼]	코고는 소리
いぶつ	遺物 [이부쓰]	유물
いぼ	疣 [이보]	사마귀
いほうじん	異邦人 [이호-징]	이방인
いま	今 [이마]	지금
いまごろ	今頃 [이마고로]	이맘때
いまさら	今更 [이마사라]	새삼스럽게
いまや	今や [이마야]	바야흐로
いみ	意味 [이미]	뜻, 의미
いみん	移民 [이밍]	이민
イメージ	image [이메-지]	이미지
いも	芋 [이모]	감자
いもうと	妹 [이모-또]	누이
いもん	慰問 [이몽]	위문

いやしい	賤しい [이야시-]	천하다
いよく	意欲 [이요꾸]	의욕
いらい	依頼 [이라이]	의뢰, 부탁
いらい	以来 [이라이]	이래, 이후
いりぐち	入口 [이리구찌]	입구
いりむこ	入り婿 [이리무꼬]	데릴사위
いりょう	医療 [이료-]	의료
いる	居る [이루]	있다(생물)
いる	射る [이루]	쏘다
いるい	衣類 [이루이]	의류
いるか	海豚 [이루까]	돌고래
いれずみ	入れ墨 [이레즈미]	문신
いれば	入れ歯 [이레바]	틀니
いれもの	入れ物 [이레모노]	그릇
いれる	入れる [이레루]	넣다, 집어넣다
いろ	色 [이로]	빛깔, 색
いろあい	色合い [이로아이]	색상
いろいろ	色色 [이로이로]	여러 가지
いろう	慰労 [이로-]	위로
いろがみ	色紙 [이로가미]	색종이
いろぞめ	色染め [이로조메]	염색
いろどる	彩る [이로도루]	채색하다
イロハじゅん	イロハ順 [이로하중]	가나다순
いろめがね	色眼鏡 [이로메가네]	색안경
いわ	岩 [이와]	바위
いわい	祝い [이와이]	축하
いわう	祝う [이와우]	축하하다

いわお	巖 [이와어]	큰바위
いわば	言わば [이와바]	말하자면
いわゆる	所謂 [이와유루]	이른바
インキ	ink [잉끼]	잉크
いんさつ	印刷 [인사쓰]	인쇄
いんしょう	印象 [인쇼-]	인상
インスタント	instant [인스딴또]	인스턴트
いんせい	陰性 [인세-]	음성
いんそつ	引率 [인소쓰]	인솔
インターネット	interne [인따-넷또]	인터넷
インタビュー	interview [인따뷰-]	인터뷰
いんちょう	院長 [인쵸-]	원장
インテリア	interior [인떼리아]	인테리어
いんど	印度 [인도]	인도
いんとく	隠印 [인또꾸]	은닉
いんねん	因縁 [인넹]	인연
いんぼう	陰謀 [임보-]	음모
いんもう	陰毛 [임모-]	음모(털)
いんよう	引用 [잉요-]	인용
いんらん	淫乱 [인랑]	음란

う (ウ)

う	鵜 [우]	가마우지(새의 종류)
ウイスキー	whisky [우이스끼-]	위스키
ウインク	wink [윙꾸]	윙크
うえ	飢え [우에]	굶주림
うえ	上 [우에]	위(상하)
うえる	飢える [우에루]	굶주리다
うえる	植える [우에루]	심다
ウオーミングアップ	warming-up [우오-밍구압뿌]	워밍업
うかがう	伺う [우까가우]	살피다, 여쭙다
うかびあがる	浮かび上がる [우까비아가루]	떠오르다
うかぶ	浮ぶ [우까부]	뜨다(공중)
うかべる	浮べる [우까베루]	띄우다
うきぐも	浮き雲 [우끼구모]	뜬구름
うく	浮く [우꾸]	뜨다(물)
うけいれる	受け入れる [우께이레루]	받아들이다
うけおい	請負い [우께오이]	청부
うけつけ	受付 [우께쓰께]	접수처
うけとりにん	受取人 [우께또리닝]	수취인
うけもち	受持ち [우께모찌]	담당(맡음)

40

うける	受ける [우께루]	받다(얻다)
うごく	動く [우고꾸]	움직이다
うごめく	蠢く [우고메꾸]	꿈틀거리다
うさぎ	兎 [우사기]	토끼
うし	牛 [우시]	소
うじ	蛆 [우지]	구더기
うしなう	失う [우시나우]	잃다
うしろすがた	後ろ姿 [우시로스가따]	뒷모습
うしろだて	後ろ楯 [우시로다떼]	뒷받침, 후원자
うしろで	後ろ手 [우시로데]	뒷짐
うしろめたい	後ろめたい [우시로메따이]	꺼림칙하다
うす	臼 [우스]	절구
うすい	薄い [우스이]	얇다
うすうす	薄薄 [우스우스]	어렴풋이
うすぎたない	薄汚い [우스기따나이]	구질구질하다
うすぐらい	薄い暗い [우스구라이]	어두컴컴하다, 침침하다
うすぐろい	薄い黒い [우스구로이]	거무스레하다
うすっぺら	薄っぺら [우습뻬라]	얄팍함
うずまき	渦巻き [우즈마끼]	소용돌이
うずまる	埋まる [우즈마루]	파묻히다
うずめる	埋める [우즈메루]	파묻다
うすももいろ	薄桃色 [우스모모이로]	연분홍
うそ	嘘 [우소]	거짓말
うそつき	嘘吐き [우소쯔끼]	거짓말쟁이
うた	歌 [우따]	노래
うたう	歌(うた)う [우따우]	노래하다
うたがう	疑う [우따가우]	의심하다

うちがわ	内側 [우찌가와]	안쪽
うちき	内気 [우찌끼]	내성적
うちきる	打ち切る [우찌끼루]	중지하다
うちけす	打ち消す [우찌게스]	부정하다
うちやぶる	打ち破る [우찌야부루]	타파하다
うちゅう	宇宙 [우쮸-]	우주
うつ	打つ [우쓰]	치다
うっかり	[웃까리]	깜빡
うつくしい	美しい [우쓰꾸시-]	아름답다
うつす	移す [우쓰스]	옮기다
うつす	写す [우쓰스]	베끼다, 찍다
うったえ	訴え [웃따에]	호소
うったえる	訴える [웃따에루]	호소하다
うつむく	俯く [우쓰무꾸]	숙이다
うつらうつら	[우쓰라우쓰라]	꾸벅꾸벅
うつる	移る [우쓰루]	옮다
うで	腕 [우데]	팔
うでくび	腕首 [우데꾸비]	팔목
うでまえ	腕前 [우데마에]	솜씨
うでわ	腕輪 [우데와]	팔찌
うどん	饂飩 [우동]	국수
うながす	促す [우나가스]	촉구하다
うなぎ	鰻 [우나기]	장어, 뱀장어
うなずく	肯く [우나즈꾸]	수긍하다
うなずく	頷く [우나즈꾸]	고개를 끄덕이다
うぬぼれ	自惚れ [우누보레]	자만
うぬぼれる	己惚れる [우누보레루]	우쭐하다

うばう	奪う [우바우]	빼앗다
うばぐるま	乳母車 [우바구루마]	유모차
うばわれる	奪われる [우바와레루]	빼앗기다
うま	[우마]	말(동물)
うまれつき	生まれつき [우마레쓰끼]	태생
うまれる	生まれる [우마레루]	태어나다
うみ	膿 [우미]	고름
うみ	海 [우미]	바다
うみせんやません	海千山千 [우미셍야마셍]	산전수전
うみべ	海辺 [우미베]	바닷가, 해변
うむ	産む [우무]	낳다
うめ	梅 [우메]	매화
うめき	呻き [우메끼]	신음
うめる	埋める [우메루]	메우다(매장), 묻다
うやむや	[우야무야]	유야무야
うようよ	[우요우요]	우글우글
うらがわ	裏側 [우라가와]	뒤쪽
うらぎり	裏切り [우라기리]	배반
うらぎる	裏切る [우라기루]	배반하다
うらぐち	裏口 [우라구찌]	뒷구멍
うらどおり	裏通り [우라도-리]	뒷골목
うらなう	占う [우라나우]	점치다
うらにわ	裏庭 [우라니와]	뒤뜰
うらむ	恨む [우라무]	원망하다
うらめしい	恨めしい [우라메시-]	고깝다
うらやま	裏山 [우라야마]	뒷동산
うらやましい	羨ましい [우라야마시-]	부럽다

うらやむ	羨む [우라야무]	부러워하다, 샘내다
うり	瓜 [우리]	참외
うりあげ	売上 [우리아게]	매상
うりきれ	売切れ [우리끼레]	매진
うりだし	売出し [우리다시]	매출
うりば	売り場 [우리바]	매장
うる	得る [우루]	얻다
うるうどし	閏 [우루우도시]	윤년
うれしい	嬉しい [우레시-]	기쁘다
うれる	熟れる [우레루]	무르익다, 익다
うれる	売れる [우레루]	팔리다
うろうろ	[우로우로]	갈팡질팡
うろこ	鱗 [우로꼬]	비늘
うろたえる	[우로따에루]	허둥대다
うわきもの	浮気者 [우와끼모노]	바람둥이
うわさ	噂 [우와사]	뜬소문
うわのそら	上の空 [우와노소라]	건성
うん	運 [웅]	운
うんが	運河 [웅가]	운하
うんそう	運送 [운소-]	운송
うんちん	運賃 [운찡]	운임
うんてん	運転 [운뗑]	운전
うんてんしゅ	運転手 [운뗀슈]	운전사
うんどう	運動 [운도-]	운동
うんぱん	運搬 [움빵]	운반
うんめい	運命 [움메-]	운명
うんゆ	運輸 [웅유]	운수

え (エ)

え	絵 [에]	그림
えいえん	永遠 [에-엥]	영원
えいが	映画 [에-가]	영화
えいきゅう	永久 [에-뀨]	영구
えいきょう	影響 [에-꾜-]	영향, 영업
えいご	英語 [에-고]	영어
えいこう	栄光 [에-꼬-]	영광
えいさい	英才 [에-사-]	영재
えいじゅうけん	永住権 [에-쥬-껭]	영주권
えいせい	衛生 [에-세-]	위생
えいてん	栄転 [에-뗑]	영전
えいびん	鋭敏 [에-빙]	예민함
えいぶん	英文 [에-붕]	영문
えいみん	永眠 [에-밍]	영면
えいゆう	英雄 [에-유-]	영웅
えいよう	栄養 [에-요-]	넝양
えいり	鋭利 [에-리]	예리
えがお	笑顔 [에가오]	웃는 얼굴
えき	駅 [에끼]	역
えきいん	駅員 [에끼잉]	역무원

え

えきしゃ	易者 [에끼샤]	점쟁이
えきたい	液体 [에끼따이]	액체
えきちょう	駅長 [에끼쵸-]	역장
えきまえ	駅前 [에끼마에]	역 앞
えくぼ	[에꾸보]	보조개
えぐる	抉る [에구루]	도려내다
エコノミー	economy [에꼬노미-]	이코노미
えさ	餌 [에사]	이, 미끼
エスカレーター	escalator [에스까레-따]	에스컬레이터
えだ	枝 [에다]	나뭇가지
エチケット	etiquette [에치껫또]	에티켓
エッセイ	essay [엣세-]	에세이
えつらん	閲覧 [에쓰랑]	열람
えとく	会得 [에도꾸]	터득
エネルギー	Energie [에네루기-]	에너지
えび	蝦 [에비]	새우
エピソード	episode [에삐소-도]	에피소드
エプロン	apron [에뿌롱]	에이프런
えら	鰓 [에라]	아가미
えらい	偉い [에라이]	위대하다
えらぶ	選ぶ [에라부]	고르다, 뽑다, 선택하다
えり	襟 [에리]	깃
エリート	elite [에리-또]	엘리트
えりくび	襟首 [에리꾸비]	목덜미
えりまき	襟巻き [에리마끼]	목도리
エレベーター	elevator [에레베-따-]	엘리베이터
えんか	円貨 [엥까]	엔화

えんがわ	縁側 [엥가와]	툇마루
えんき	延期 [엥끼]	연극
えんぎ	演技 [엥기]	연기
えんぎ	縁起 [엥기]	일의 기원, 유래
えんげい	園芸 [엥게-]	원예
えんげき	演劇 [엥게끼]	연극
えんこ	縁故 [엥꼬]	연고
エンジニア	engineer [엔지니아]	엔지니어
えんしゅつ	演出 [엔슈쓰]	연출
えんじょ	援助 [엔죠]	원조
エンジン	engine [엔징]	엔진
えんぜつ	演説 [엔제쓰]	연설
えんそう	演奏 [엔소-]	연주
えんそく	遠足 [엔소꾸]	소풍
えんだん	縁談 [엔당]	혼담
えんちゃく	延着 [엔차꾸]	연착
えんちょう	延長 [엔쵸-]	연장
えんどう	沿道 [엔도-]	연도(길가)
えんとつ	煙突 [엔또쓰]	굴뚝
えんぴつ	鉛筆 [엠삐쓰]	연필
えんまん	円満 [엠망]	원만
えんりょ	遠慮 [엔료]	사양

お (オ)

オアシス	oasis [오아시스]	오아시스
おい	甥 [오이]	조카
おいこし	追い越し [오이꼬시]	추월
おいこす	追い越す [오이꼬스]	앞지르다
おいこむ	追い込む [오이꼬무]	몰아넣다
おいしい	美味しい [오이시-]	맛있다
おいしげる	生い茂る [오이시게루]	무성하다
おいだす	追い出す [오이다스]	내쫓다, 몰아내다
おいつく	追い付く [오이쓰구]	따라붙다
おいる	老いる [오이루]	늙다
おう	王 [오-]	왕
おう	追う [오-]	쫓다
おうえん	応援 [오-엥]	응원
おうかん	王冠 [오-깡]	관
おうぎ	扇 [오-기]	부채(도구)
おうきゅうしつ	応急室 [오-뀨-시쓰]	응급실
おうごん	黄金 [오-공]	황금
おうさま	王冠 [오-사마]	임금님
おうじ	王子 [오-지]	왕자
おうしゅう	欧州 [오-슈-]	구주

おうじる	応じる [오-지루]	응하다
おうしん	往診 [오-싱]	왕진
おうせつま	応接間 [오-세쓰마]	응접실
おうだ	欧打 [오-다]	구타
おうだん	横断 [오-당]	횡단
おうと	嘔吐 [오-또]	구토
おうど	黄土 [오-도]	황토
おうとう	応答 [오-또-]	응답
おうひ	王妃 [오-히]	왕비
おうふく	往復 [오-후꾸]	왕복
おうへい	横柄 [오-헤-]	방자함
おうぼう	横暴 [오-보-]	횡포
おうよう	応用 [오-요-]	응용
おうらい	往来 [오-라이]	왕래
おうりょう	横領 [오-료-]	횡령
おえせい	旺盛 [오-세-]	왕성
おえつ	嗚咽 [오에쓰]	오열, 흐느낌
おえる	終える [오에루]	끝내다, 마치다
おおい	多い [오-이]	많다
おおいりまんいん	大入り満員 [오-이리망잉]	대만원
おおう	覆う [오-우]	가리다, 덮다
おおかみ	狼 [오-까미]	늑대
おおきい	大きい [오-끼-]	크다
おおきさ	大きさ [오-끼사]	크기
おおきな	大きな [오-끼나]	큰
おおぎょう	大仰 [오-교-]	호들갑스럽다
おおげさだ	大袈裟だ [오-게사다]	거창하다

オーケストラ	orchestra [오-께스뜨라]	오케스트라
おおごえ	大声 [오-고에]	큰소리
おおざっぱ	大雑把 [오-잡빠]	대충대충
おおじかけ	大仕掛け [오-지까께]	대규모
オーダー	order [오-다-]	오더, 주문
おおっぴらに	大っぴらに [오옵삐라니]	공공연히
オーディオ	audio [오-디오]	오디오
オーディション	audition [오-디숑]	오디션
オートバイ	autobike [오-또바이]	오토바이
オーナー	owner [오-나]	오너
オープン	open [오-뿡]	오픈
おおもの	大物 [오-모노]	거물
おおようだ	大様だ [오-요-다]	대범하다
オールドミス	old miss [오-루도미스]	노처녀
おか	丘 [오까]	구릉
おがくず	おが屑 [오가쿠즈]	톱밥
おかげ	お陰 [오까게]	덕분
おかしい	可笑しい [오까시-]	우습다
おかす	犯す [오까스]	범하다
おかす	侵す [오까스]	침범하다
おかず	[오까즈]	반찬
おがわ	小川 [오가와]	개울
おかん	悪寒 [오깡]	오한
おき	沖 [오끼]	먼 바다
おきどけい	置時計 [오끼도께이]	탁상시계
おぎなう	補う [오기나우]	메우다, 보충하다
おきる	起きる [오끼루]	일어나다

おく	億 [오꾸]	억
おく	置く [오꾸]	놓다, 두다
おくさま	奥様 [오꾸사마]	마님
おくじょう	屋上 [오꾸죠-]	옥상
おくち	奥地 [오꾸찌]	오지
おくない	屋内 [오꾸나이]	옥내
おくば	奥歯 [오꾸바]	어금니
おくびょうもの	臆病者 [오꾸뵤-모노]	겁쟁이
おくまる	奥まる [오꾸마루]	구석지다
おくゆかしい	奥ゆかしい [오꾸유까시-]	그윽하다
おくれる	遅れる [오꾸레루]	늦어지다
おこす	起こす [오꼬스]	일으키다
おこなう	行う [오꼬나우]	행하다
おこる	起る [오꼬루]	생기다(일어나다)
おこる	怒る [오꼬루]	노하다
おさえつける	押え付ける [오사에스께루]	억누르다
おさえる	押さえる [오사에루]	누르다(눌러 놓다)
おさない	幼い [오사나이]	어리다
おさまる	収まる [오사마루]	수습되다
おさめる	収める [오사메루]	거두다
おされる	押される [오사레루]	눌리다
おし	唖 [오시]	벙어리
おじ	叔父 [오지]	숙부
おしい	惜しい [오시-]	아깝다
おじいさん	お爺さん [오지-상]	할아버지
おしいれ	押入れ [오시이레]	벽장
おしえる	教える [오시에루]	가르치다

おしかり	お叱り [오시까리]	꾸지람
おしがる	惜しがる [오시가루]	아쉬워하다
おじけ	怖気 [오지께]	공포심
おじける	怖じける [오지께루]	겁먹다
おじさん	叔父さん [오지상]	아저씨
おしつける	押し付ける [오시쓰께루]	짓누르다
おしなべて	押し並べて [오시나베떼]	통틀어
おしのける	押し退ける [오시노께루]	밀치다
おしまい	お仕舞い [오시마이]	끝장
おしむ	惜しむ [오시무]	아끼다
おしゃべり	お喋り [오샤베리]	수다쟁이
おじょうさん	お嬢さん [오죠-상]	아가씨
おしよせる	押し寄せる [오시요세루]	몰려들다, 밀려오다
おしろい	白粉 [오시로이]	분
おす	押す [오스]	누르다, 밀다
おす	雄 [오스]	수컷
おせじ	お世辞 [오세지]	간살
おぜん	お膳 [오젱]	밥상
おそい	遅い [오소이]	늦다
おそるべき	恐るべき [오소루베끼]	가공할
おそれ	恐れ [오소레]	두려움
おそれる	恐れる [오소레루]	겁내다, 무서워하다
おそろしい	恐ろしい [오소로시-]	무섭다
おたずねもの	お尋ね者 [오다즈네모노]	수배자
おだてる	煽てる [오다떼루]	치켜세우다
おたまじゃくし	お玉杓子 [오따마쟈꾸시]	올챙이
おちば	落葉 [오찌바]	낙엽

おちゃ	お茶 [오짜]	차(음료)
おちる	落ちる [오찌루]	떨어지다
おっちょこちょい	[옷쵸꼬쵸이]	덜렁이
おっと	夫 [옷또]	남편
おっとせい	[옷또세-]	물개
おつり	お釣り [오쓰리]	거스름돈
おてあげ	お手上げ [오떼아게]	속수무책
おでき	お出来 [오데끼]	부스럼
おてんば	お転婆 [오뗌바]	말괄량이
おと	音 [오또]	소리
おとうさん	お父さん [오또-상]	아버지(상대의)
おとうと	弟 [오또-또]	남동생
おどかす	脅かす [오도까스]	위협하다
おとこ	男 [오또꼬]	사나이, 남자
おとこやもめ	男やもめ [오또꼬야모메]	홀아비
おとこらしい	男らしい [오또꼬라시-]	사나이답다
おとしあな	落とし穴 [오또시아나]	함정
おとしいれる	陥れる [오또시-이레루]	빠뜨리다
おとす	落す [오또스]	떨어뜨리다
おとずれる	訪れる [오또즈레루]	방문하다
おととい	一昨日 [오도또이]	그저께
おととし	一昨年 [오도또시]	재작년
おとな	大人 [오또나]	어른
おとなしい	大人しい [오또나시-]	얌전하다, 점잖다
おとなしく	大人しく [오또나시꾸]	고분고분
おとらない	劣らない [오또라나이]	못지않다
おとり	囮 [오또리]	미끼(동물)

おどり	踊り [오도리]	춤
おどりば	踊り場 [오도리바]	무도장
おとる	劣る [오또루]	뒤떨어지다
おどる	踊る [오도루]	춤추다
おとろえる	衰える [오또로에루]	쇠약해지다
おどろかす	驚かす [오도로까스]	놀라게 하다
おどろく	驚く [오도로꾸]	놀라다
おなじだ	同じだ [오나지다]	똑같다
おに	鬼 [오니]	귀신
おね	尾根 [오네]	산등성이
おねえさん	お姉さん [오네-상]	누님
おねがい	お願い [오네가이]	부탁
おの	斧 [오노]	도끼
おのおの	各各 [오노오노]	각각, 각자
おば	伯母 [오바]	백모
おば	叔母 [오바]	숙모
おばあさん	お婆さん [오바-상]	할머니
おばさん	叔母さん [오바상]	아주머니
おひ	帯 [오비]	띠
おびえる	脅える [오비에루]	벌벌 떨다
おびる	帯びる [오비루]	띠다
オフィス	office [오휘스]	오피스
オブザーバー	observer [오부자-바-]	옵서버
オペラ	opera [오뻬라]	오페라
おぼえがき	覚え書き [오보에가끼]	각서, 메모
おぼえる	覚える [오보에루]	외우다
おぼこ	未通女 [오보꼬]	숫처녀

おぼれる	溺れる [오보레루]	빠지다(물)
おぼん	お盆 [오봉]	쟁반
おまえ	お前 [오마에]	너
おまけ	[오마께]	덤
おまつり	お祭り [오마쓰리]	축제
おむつ	御襁褓 [오무쓰]	기저귀
オムニバス	omnibus [오무니바스]	옴니버스
おもい	重い [오모이]	무겁다
おもいきり	思い切り [오모이끼리]	마음껏
おもいきる	思い切る [오모이끼루]	단념하다
おもいだす	思い出す [오모이다스]	생각해내다
おもいで	思い出 [오모이데]	추억
おもうぞんぶん	思う存分 [오모우좀붕]	실컷
おもかげ	面影 [오모카게]	모습
おもさ	重さ [오모사]	무게 (중량)
おもたい	重たい [오모따이]	묵직하다
おもちゃ	玩具 [오모쨔]	장난감
おもて	表 [오모떼]	겉
おもてむき	[오모떼무끼]	표면상
おもむろに	徐に [오모무로니]	서서히
おもわず	思わず [오모와즈]	무의식중에
おもんずる	重んずる [오몬즈루]	중요시하다
おやつ	御八つ [오야쓰]	간식
おやぶん	親分 [오야붕]	두목
おやゆび	親指 [오야유비]	엄지손가락
おゆ	お湯 [오유]	더운 물
および	及び [오요비]	및

オランダ	Olanda [오란다]	네덜란드
オリエンテーション	orientation [오리엔떼-숑]	오리엔테이션
オリオン	Orion [오리옹]	오리온
オリジナル	original [오리지나루]	오리지널
おりしも	折しも [오리시모]	때마침
おりる	降りる [오리루]	내리다
オリンピック	Olympic [오림삑꾸]	올림픽
おる	折る [오루]	꺾다
オルガン	organ [오루강]	오르간
おれる	折れる [오레루]	꺾이다, 부러지다
オレンジ	orange [오렌지]	오렌지
おろす	降ろす [오로스]	내려놓다
おろそか	疎か [오로소까]	등한시, 소홀함
おわる	終わる [오와루]	끝나다
おん	恩 [옹]	은혜
おんがく	音楽 [옹가꾸]	음악
おんかん	音感 [옹깡]	음감
おんし	恩師 [온시]	은사
おんしつ	温室 [온시쯔]	온실
おんしょう	温床 [온쇼-]	온상
おんじん	恩人 [온징]	은인
おんせん	温泉 [온셍]	온천
おんてい	音程 [온떼-]	음정
おんど	温度 [온도]	온도
おんどり	雄鳥 [온도리]	수탉
おんな	女 [온나]	계집, 여자
おんばん	音盤 [옴방]	음반

か (カ)

か	蚊 [가]	모기, 나방
カーテン	curtain [가-뗑]	커튼
ガーデン	garden [가-뗑]	가든
カード	card [가-도]	카드
カーニバル	carnival [가-니바루]	카니발
カーネーション	carnation [가-네-송]	카네이션
カーブ	curve [가-부]	커브
カーペット	carpet [가-펫도]	융단
かい	甲斐 [가이]	보람
かい	貝 [가이]	조개
かいい	怪異 [가이-]	괴이함
かいか	開花 [가이까]	개화(꽃), 열림
かいか	階下 [가이까]	아래층
がいか	外貨 [가이까]	외화(돈)
がいが	外画 [가이가]	외화(영화)
かいが	絵画 [가이가]	회화
かいがい	海外 [가이가이]	해외
がいかいじん	外界人 [가이까이징]	외계인
かいかく	改革 [가이까꾸]	개혁
かいがく	開学 [가이가꾸]	개학

57

かいかつ	快活 [가이까쓰]	쾌활함
かいがら	貝殻 [가이가라]	조개껍질
かいかん	怪漢 [가이깡]	괴한
かいかん	快感 [가이깡]	쾌감
かいがん	開眼 [가이강]	개안
かいがん	海岸 [가이강]	해안
かいき	怪奇 [가이끼]	괴기
かいき	回帰 [가이끼]	회기
かいぎ	会議 [가이기]	회의
かいぎ	懐疑 [가이기]	회의
かいぎゃく	諧謔 [가이갸꾸]	해학
かいきゅう	階級 [가이뀨-]	계급
かいきょう	海峡 [가이꾜-]	해협
かいぎょう	開業 [가이교-]	개업
かいぐん	海軍 [가이궁]	해군
かいけい	会計 [가이께-]	회계
かいけつ	解決 [가이께쓰]	해결
かいけん	会見 [가이껭]	회견
かいげんれい	戒厳令 [가이겐레-]	계엄령
かいこ	蚕 [가이꼬]	누에
かいこ	解雇 [가이꼬]	해고
かいこ	回顧 [가이꼬]	회고
かいこう	開港 [가이꼬-]	개항
かいこう	開校 [가이꼬-]	개교
かいこう	回航 [가이꼬-]	회항
かいこう	開講 [가이꼬-]	개강
がいこう	外交 [가이꼬-]	외교

がいこく	外国 [가이꼬꾸]	외국
がいこつ	骸骨 [가이꼬쓰]	해골
かいこん	開墾 [가이꽁]	개간
かいさい	開催 [가이사이]	개최
かいさつ	改札 [가이사쓰]	개찰
かいさん	解散 [가이상]	해산
かいさんぶつ	海産物 [가이산부쓰]	해산물
かいし	開始 [가이시]	개시
かいしゃ	会社 [가이샤]	회사
かいしゃく	解釈 [가이샤꾸]	해석
かいしゅう	回収 [가이슈-]	회수
かいじゅう	怪獣 [가이쥬-]	괴수
がいしゅつ	外出 [가이슈쓰]	나들이, 외출
かいしゅん	回春 [가이슝]	회춘
かいじょ	解除 [가이죠]	해제
がいじょ	外助 [가이죠]	외조
かいしょう	解消 [가이쇼-]	해소
かいじょう	開場 [가이죠-]	개장
かいじょう	会場 [가이죠-]	회장
かいじょう	海上 [가이죠-]	해상
かいじん	怪人 [가이징]	괴인
がいしん	外信 [가이싱]	외신
かいすいよく	海水浴 [가이스이요꾸]	해수욕
がいする	害する [가이스루]	해치다
かいせい	改正 [가이세이]	개정
かいせつ	開設 [가이세쓰]	개설
かいせつ	解説 [가이세쓰]	해설

かいぜん	改善 [가이젱]	개선
かいそう	海草 [가이소-]	해초
かいそう	回想 [가이소-]	회상
かいぞう	改造 [가이조-]	개조
かいぞく	海賊 [가이조쿠]	해적
かいたい	解体 [가이따이]	해체
かいたく	開拓 [가이따쿠]	개척
がいたん	慨嘆 [가이땅]	개탄
かいだん	階段 [가이당]	계단
かいだん	怪談 [가이당]	괴담
かいだん	会談 [가이당]	회담
かいちく	改築 [가이치쿠]	개축
かいちゅう	蛔虫 [가이쮸-]	회충
がいちゅう	害虫 [가이쮸-]	해충
かいちゅうどけい	懐中時計 [가이쮸-도께-]	회중시계
かいちょう	会長 [가이쵸-]	회장
かいつう	開通 [가이쓰-]	개통
かいて	買い手 [가이떼]	사는 사람
かいてん	開店 [가이뗑]	개점
かいてん	回転 [가이뗑]	회전
ガイド	guide [가이도]	가이드
かいとう	解答 [가이또-]	해답
かいとう	回答 [가이또-]	회답
がいとう	街灯 [가이또-]	가로등
がいとう	街頭 [가이또-]	길거리
がいとう	外套 [가이또-]	외투
がいとう	該当 [가이또-]	해당

かいどう	街道 [가이도-]	간선도로
かいどう	会同 [가이도-]	회동
かいどく	解読 [가이도꾸]	해독(해석)
かいにゅう	介入 [가이뉴-]	개입
がいねん	概念 [가이넹]	개념
がいはく	外泊 [가이하꾸]	외박
かいはつ	開発 [가이하쓰]	개발
かいばつ	海抜 [가이바쓰]	해발
かいひ	会費 [가이히]	회비
かいひょう	開票 [가이효-]	개표
かいひょう	解氷 [가이효-]	해빙
かいふく	回復 [가이후꾸]	회복
かいぶつ	怪物 [가이부쓰]	괴상하다
かいへい	開閉 [가이헤-]	개폐
かいへん	改編 [가이헹]	개편
かいほう	開放 [가이호-]	개방
かいほう	解放 [가이호-]	해방
かいぼう	解剖 [가이보-]	해부
かいまく	開幕 [가이마꾸]	개막
かいめい	改名 [가이메-]	개명
かいめい	解明 [가이메-]	해명
かいめつ	潰滅 [가이메쯔]	궤멸
かいめん	海面 [가이멩]	해면
かいもく	皆目 [가이모꾸]	전혀
かいやく	解約 [가이야꾸]	해약
がいゆう	外遊 [가이유-]	외유
かいよう	潰瘍 [가이요-]	궤양

かいよう	海洋 [가이요-]	해양
かいらい	傀儡 [가이라이]	괴뢰
かいらく	快楽 [가이라꾸]	쾌락
かいらん	回覧 [가이랑]	회람
かいりき	怪力 [가이리끼]	괴력
かいりゅう	海流 [가이류-]	해류
かいりょう	改良 [가이료-]	개량
かいわ	会話 [가이와]	회화
かう	買う [가우]	사다
カウボーイ	cowboy [카우보-이]	카우보이
ガウン	gown [가웅]	가운
カウンセリング	counseling [카운세링구]	카운슬링
カウンター	counter [카운따-]	카운터
カウント	count [카운또]	카운트
かえす	返す [가에스]	돌려주다, 되돌리다
かえって	却って [가엣떼]	도리어, 오히려
かえる	蛙 [가에루]	개구리
かえる	変える [가에루]	바꾸다
かえる	帰る [가에루]	돌아가다
かお	顔 [가오]	얼굴
かおく	家屋 [가오꾸]	가옥
かおなじみだ	顔馴染みだ [가오나지미다]	낯익다
かおまけ	顔負け [가오마께]	무색해짐
かおり	香り・薫り [가오리]	향기
かがいしゃ	加害者 [가가이샤]	가해자
かかく	価格 [가까꾸]	가격
かがく	科学 [가가꾸]	과학

かかげる	掲げる [가까게루]	내걸다, 매달다
かかし	案山子 [가까시]	허수아비
かかす	欠かす [가까스]	거르다
かかと	踵 [가까또]	발뒤꿈치
かがみ	鏡 [가가미]	거울
かがめる	屈める [가가메루]	굽히다
かがやく	輝く [가가야꾸]	반짝이다
かかりちょう	係長 [가까리쬬-]	계장
かかる	掛かる [가까루]	걸리다
かかわらず	拘らず [가까와라즈]	불구하고
かき	柿 [가끼]	감
かき	牡 [가끼]	굴
かき	夏季 [가끼]	여름철
かぎ	鍵 [가기]	열쇠
かきとめ	書留 [가끼또메]	등기우편
かきね	垣根 [가끼네]	담장, 울타리
かきまぜる	掻き交ぜる [가끼마제루]	뒤섞다
かぎょう	家業 [가교-]	가업
かきょく	歌曲 [가꾜꾸]	가곡
かく	角 [가꾸]	각
かく	描く [가꾸]	그리다
かく	書く [가꾸]	쓰다(글)
かく	掻く [가꾸]	긁다
かぐ	家具 [가구]	가구
かぐ	嗅ぐ [가구]	냄새를 맡다
かくあげ	格上げ [가꾸아게]	승격
がくい	学位 [가꾸이]	학위

かくかぞく	核家族 [가꾸까조꾸]	핵가족
がくげいかい	学芸会 [가꾸게-까이]	학예회
かくご	覚悟 [가꾸고]	각오
かくざい	角材 [가꾸자이]	각목
かくじ	各自 [가꾸지]	각자
がくし	学士 [가꾸시]	학사
かくしき	格式 [가꾸시끼]	격식
かくじつ	隔日 [가꾸지쓰]	격일
がくしゃ	学者 [가꾸샤]	학자
かくしゅ	各種 [가꾸슈]	각종
がくしゅう	学習 [가꾸슈-]	학습
がくじゅつ	学術 [가꾸쥬쓰]	학술
かくしん	核心 [가꾸싱]	핵심
かくしん	革新 [가꾸싱]	혁신
かくす	隠す [가꾸스]	감추다, 숨기다
かくせい	覚醒 [가꾸세-]	각성
がくせつ	学説 [가꾸세쓰]	학설
がくそう	学窓 [가꾸소-]	학창
がくそく	学則 [가꾸소꾸]	학칙
かくち	各地 [가꾸찌]	각지
かくちく	角逐 [가꾸찌꾸]	각축
カクテル	cocktail [카꾸떼루]	칵테일
かくど	角度 [가꾸도]	각도
かくとう	格闘 [가꾸또-]	격투
かくとく	獲得 [가꾸또꾸]	획득
がくねん	学年 [가꾸넹]	학년
かくばる	角張る [가꾸바루]	네모지다

がくひ	学費 [가꾸히]	학비
がくふ	楽譜 [가꾸후]	악보
がくぶち	額縁 [가꾸부찌]	액자
かくへいき	核兵器 [가꾸헤-끼]	핵무기
かくべつだ	格別だ [가꾸베쓰다]	각별하다
かくめい	革命 [가꾸메-]	혁명
がくもん	革問 [가꾸몽]	학문
がくゆう	学友 [가꾸유-]	학우
がくようひん	学用品 [가꾸요-힝]	학용품
かくり	隔離 [가꾸리]	격리
がくれき	学歴 [가꾸레끼]	학력
かくれんぼう	隠れん坊 [가꾸렘보-]	숨바꼭질
かくん	家訓 [가꿍]	훈
かけ	賭 [가께]	내기
がけ	崖 [가께]	낭떠러지, 벼랑
かげ	影 [가게]	그림자
かげ	陰 [가게]	그늘
かけあし	駆足 [가께아시]	구보
かけい	家計 [가께-]	가계(가족)
かげき	歌劇 [가께끼]	가극
かげくち	陰口 [가게구찌]	험담
かけざん	掛け算 [가께장]	곱하기
かけつ	可決 [가께쓰]	가결
かけっこ	駆けっこ [가껙꼬]	달리기
かけはなれる	掛け離れる [가께하나레루]	동떨어지다
かけひき	駆引き [가께히끼]	흥정
かけもの	掛け物 [가께모노]	족자

かけら	[가께라]	부스러기, 조각(단편)
かける	掛ける [가께루]	걸다, 달다, 끼치다
かける	駆ける [가께루]	뛰다(달리다)
かげろう	陽炎 [가게로-]	아지랑이
かこ	過去 [가꼬]	과거
かご	加護 [가고]	가호
かご	籠 [가고]	바구니
かこう	加工 [가꼬-]	가공
かさ	笠 [가사]	갓, 삿갓
かさ	傘 [가사]	우산
かさ	嵩 [가사]	부피
かさく	佳作 [가사꾸]	가작
かざぐるま	風車 [가자구루마]	팔랑개비, 풍차
かささぎ	鵲 [가사사기]	까치
かさなる	重なる [가사나루]	겹쳐지다
かさねて	重ねて [가사네떼]	거듭, 거푸
かさねる	重ねる [가사네루]	겹치다, 포개다
かざる	飾る [가자루]	꾸미다, 장식하다
かさん	加算 [가상]	가산
かし	歌詞 [가시]	가사(노래)
かし	菓子 [가시]	과자
かじ	家事 [가지]	가사(집안일)
かじ	火事 [가지]	불(화재)
かしきり	貸切り [가시끼리]	전세
かしこい	賢い [가시꼬이]	현명하다
かしだし	貸出し [가시다시]	대출
かしつ	過失 [가시쯔]	과실(부주의)

かじつ	果実 [가지쓰]	과실(열매)
かしつけ	貸付け [가시쓰께]	대부
カジノ	casino [가지노]	카지노
かじや	かじ屋 [가지야]	대장간
かしゅ	歌手 [가슈]	가수
カジュアル	casual [가쥬아루]	캐주얼
かじゅう	果汁 [가쥬-]	과즙
かじゅえん	果樹園 [가쥬엥]	과수원
かじょう	過剰 [가죠-]	과잉
かしら	頭 [가시라]	우두머리
かじる	齧る [가지루]	갉다
ガス	gas [가스]	가스
かす	貸す [가스]	빌려주다
かす	滓 [가스]	앙금, 찌꺼기
かず	数 [가즈]	수, 숫자
かずおおい	数多い [가즈오-이]	흔하다
カステラ	Castilla [가스떼라]	카스텔라
かぜ	風邪 [가제]	감기
かぜ	風 [가제]	바람
かせい	加勢 [가세-]	가세, 원군
かぜい	課税 [가제-]	과세
かせぐ	稼ぐ [가세구]	벌다(일하여)
かせつ	架設 [가세쓰]	가설(공사)
かせつ	仮説 [가세쓰]	가설
カセット	cassette [카셋또]	카세트
かそう	仮想 [가소-]	가상
かぞえる	数える [가조에루]	헤아리다(숫자)

かそく	加速 [가소꾸]	가속
かぞく	家族 [가조꾸]	가족
カソリン	gasoline [가소링]	가솔린
かた	肩 [가따]	어깨
かたい	固堅い [가따이]	튼튼하고 단단하다
かたい	下腿 [가따이]	종아리
かだい	課題 [가다이]	과제
かたいきん	過怠金 [가따이낑]	과태료
かたいじ	片意地 [가따이지]	옹고집
かだいひょうか	過大評価 [가다이효-까]	과대평가
かたがき	肩書き [가따가끼]	직함
かたぎ	気質 [가따기]	기질
かたぐるま	肩車 [가따구루마]	목마
かたこい	片恋 [가따꼬이]	짝사랑
かたづける	片付ける [가따즈께루]	걷어치우다, 정리하다
かたつむり	蝸牛 [가따쓰무리]	달팽이
かたて	片手 [가따떼]	한손
かたどる	象る [가따도루]	본뜨다
かたな	刀 [가따나]	칼
かたまり	塊 [가따마리]	덩어리
かたまる	固まる [가따마루]	굳어지다
かたみち	片道 [가따미찌]	편도
かたむく	傾く [가따무꾸]	기울다
かたむける	傾ける [가따무께루]	기울이다
かためる	固める [가따메루]	굳히다, 다지다
かたる	語る [가따루]	말하다(이야기)
カタログ	catalogue [가따로구]	카탈로그

かたわ	片輪 [가따와]	불구자
かち	価値 [가치]	가치
かちく	家畜 [가치꾸]	가축
かちょう	家長 [가쵸-]	가장(어른)
かちょう	課長 [가쵸-]	과장(직책)
がちょう	鵞鳥 [가쵸-]	거위
かつ	勝つ [가쓰]	이기다(승리)
かつお	鰹 [가쓰오]	가다랑어
かっか	閣下 [갓까]	각하(존경)
がっか	学科 [갓까]	학과
がっかい	学界 [갓까이]	학계
がっかい	学会 [갓까이]	학회
かっかざん	活火山 [갓까장]	활화산
がっかりする	[갓까리스루]	낙심하다
かっき	活気 [갓끼]	활기
がっき	学期 [갓끼]	학기
がっき	楽器 [갓끼]	악기
かっきゅう	渇求 [갓뀨-]	갈구
がっきゅう	学級 [갓뀨-]	학급
かつぐ	担ぐ [가쓰구]	둘러메다
がっくり	[갓꾸리]	덜컥
かっこ	括弧 [갓꼬]	괄호
かっこう	郭公 [갓꼬-]	뻐꾸기
かっこう	恰好 [갓꼬-]	몰골
がっこう	学校 [갓꼬-]	학교
かっこく	各国 [갓꼬꾸]	각국
かっさい	喝采 [갓사이]	갈채

がっさく	合作 [갓사꾸]	합작
がっさん	合算 [갓상]	산
かつじ	活字 [가쓰지]	활자
かっしゃ	滑車 [갓샤]	도르래
がっしゅく	合宿 [갓슈꾸]	합숙
がっしょう	合唱 [갓쇼-]	합창
かっしょく	褐色 [갓쇼꾸]	갈색
がっそう	合奏 [갓소-]	합주
かっそうろ	滑走路 [갓소-로]	활주로
かつて	曾て [가쓰떼]	일찍이
かってに	勝手に [갓떼니]	멋대로
カット	cut [갓또]	커트
かっとう	葛藤 [갓또-]	갈등
かつどう	活動 [가쓰도-]	활동
かっぱつ	活発 [갑빠쓰]	활발함
かっぱらい	搔っ払い [갑빠라이]	날치기
カップ	cup [갑뿌]	컵(우승)
カップル	couple [갑뿌루]	커플
かっぽ	闊歩 [갑뽀]	활보
かつぼう	渴望 [가쓰보-]	갈망
かつもく	刮目 [가쓰모꾸]	괄목
かつよう	活用 [가쓰요-]	활약
かつら	鬘 [가쓰라]	가발
かつりょく	活力 [가쓰료꾸]	활력
かつろ	活路 [가쓰로]	활로
かてい	仮定 [가떼-]	가정
かてい	家庭 [가떼-]	가정(집안)

かてい	過程 [가떼-]	과정
カテゴリー	Kategorie [가떼고리-]	카테고리
がてら	[가떼라]	겸사겸사
かど	角 [가도]	귀퉁이, 모서리
かどう	稼動 [가도-]	가동
かとき	過渡期 [가또끼]	과도기
かどぐち	門口 [가도구찌]	문간
かどだつ	角立つ [가도다쓰]	모나다
カトリック	katholiek [가또락꾸]	가톨릭
かない	家内 [가나이]	집사람
かなしい	悲しい [가나시-]	슬프다
かなしみ	悲しみ [가나시미]	슬픔
カナダ	Canada [가나다]	캐나다
かなづち	金槌 [가나즈찌]	쇠망치
かなでる	奏でる [가나데루]	연주하다
かなものや	金物屋 [가나모노야]	철물점
かならず	必ず [가나라즈]	반드시
かならずや	必ずや [가나라즈야]	기필코
かなり	[가나리]	제법
カナリア	canaria [가나리아]	카나리아
かに	蟹 [가니]	게
かにゅう	加入 [가뉴-]	가입
かね	金 [가네]	돈
かね	鐘 [가네]	종
かねつ	加熱 [가네쓰]	가열
かねづる	金蔓 [가네즈루]	돈줄
かねもうけ	金儲け [가네모-께]	돈벌이

かねもち	金持ち [가네모찌]	부자
かのう	可能 [카노-]	가능
かのじょ	彼女 [가노죠]	그녀
かば	河馬 [가바]	하마
カバー	cover [가바-]	커버, 덮개
かばう	庇う [가바우]	감싸다
がばっと	[가밧또]	벌떡
かばん	鞄 [가방]	가방
かび	黴 [가비]	곰팡이
かびん	過敏 [가빙]	과민함
かびん	花瓶 [가빙]	꽃병
かぶ	歌舞 [가부]	가무
かぶ	株 [가부]	주식
カフェー	cafe [가훼-]	카페
かぶせる	被せる [가부세루]	덮어쓰우다, 쓰우다
カプセル	Kapsel [가뿌세루]	캡슐
かぶと	兜 [가부또]	투구
かぶとむし	甲虫 [가부또무시]	딱정벌레
かぶる	被る [가부루]	쓰다(모자)
かぶん	過分 [가붕]	과분
かぶんすう	仮分数 [가분스-]	가분수
かべ	壁 [가베]	벽
かほう	家宝 [가호-]	가보
かほうもの	果報者 [가호-모노]	행운아
かぼそい	か細い [가보소이]	가냘프다
かぼちゃ	南瓜 [가보쨔]	호박
かま	釜 [가마]	가마솥

かま	鎌 [가마]	낫
かま	釜 [가마]	솥
がま	蝦蟆 [가마]	두꺼비
かます	叺 [가마스]	가마니
かまぼこ	蒲鉾 [가마보꼬]	어묵
がまん	我慢 [가망]	참음
かみ	加味 [가미]	가미(맛을 더함)
かみ	神 [가미]	신
かみ	紙 [가미]	종이
かみいれ	紙入れ [가미이레]	돈지갑
かみきれ	紙切れ [가미끼레]	종이쪽지
かみしめる	噛みしめる [가미시메루]	악물다
かみそり	剃刀 [가미소리]	면도칼
かみなり	雷 [가미나리]	벼락, 천둥
かみのけ	髪の毛 [가미노께]	머리카락
かむ	[가무]	코를 풀다
かむ	噛む [가무]	깨물다, 씹다
カムバック	come back [감박꾸]	컴백
かめ	亀 [가메]	거북이
かめい	加盟 [가메-]	가맹
かめい	仮名 [가메-]	가명
がめつい	[가메쓰이]	극성스럽다
カメラ	camera [가메라]	카메라
かめん	仮面 [가멩]	가면
かもく	科目 [가모꾸]	과목
かもく	寡黙 [가모꾸]	과묵
かもめ	鴎 [가모메]	갈매기

かもん	家門 [가몽]	가문
かゆ	粥 [가유]	죽
かゆい	痒い [가유이]	가렵다
かよう	歌謡 [가요-]	가요
かよう	通う [가요-]	다니다
がようし	画用紙 [가요-시]	도화지
かよわい	か弱い [가요와이]	연약하다
がら	柄 [가라]	무늬
から	殻 [가라]	껍데기
カラ-	color [카라-]	컬러
からい	辛い [가라이]	맵다(맛)
カラオケや	カラオケ屋 [가라오께야]	노래방
からから	[가라까우]	놀리다
がらくた	[가라꾸따]	잡동사니
からげんき	空元気 [가라겡끼]	객기
からし	芥子 [가라시]	겨자
からす	烏 [가라스]	까마귀
ガラス	glas [가라스]	유리(재료)
からだ	体 [가라다]	몸
からだつき	体付き [가라다쓰끼]	몸매
カラット	carat [카랏또]	캐럿
からっぽ	空っぽ [가람뽀]	텅빔
からて	唐手 [가라떼]	당수(가라데)
からねんぶつ	空念仏 [가라넴부쓰]	공염불
からむ	絡む [가라무]	얽히다
からりと	[가라리또]	드르륵
かり	狩り [가리]	사냥, 수렵

カリカチュア	caricature [카리카츄아]	캐리커처
カリキュラム	curriculum [카리큐라무]	커리큘럼
かりぬい	仮縫い [가리누이]	가봉
かりゅう	下流 [가류-]	하류
かりゅうど	狩人 [가류-도]	사냥꾼
かりる	借りる [가리루]	꾸다, 빌리다
かる	刈る [가루]	베다
かるい	軽い [가루이]	가볍다
かるく	軽く [가루꾸]	거뜬히
かれ	彼 [가레]	그, 그이
カレー	curr [카레-]	카레
かれは	枯葉 [가레하]	가랑잎
かれら	彼等 [가레라]	그들
かれる	枯れる [가레루]	시들다
かれんだ	可憐だ [가렌다]	가련하다
カレンダー	calenda [카렌다-]	캘린더
かろう	過労 [가로-]	과로
かろうじて	[가로-지떼]	겨우, 근근이
カロリー	calorie [카로리-]	칼로리
かわ	革・皮 [가와]	가죽
かわ	河・川 [가와]	강
かわいい	可愛い [가와이-]	귀엽다
かわいがる	可愛がる [가외이가루]	귀여워하다
かわいそうだ	可哀想だ [가와이소-다]	딱하다, 불쌍하다
かわうそ	獺 [가와우소]	수달
かわかす	乾かす [가와까스]	말리다(건조)
かわぎし	川岸 [가와기시]	강가

75

かわく	乾く [가와꾸]	마르다(건조)
かわく	渇く [가와꾸]	목마르다
かわばた	川端 [가와바따]	냇가
かわべ	川辺 [가와베]	개울가
かわみず	川水 [가와미즈]	강물, 냇물
かわら	瓦 [가와라]	기와
かわり	代り [가와리]	대신
かわりもの	変り者 [가와리모노]	괴짜
かわる	代わる [가와루]	대신하다
かわる	変わる [가와루]	달라지다, 바뀌다
かわるがわる	代わる代わる [가와루가와루]	번갈아
がん	雁 [강]	기러기
かんあん	勘案 [강앙]	감안
かんい	簡易 [간이]	간이
かんいん	減員 [겡잉]	감원
かんか	感化 [강까]	감화
かんかい	感懐 [강까이]	감회, 감개
かんがえる	考える [강가에루]	생각하다
かんかく	感覚 [강까꾸]	감각
かんかく	間隔 [강까꾸]	간격
カンガルー	kangaroo [캉가루-]	캥거루
かんきゃく	観客 [강까꾸]	관객
かんきょう	環境 [강꾜-]	환경
かんきり	缶切り [강끼리]	깡통따개
かんきん	監禁 [강낑]	감금
かんきんされる	監禁される [강낀사레루]	갇히다
がんぐ	玩具 [강구]	완구

かんけい	関係 [강께-]	관계
かんげい	歓迎 [강게-]	환영
かんげき	感激 [강게끼]	감격
かんけつだ	簡潔だ [강께쯔다]	간결하다
かんけん	関鍵 [강껜]	관건
かんげんがく	管弦楽 [강겡가꾸]	관현악
かんこ	歓呼 [강꼬]	환호
かんご	看護 [강고]	간호
がんこ	頑固 [강꼬]	완고
かんこう	刊行 [강꼬-]	간행
かんこう	敢行 [강꼬-]	감행
かんこう	慣行 [강꼬-]	관행
かんこう	緩行 [강꼬-]	완행
かんこう	観光 [강꼬-]	관광
かんごく	監獄 [강고꾸]	감옥
かんこく	勧告 [강꼬꾸]	권고
かんこく	韓国 [강꼬꾸]	한국
かんこくご	韓国語 [강꼬꾸고]	한국어
かんこくじん	韓国人 [강꼬꾸징]	한국인
かんさ	監査 [간사]	감사(감사)
かんさつ	監察 [간사쯔]	감찰
かんさつ	観察 [간사쯔]	관찰
かんし	監視 [간시]	감시
かんじ	感じ [간지]	느낌
かんじ	漢字 [간지]	한자
かんしゃ	感謝 [간샤]	감사(고마움)
かんじゃ	患者 [간쟈]	환자

かんしゃく	癇癪 [간샤꾸]	짜증
かんじゅ	甘受 [간쥬]	감수(달게 받음)
かんしゅう	監修 [간슈-]	감수(감독)
がんしょ	願書 [간쇼]	원서
かんしょう	感傷 [간쇼-]	감상(슬픔)
かんしょう	干渉 [간쇼-]	간섭
かんしょう	鑑賞 [간쇼-]	감상(작품)
かんじょう	感情 [간죠-]	감정(마음)
かんじょう	勘定 [간죠-]	계산(지불)
かんしょく	感触 [간쇼꾸]	감촉
かんじる	感じる [간지루]	느끼다
かんしん	関心 [간싱]	관심
かんしんだ	感心だ [간신다]	기특하다, 대견하다
かんすい	完遂 [간스이]	완수
かんせい	完成 [간세-]	완성
かんぜい	関税 [간제-]	관세
かんせつ	間接 [간세쓰]	간접
かんせつ	関節 [간세쓰]	관절
かんせつき	環節器 [간세쓰끼]	환절기
かんせん	感染 [간셍]	감염
かんぜん	完全 [간젱]	완전
がんそ	元祖 [간소]	원조
かんそい	感想 [간소-]	감상(느낌)
かんそう	乾燥 [간소-]	건조(마름)
かんそう	観相 [간소-]	관상
かんぞう	肝臓 [간조-]	간장(신체)
かんそく	観測 [간소꾸]	관측

かんそだ	簡素だ [칸소다]	간소하다
かんたい	寒帯 [칸따이]	한대(추운 지역)
かんたい	艦隊 [칸따이]	함대
かんたい	歓待 [칸따이]	환대
かんだい	寛大 [칸다이]	관대
かんたん	簡単 [칸땅]	간단
かんたん	感嘆 [칸땅]	감탄
かんだんけい	寒暖計 [칸당께-]	한란계
かんち	感知 [칸찌]	감지
かんち	完治 [칸찌]	완치
かんちがい	勘違い [칸찌가이]	착각, 착오
かんちょう	間諜 [칸쵸-]	간첩
かんつう	姦通 [칸쓰-]	간통
かんつう	貫通 [칸쓰-]	관통
かんづめ	缶詰 [칸즈메]	통조림
かんてい	鑑定 [칸떼이]	감정(평가)
かんてい	艦艇 [칸떼이]	함정(군함)
かんてつ	貫徹 [칸떼스]	관철
かんでん	感電 [칸뎅]	감전
かんどう	感動 [칸도-]	감동
かんどう	乱動 [칸도-]	난동, 폭력
かんとく	監督 [칸또꾸]	감독
がんとして	雁として [간또시떼]	막무가내로
カントリークラブ	country club [칸또리-쿠라부]	컨트리클럽
かんな	鉋 [칸나]	대패
かんない	管内 [칸나이]	관내
カンニング	cunning [칸닝구]	커닝

かんぬき	閂 [간누끼]	빗장
かんねん	観念 [간넹]	관념
かんのう	感応 [간노-]	감응
かんのう	完納 [간노-]	완납
かんのうび	官能美 [간노-비]	관능미
かんのん	観音 [간농]	관음
かんば	寒波 [김빠]	한파
かんぱい	乾杯 [감빠이]	건배
カンバス	canvas [칸바스]	캔버스
がんばる	頑張る [감바루]	버티다
かんばん	看板 [감방]	간판
かんばん	甲板 [감빵]	갑판
かんび	完備 [감비]	완비
かんびょう	看病 [감뵤-]	간병
かんぶ	幹部 [감부]	간부
かんぶん	漢文 [감붕]	한문
かんぺき	完璧 [감뻬끼]	완벽
かんべん	勘弁 [감벵]	용서함
かんべんだ	簡便だ [감벤다]	간편하다
かんぽう	漢方 [감뽀-]	한방
かんぽう	艦砲 [감뽀-]	함포
かんめい	感銘 [간메-]	감명
がんもく	眼目 [감모꾸]	안목
かんもん	関門 [감몽]	관문
かんよう	慣用 [강요-]	관용(쓰임새)
かんよう	寛容 [강요-]	관용(너그러움)
がんらい	元来 [간라이]	원래

かんらく	陥落 [간라꾸]	함락
かんらん	観覧 [간랑]	관람
かんり	管理 [간리]	관리(맡음)
かんりゃくだ	簡略だ [간랴꾸다]	간략하다
かんりゅう	寒流 [간류-]	한류
かんりょう	感量 [간료-]	감량
かんりょう	官僚 [간료-]	관료
かんれい	寒冷 [간레-]	한랭
かんれい	慣例 [간레-]	관례
かんれん	関連 [간렝]	관련
かんろく	貫禄 [간로꾸]	관록

き (キ)

き	木 [기]	나무
きあい	気合 [기아이]	기합
きあつ	気圧 [기아쓰]	기압
きあん	起案 [기앙]	기안
キー	key [키-]	열쇠
きいっぽん	生一本 [기입뽕]	순수
きいろ	黄色 [기-로]	노랑
きいろい	黄色い [기-로이]	노랗다
きえつ	喜悦 [기에쓰]	희열
きえる	消える [기에루]	꺼지다
きえん	気炎 [기엥]	기염
きおく	記憶 [기오꾸]	기억
きおくりょく	記憶力 [기오꾸료꾸]	기억력
きおくれ	気後れ [기오꾸레]	주눅
きおん	気温 [기옹]	기온
きか	帰家 [기까]	귀가
きか	帰化 [기까]	귀화
きが	飢餓 [기가]	기아
きかい	機械 [기까이]	기계
きかい	機会 [기까이]	기회

ぎかい	議会 [기까이]	의회
きがい	気概 [기가이]	기개
きかいだ	奇怪だ [기까이다]	기괴하다
きがえる	着替える [기가에루]	갈아입다
きかく	規格 [기까꾸]	규격
きかく	企画 [기까꾸]	기획
きかせる	聞かせる [기까세루]	들려주다
きかん	亀鑑 [기깡]	귀감
きかん	期間 [기깡]	기간
きかん	帰還 [기깡]	귀환
きかんし	気管支 [기깐시]	기관지
きき	危機 [기끼]	위기
ききおぼえ	聞き覚え [기끼오보에]	귀동냥
ききかえす	聞き返す [기끼까에스]	되묻다
ききて	聞き手 [기끼떼]	듣는 사람
ききとる	聞き取る [기끼또루]	알아듣다
ききめ	効き目 [기끼메]	효능
ききゅう	気球 [기뀨-]	기구
ききょう	桔梗 [기꾜-]	도라지
ききょう	帰郷 [기꾜-]	귀향
きぎょう	企業 [기교-]	기업
ぎきょく	戯曲 [기꾜꾸]	희곡
ききん	飢饉 [기낑]	기근
ききん	基金 [기낑]	기금
ききんぞく	貴金属 [기낀조꾸]	귀금속
きく	菊 [기꾸]	국화(화초)
きく	利く [기꾸]	듣다(효과)

きく	聞く [기꾸]	듣다(소리)
きぐ	器具 [기구]	기구
ぎけい	義兄 [기께-]	매형
きけつ	帰結 [기께쓰]	귀결
きけん	危険 [기껭]	위험
きげん	起源 [기겡]	기원
きげん	期限 [기겡]	기한
きげん	機嫌 [기겡]	비위, 기분
きこう	寄稿 [기꼬-]	기고
きこう	寄港 [기꼬-]	기항(항구에 잠시 들름)
きこう	帰港 [기꼬-]	귀항
きこう	気候 [기꼬-]	기후
ぎこう	技巧 [기꼬-]	기교
きごう	記号 [기고-]	기호(표시)
きごう	揮毫 [기고-]	휘호
きこうしき	起工式 [기꼬-시끼]	기공식
きこうぶん	紀行文 [기꼬-붕]	기행문
きこえる	聞える [기꼬에루]	들리다
きこく	帰国 [기꼬꾸]	귀국
ぎごちない	[기고찌나이]	어색하다
きこんしゃ	既婚者 [기꽁샤]	기혼자
きさい	鬼才 [기사이]	귀재
きさい	記載 [기사이]	기재
きざし	兆し [기자시]	조짐
きざむ	刻む [기자무]	새기다
きし	騎士 [기시]	기사(무사)
ぎし	技師 [기시]	기사(기술)

きじ	記事 [기지]	기사(글)
きじ	生地 [기지]	옷감
きじ	雉 [기지]	꿩
きじつ	期日 [기지쯔]	기일
きしむ	軋む [기시무]	삐걱거리다
きしゃ	汽車 [기샤]	기차
きしゃ	記者 [기샤]	기자
きしゅ	旗手 [기슈]	기수(깃발)
きしゅう	奇襲 [기슈-]	기습
きしゅくしゃ	寄宿舎 [기슈꾸샤]	기숙사
きじゅつ	記述 [기쥬쓰]	기술(서술)
ぎじゅつ	技術 [기쥬쓰]	기술(솜씨)
きじゅん	基準 [기쥰]	기준
きしょう	起床 [기쇼-]	기상(일어남)
きしょう	気象 [기쇼-]	기상(날씨)
キス	kiss [키스]	키스
きず	傷 [기즈]	상처
きずあと	傷痕 [기즈아또]	흉터
きすう	奇数 [기스-]	홀수
きすう	帰趨 [기스-]	귀추
きずつく	傷つく [기즈쓰꾸]	다치다
きずな	絆 [기즈나]	굴레
きせい	帰省 [기세-]	귀성
きせい	規制 [기세-]	규제
ぎせい	犠牲 [기세-]	희생
きせいちゅう	寄生虫 [기세-쮸-]	기생충
きせいふく	既製服 [기세-후꾸]	기성복

きせき	奇跡 [기세끼]	기적
きせつ	季節 [기세쓰]	계절
きぜつ	気絶 [기제쓰]	기절
キセル	[기세루]	뱃대
きせる	着せる [기세루]	입히다
きせん	貴賎 [기셍]	귀천
きせん	汽船 [기셍]	기선
きそ	起訴 [기소]	기소
きそ	基礎 [기소]	기초
きそう	競う [기소-]	겨루다
ぎそう	偽装 [기소-]	위장(가장)
ぎぞう	偽造 [기조-]	위조
きそく	規則 [기소꾸]	규칙
きぞく	貴族 [기조꾸]	귀족
きた	北 [기따]	북쪽
ギター	guitar [기따-]	기타(악기)
きたい	期待 [기따이]	기대
きたい	機体 [기따이]	기체(비행기)
きたい	気体 [기따이]	기체(공기)
きたえる	鍛える [기따에루]	단련하다
きだて	気立て [기다떼]	마음씨
きたない	汚い [기따나이]	더럽다
きち	基地 [기찌]	기지(기점)
きち	機知 [기찌]	기지(위트)
きちがい	気違い [기찌가이]	미치광이
きちむ	吉夢 [기찌무]	길몽
きちょう	機長 [기쵸-]	기장

きちょうひん	貴重品 [키쵸-힝]	귀중품
きちょうめんだ	几帳面だ [키쵸-멘다]	꼼꼼하다
きつえん	喫煙 [키쓰엥]	끽연, 흡연
きっきょう	吉凶 [킷쿄-]	길흉
ぎっしりだ	[깃시리다]	빽빽하다
きっすい	生粋 [킷스이]	토박이
キッチン	kitchen [킷칭]	키친
きつつき	[키쓰쓰끼]	딱따구리
きって	切手 [킷떼]	우표
きっと	[킷또]	기어코, 틀림없이
きつね	狐 [키쓰네]	여우
きっぷ	切符 [킷뿌]	표
きてい	規定 [키떼-]	규정
きてい	既定 [키떼-]	기정
きてき	汽笛 [키떼끼]	기적(소리)
きと	企図 [키또]	기도
きどう	軌道 [키도-]	궤도
きとく	危篤 [키또꾸]	위독
きにいる	気に入る [키니이루]	마음에 들다
きにくわない	気にくわない [키니구와나이]	못마땅하다
きになる	気になる [키니나루]	궁금하다
きにゅう	記入 [키뉴-]	기입
きぬ	絹 [키누]	비단
きねん	記念 [키넹]	기념
きのう	機能 [키노-]	기능(작용)
きのう	昨日 [키노-]	어제
きのう	帰納 [키노-]	귀납

ぎのう	技能 [기노-]	기능(기량)
きのこ	茸 [기노꼬]	버섯
きのどくだ	気の毒だ [기노도꾸다]	가엾다
きのり	気乗り [기노리]	마음이 내킴
きのりがする	気乗りがする [기노리가스무]	내키다
きはく	気魄 [기하꾸]	기백
きばつだ	奇抜だ [기바쓰다]	기발하다
きばらし	気晴らし [기바라시]	기분 풀이
きばん	基盤 [기방]	기반
きひ	忌避 [기히]	기피
きびしい	厳しい [기비시-]	엄하다
きひん	貴賓 [기힝]	귀빈
きひん	気品 [기힝]	기품
きふ	寄付 [기후]	기부
きふじん	貴婦人 [기후징]	귀부인
きぶつ	器物 [기부쓰]	기물
きぼ	規模 [기보]	규모
ぎほう	技法 [기호-]	기법
きぼう	希望 [기보-]	희망
きほん	基本 [기홍]	기본
きまぐれ	気紛れ [기마구레]	변덕
きまずい	気まずい [기마즈이]	거북하다, 서먹서먹하다
きまりもんく	決まり文句 [기마리몽꾸]	상투어
きまる	決まる [기마루]	정해지다
ぎまん	欺瞞 [기망]	기만
きみつ	機密 [기미쓰]	기밀
きみょう	奇妙 [기묘-]	기묘

ぎむ	義務 [기무]	의무
きめる	決める [기메루]	정하다
きも	肝 [기모]	간
きもち	気持ち [기모찌]	기분
ぎもん	疑問 [기몽]	의문
きゃく	客 [갸꾸]	손님
ぎゃくさつ	虐殺 [갸꾸사쓰]	학살
きゃくしつ	客室 [갸꾸시쓰]	객실
きゃくしゃ	客車 [갸꾸샤]	객차
きゃくしょく	脚色 [갸꾸쑈꾸]	각색
きゃくせき	客席 [갸꾸세끼]	객석
きゃくせん	客船 [갸꾸셍]	객선
きゃくせんび	脚線美 [갸꾸셈비]	각선미
ぎゃくたい	虐待 [갸꾸따이]	학대
ぎゃくてん	逆転 [갸꾸뗑]	역전
きゃくほん	脚本 [갸꾸홍]	각본
ギャグマン	gagman [갸구망]	개그맨
キャスト	cast [캬스또]	캐스트
きゃっか	却下 [깍까]	각하(소송)
きゃっかんてき	客観的 [갹깐떼끼]	객관적
ぎゃっこう	逆行 [갹꼬−]	역행
きゃっこう	脚光 [갹꼬−]	각광
キャバレー	cabaret [캬바레−]	카바레
キャビネット	cabinet [캬비넷또]	캐비닛
キャベツ	cabbage [캬베쓰]	양배추
キャラメル	caramel [캬라메루]	캐러멜
ギャラリー	gallery [갸라리−]	갤러리

ギャランティー	guarantee [가란띠-]	개런티
キャリア	career [카리아]	캐리어
ギャング	gang [걍구]	갱
キャンパス	campus [캄빠스]	캠퍼스
キャンプ	camp [캄뿌]	캠프
キャンペーン	campaign [캄펜]	캠페인
きゅう	灸 [규-]	뜸
きゆう	杞憂 [기유-]	기우
きゅうあい	求愛 [규-아이]	구애
きゅうか	休暇 [규-까]	휴가
きゅうがく	休学 [규-가꾸]	휴학
きゅうかん	休刊 [규-깡]	휴간
きゅうきゅうしゃ	救急車 [규-뀨-샤]	구급차
きゅうくつ	窮屈 [규-꾸쓰]	거북함
きゅうくつだ	窮屈だ [규-꾸쓰다]	갑갑하다
きゅうけいしょ	休憩所 [규-께이쇼]	휴게소
きゅうげき	急激 [규-게끼]	급격
きゅうこう	急行 [규-꼬-]	급행
きゅうこう	休校 [규-꼬-]	휴교
きゅうごひん	救護品 [규-고힝]	구호품
きゅうこん	求婚 [규-꽁]	구혼
きゅうし	急死 [규-시]	급사(죽음)
きゅうじ	給仕 [규-지]	급사(심부름)
きゅうしゅう	吸収 [규-슈-]	흡수
きゅうしゅつ	救出 [규-슈쓰]	구출
きゅうしょ	急所 [규-쇼]	급소
きゅうじょ	救助 [규-죠]	구조(도움)

きゅうじょう	宮城 [규-죠-]	궁성
きゅうしょく	給食 [규-쇼꾸]	급식
きゅうすい	給水 [규-스이]	급수(물)
きゅうすう	級数 [규-스-]	급수(단계)
きゅうする	窮する [규-스루]	궁하다
きゅうせい	急性 [규-세이]	급성
きゅうせん	休戦 [규-셍]	휴전
きゅうぞう	急造 [규-조-]	급조
きゅうそく	休息 [규-소꾸]	휴식
きゅうだ	急だ [규-다]	가파르다
きゅうだい	及第 [규-다이]	급제
きゅうだん	糾弾 [규-당]	규탄
きゅうち	窮地 [규-찌]	궁지
きゅうでん	宮殿 [규-뎅]	궁전
きゅうどう	求道 [규-도-]	구도(깨달음)
きゅうに	急に [규-니]	자기
ぎゅうにく	牛肉 [규-니꾸]	쇠고기
ぎゅうにゅう	牛乳 [규-뉴-]	우유
きゅうば	急場 [규-바]	급한 고비
きゅうは	急派 [규-하]	급파
きゅうへん	急変 [규-헹]	급변
きゅうほう	急報 [규-호-]	급보
きゅうぼう	窮乏 [규-보-]	궁핍
きゅうむ	休務 [규-무]	휴무
きゅうめい	救命 [규-메-]	구명
きゅうめい	糾明 [규-메-]	규명
きゅうやく	旧約 [규-야꾸]	구약

きゅうゆう	級友 [규-유-]	급우
きゅうよ	給与 [규-요]	급여
きゅうよう	急用 [규-요-]	급한 볼일
きゅうらく	急落 [규-라꾸]	급락
きゅうり	胡瓜 [규-리]	오이
きゅうりゅう	急流 [규-류-]	급류
きゅうりょう	給料 [규-료-]	급료
きよい	[기요이]	맑다
きょう	今日 [교-]	오늘
きょうい	驚異 [교-이]	경이
きょういく	教育 [교-이꾸]	교육
きょうか	凶家 [교-까]	흉가
きょうか	強化 [교-까]	강화
きょうかい	境界 [교-까이]	경계(구분)
きょうかい	協会 [교-까이]	협회
きょうかい	教会 [교-까이]	교회
きょうがく	驚愕 [교-가꾸]	경악
きょうかしょ	教科書 [교-까쇼]	교과서
きょうかつ	恐喝 [교-까쓰]	공갈
きょうかん	共感 [교-깡]	공감
きょうかん	教官 [교-깡]	교관
きょうぎ	競技 [교-기]	경기(겨룸)
ぎょうぎ	行儀 [교-기]	행실
きょうきゅう	供給 [교-뀨-]	공급
きょうくん	教訓 [교-궁]	교훈
きょうけい	凶計 [교-께-]	흉계
きょうけびょう	狂犬病 [교-껭뵤-]	광견병

きょうこう	恐慌 [쿄-꼬-]	공황
きょうこう	強行 [쿄-꼬-]	강행
きょうこう	教皇 [쿄-꼬-]	교황
きょうさ	教唆 [쿄-사]	교사(부추김)
きょうざい	教材 [쿄-자이]	교재
きょうさいか	恐妻家 [쿄-사이까]	공처가
きょうさく	凶作 [쿄-사꾸]	흉작
きょうさく	凶悪 [쿄-아꾸]	흉악
きょうし	教師 [쿄-시]	교사(선생)
ぎょうじ	行事 [교-지]	행사
きょうしつ	教室 [쿄-시쓰]	교실
きょうしゃ	強者 [쿄-샤]	강자
きょうじゃく	強弱 [쿄-자꾸]	강약
ぎょうしゅ	業種 [교-슈]	업종
きょうじゅ	教授 [쿄-쥬]	교수
きょうしゅ	教主 [쿄-슈]	교주
きょうしゅう	教習 [쿄-슈-]	교습
きょうしゅう	郷愁 [쿄-슈-]	향수(그리움)
きょうしゅく	恐縮 [쿄-슈꾸]	송구함
きょうしゅく	恐縮 [쿄-슈꾸]	황송함
きょうじゅする	享受する [쿄-쥬스루]	누리다
きょうじょ	共助 [쿄-죠]	공조
きょうじょ	協助 [쿄-죠]	협조
きょうしょう	協商 [쿄-쇼-]	협상
ぎょうしょう	行商 [교-쇼-]	행상
きょうしん	狂信 [쿄-싱]	광신
きょうじん	狂人 [쿄-징]	광인

きょうせい	矯正 [교-세-]	교정
きょうせい	強制 [교-세-]	강제
ぎょうせい	行政 [교-세-]	행정
ぎょうせき	業績 [교-세끼]	업적
きょうそう	競走 [교-소-]	경주
きょうそう	競争 [교-소-]	경쟁
きょうだ	強打 [교-다]	강타
きょうたい	嬌態 [교-따이]	교태
きょうだい	鏡台 [교-다이]	경대
きょうだい	兄弟 [교-다이]	형제
きょうだい	強大 [교-다이]	강대
きょうだん	教壇 [교-당]	교단
きょうち	境地 [교-찌]	경지
きょうちょう	強調 [교-쵸-]	강조
きょうつう	共通 [교-쓰-]	공통
きょうてい	協定 [교-떼이]	협정
きょうてき	狂的 [교-떼끼]	광적
ぎょうてん	仰天 [교-뗑]	기겁
きょうと	教徒 [교-또]	교도
きょうどう	共同 [교-도-]	공동
きょうどう	協同 [교-도-]	협동
きょうねん	凶年 [교-넹]	흉년
きょうばい	競売 [교-바이]	경매
きょうはく	脅迫 [교-하꾸]	협박
きょうはくかんねん	強迫観念 [교-하꾸간넹]	강박관념
きょうはん	共犯 [교-항]	공범
きょうふ	恐怖 [교-후]	공포

きょうぼう	共謀 [쿄-보-]	공모
きょうほん	狂奔 [쿄-홍]	광분
きょうほん	教本 [쿄-홍]	교본
きょうみ	興味 [쿄-미]	흥미
ぎょうむ	業務 [교-무]	업무
きょうやく	協約 [쿄-야꾸]	협약
きょうよう	教養 [쿄-요-]	교양
きょうらく	享楽 [쿄-라꾸]	향락
きょうりゅう	恐竜 [쿄-류-]	공룡
きょうりょう	橋梁 [쿄-료-]	교량
きょうりょく	協力 [쿄-료꾸]	협력
ぎょうれつ	行列 [교-레쯔]	행렬
きょうれつだ	強烈だ [쿄-레쯔다]	강렬하다
きょえい	虚栄 [쿄에-]	허영
きょか	許可 [쿄까]	허가
きょがく	巨額 [쿄가꾸]	거액
きょぎ	虚偽 [쿄기]	허위
ぎょぎょう	漁業 [교교-]	어업
きょく	巨躯 [쿄꾸]	거구
きょく	曲 [쿄꾸]	곡
きょくげい	曲芸 [쿄꾸게-]	곡예
きょくげん	極限 [쿄꾸겡]	극한
きょくさん	極讃 [쿄꾸상]	극찬
きょくせん	曲線 [쿄꾸셍]	곡선
きょくたんてき	極端的 [쿄꾸딴떼끼]	극단적
きょくち	極致 [쿄꾸찌]	극치
きょくちょう	局長 [쿄꾸쬬-]	국장

きょくど	極度 [교꾸도]	극도
きょくばん	局番 [교꾸방]	국번
きょくぶ	局部 [교꾸부]	국부
きょくめん	局面 [교꾸멩]	국면
きょくもく	曲目 [교꾸모꾸]	곡목
きょこう	虚構 [교꼬-]	허구
ぎょこう	漁港 [교꼬-]	어항(항구)
きょこくてき	挙国的 [교꼬꾸테끼]	거국적
きょしゅ	挙手 [교슈]	거수
きょじゅう	居住 [교쥬-]	거주
きょしょう	巨匠 [교쇼-]	거장
きょじん	巨人 [교징]	거인
きょせい	去勢 [교세-]	거세
きょせい	巨星 [교세-]	거성
きょぜつ	拒絶 [교제쓰]	거절
ぎょせん	漁船 [교셍]	고깃배, 어선
きょぞう	虚像 [교조-]	허상
きょだい	巨大 [교다이]	거대
きょとう	巨頭 [교또-]	거두
きょねん	去年 [교넹]	작년
きょひ	拒否 [교히]	거부
ぎょふ	漁夫 [교후]	어부
きょぼく	巨木 [교보꾸]	거목
きょむ	虚無 [교무]	허무
きょり	距離 [교리]	거리(간격)
きょりゅうみん	居留民 [교류우밍]	거류민
ぎょるい	魚類 [교루이]	어류

きょれい	虚礼 [교레이]	허례
キラ-	killer [키라-]	킬러
きらいだ	嫌いだ [기라이다]	싫다
きらう	嫌う [기라-]	싫어하다
きらめく	[기라메꾸]	찍이다
きり	霧 [기리]	안개
きり	錐 [기리]	송곳
きりぎりす	[기리기리스]	배짱이, 여치
ぎりぎりだ	[기리기리다]	빠듯하다
ギリシア	[기리시아]	그리스
キリスト	[키리스도]	그리스도
きりつ	規律 [기리쓰]	규율
きりつ	[기리쓰]	기립
きりとる	切り取る [기리또루]	잘라내다
きりん	麒麟 [기링]	기린
きる	切る [기루]	끊다(자르다), 베다
きる	着る [기루]	입다
きれいだ	綺麗だ [기레-다]	곱다, 깨끗하다
きれいに	[기레-니]	깨끗이
きれっぱし	切れっ端 [기렙빠시]	나부랭이
きれる	切れる [기레루]	끊어지다
きろ	岐路 [기로]	기로
きろく	記録 [기로꾸]	기록
キログラム	kilogram [키로구라무]	킬로그램
キロメートル	kilometer [키로메-또루]	킬로미터
きわめて	極めて [기와메떼]	지극히
きん	菌 [깅]	균

きん	金 [깅]	금
ぎんいろ	銀色 [깅이로]	은빛
きんえん	禁煙 [깅엥]	금연
きんか	金貨 [깅까]	금화
きんかい	金塊 [깅까이]	금괴
きんがく	金額 [깅가꾸]	금액
きんき	禁忌 [깅끼]	금기
きんきゅう	緊急 [깅뀨-]	긴급
きんぎょ	金魚 [깅교]	금붕어
きんきょう	近況 [깅쿄-]	근황
きんぎょばち	金魚鉢 [깅교바찌]	어항
きんぎん	金銀 [깅깅]	금은
きんこ	金庫 [깅꼬]	금고
きんこう	近郊 [깅꼬-]	근교
きんこう	金鉱 [깅꼬-]	금광
ぎんこう	銀行 [깅꼬-]	은행
きんし	近視 [긴시]	근시
きんし	禁止 [긴시]	금지
きんしゅ	禁酒 [긴슈]	금주(술)
きんしゅく	緊縮 [긴슈꾸]	긴축
きんじょ	近所 [긴죠]	근처
きんぞく	金属 [긴조꾸]	금속
きんたま	金玉 [긴따마]	불알
きんだん	禁断 [긴당]	금단
きんちょう	緊張 [긴쵸-]	긴장
きんとう	均等 [긴또-]	균등
きんにく	筋肉 [긴니꾸]	근육

きんば	金歯 [김비]	금니
きんぱく	緊迫 [김빠꾸]	긴박
きんぱつ	金髪 [김빠쓰]	금발
きんべん	勤勉 [김뼁]	근면
ぎんまく	銀幕 [김마꾸]	은막
ぎんみ	吟味 [김미]	음미
きんみつだ	緊密だ [김미쓰다]	긴밀하다
きんもつ	禁物 [김모쓰]	금물
きんゆう	金融 [깅유-]	금융
きんようび	金曜日 [깅요-비]	금요일
きんり	金利 [긴리]	금리
きんろう	勤労 [긴로-]	근로

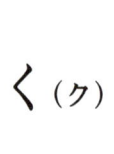

く (ク)

くい	杭 [구이]	말뚝
クイーン	queen [쿠이-ㅇ]	퀸
くいき	区域 [구이끼]	구역
クイズ	quiz [쿠이즈]	퀴즈
くいちがう	食い違う [구이찌가우]	어긋나다
くいつぶす	食い潰す [구이쓰부스]	무위도식하다
くいる	悔いる [구이루]	후회하다
くうかん	空間 [구-깡]	공간
くうき	空気 [구-끼]	공기
くうぐん	空軍 [구-궁]	공군
くうこう	空港 [구-꼬-]	공항
くうしゅう	空襲 [구-슈-]	공습
ぐうすう	偶数 [구-스-]	짝수
くうせき	空席 [구-세끼]	공석
ぐうぜん	偶然 [구-젱]	우연
くうそう	空想 [구-소-]	공상
ぐうぞう	偶像 [구-조-]	우상
ぐうのね	ぐうの音 [구-노네]	끽소리
くうはく	空白 [구-하꾸]	공백
クーポン	coupon [쿠-뽕]	쿠폰

くうゆ	空輸 [쿠-유]	공수
クーラー	cooler [쿠-라-]	쿨러
くかん	区間 [쿠깡]	구간
くき	茎 [쿠끼]	줄기
くぎ	釘 [쿠기]	못
くきょう	苦境 [쿠꾜-]	곤경
くぎょう	苦行 [쿠교-]	고행
くごう	口號 [쿠고-]	구호
くさ	草 [쿠사]	식물
くさい	臭い [쿠사이]	구리다
くさいろ	草色 [쿠사이로]	풀빛
くさかり	草刈り [쿠사까리]	풀베기
くさき	草木 [쿠사끼]	초목
くさにおい	臭におい [쿠사니오이]	구린내
くさば	草葉 [쿠사바]	풀잎
くさむら	叢 [쿠사무라]	풀숲
くさり	鎖 [쿠사리]	쇠사슬
くさる	腐る [쿠사루]	썩다
くし	串 [쿠시]	꼬챙이
くし	櫛 [쿠시]	빗
くじく	挫く [쿠지꾸]	삐다, 접질리다
くじびき	くじ引き [쿠지비끼]	제비뽑기
くしめ	櫛目 [쿠시메]	가리마
くじゃく	孔雀 [쿠쟈꾸]	공작
くしゃみ	[쿠샤미]	재채기
くじら	鯨 [쿠지라]	고래
くすぐったい	擽ったい [쿠스굿따이]	간지럽다

くすぐる	擽る [구스구루]	간질이다
くずす	崩す [구즈스]	무너뜨리다
ぐずつく	愚図つく [구즈쯔꾸]	꾸물대다, 우물쭈물하다
くすぶる	[구스부루]	그을리다
くすり	薬 [구스리]	약
くずれる	崩れる [구즈레루]	무너지다
くせ	癖 [구세]	버릇
くせん	苦戦 [구셍]	고전(시합)
くそ	糞 [구소]	똥
くそどきょう	糞度胸 [구소도꾜-]	똥배짱
ぐたいてき	具体的 [구따이떼끼]	구체적
くださる	下さる [구다사루]	주시다
くたびれる	[구따비레루]	낡다
くだもの	果物 [구다모노]	과일
くだらない	[구다리나이]	하찮다
くだり	下り [구다리]	하행
くだりみち	下り道 [구다리미찌]	내리막길
くだる	下る [구다루]	려가다
くち	口 [구찌]	입
ぐち	愚痴 [구찌]	넋두리, 푸념
くちいれ	口入れ [구찌이레]	말참견
くちくかん	駆逐艦 [구찌꾸깡]	구축함
くちぐせ	口癖 [구찌구세]	입버릇
くちぐちに	口口に [구찌구찌니]	저마다
くちぐるま	口車 [구찌구루마]	감언이설
くちごたえ	口答え [구찌고따에]	말대꾸
くちずさむ	口ずさむ [구찌즈사무]	읊조리다

くちばし	嘴 [구찌바시]	부리, 주둥이
くちぶえ	口笛 [구찌부에]	휘파람
くちべただ	口下手だ [구찌베따다]	말주변이 없다
くちゃくちゃ	[구짜꾸짜]	꼬깃꼬깃
くちゅうざい	駆虫剤 [구쮸-자이]	구충제
くつ	靴 [구쓰]	구두
くつう	苦痛 [구쓰-]	고통
クッキ-	cookie [쿡끼-]	쿠키
くっし	屈指 [굿시]	굴지
くつした	靴下 [구쓰시따]	양말
くつじゅう	屈従 [구쓰쥬-]	굴종
くつじょく	屈辱 [구쓰죠꾸]	굴욕
クッション	cushion [쿳숀]	쿠션
くっせつ	屈折 [굿세쓰]	굴절
くっつく	[굿쓰꾸]	달라붙다
くっつける	くっ付ける [굿쓰께루]	붙이다
くってかかる	食ってかかる [굿떼카까루]	대들다
くっぷく	屈服 [굽뿌꾸]	굴복
くどく	口説く [구도꾸]	설득하다
くなん	苦難 [구낭]	고난
くに	国 [구니]	나라
ぐにゃぐにゃ	[구냐구냐]	흐물흐물
くぬぎ	櫟 [구누기]	상수리나무
くのう	苦悩 [구노-]	고뇌
くはい	苦杯 [구하이]	고배
くび	首 [구비]	목
くびすじ	首筋 [구비스지]	목덜미

くびったけ	首つ丈 [구빅다께]	홀딱 반함
くふう	工夫 [구후-]	궁리
くぶん	区分 [구붕]	구분
くべつ	区別 [구베쓰]	구별
くぼみ	窪み [구보미]	구덩이
くぼむ	窪む [구보무]	움푹 패다
くま	熊 [구마]	곰
くまで	熊手 [구마데]	갈퀴
くまなく	隈無く [구마나꾸]	샅샅이
くみあげる	汲み上げる [구미아게루]	퍼 올리다
くみたて	組み立て [구미따떼]	조립
くも	雲 [구모]	구름
くも	蜘蛛 [구모]	거미
くもる	曇る [구모루]	흐리다
くやしい	口惜しい [구야시-]	원통하다
くやしい	悔しい [구야시-]	분하다, 억울하다
くやむ	悔む [구야무]	뉘우치다
くら	鞍 [구라]	말안장
くらい	暗い [구라이]	어둡다
クライマックス	climax [쿠라이막꾸스]	클라이맥스
グラウンド	ground [구라운도]	그라운드
くらく	苦楽 [구라꾸]	고락
ぐらぐら	[구라구라]	흔들흔들
くらげ	水母 [구라게]	해파리
クラシック	classic [쿠라식꾸]	클래식
くらしむき	暮らし向き [구라시무끼]	살림
くらす	暮らす [구라스]	살다(생활하다)

クラス	class [쿠라스]	클래스
グラス	glass [구라스]	글라스
クラッカー	cracker [쿠락까-]	크래커
クラブ	club [쿠라부]	클럽
グラフィック	graphic [구라휙꾸]	그래픽
くらべる	比べる [쿠라베루]	비교하다
グラマー	grammar [구라마-]	글래머
グラム	ㅍ gramme [구라무]	그램
くらやみ	暗闇 [쿠라야미]	어둠
グランプリ	ㅍ grand prix [구랑뿌리]	그랑프리
くり	栗 [쿠리]	밤(과일)
くりあげる	繰り上げる [쿠리아게루]	앞당기다
クリーニング	cleaning [쿠리-닝구]	클리닝
クリーム	cream [쿠리-무]	크림
グリーン	green [구리-인]	그린
くりかえす	繰り返す [쿠리까에스]	되풀이하다, 반복하다
クリスマス	Christmas [쿠리스마스]	크리스마스
クリック	click [쿠릭꾸]	클릭
クリニック	clinic [쿠리닉꾸]	클리닉
グリル	gril [구리루]	그릴
くる	来る [쿠루]	오다
くるう	狂う [쿠루우]	미치다
グループ	group [구루-뿌]	그룹
ぐるぐる	[구루구루]	빙글빙글
くるしい	苦しい [쿠루시-]	괴롭다
くるしみ	苦しみ [쿠루시미]	괴로움
くるしむ	苦しむ [쿠루시무]	괴로워하다

くるしめる	苦しめる [구루시메루]	괴롭히다
くるぶし	踝 [구루부시]	복사뼈
くるま	車 [구루마]	차
くるまだい	車代 [구루마다이]	차비
くるみ	胡桃 [구루미]	호두
ぐるみ	[구루미]	몽땅
くるめる	[구루메루]	뭉뚱그리다
クレーン	crane [쿠레-ㄴ]	크레인
クレパス	Craypas [쿠레빠스]	크레파스
クレヨン	crayon [쿠레용]	크레용
くれる	暮れる [구레루]	저물다, 지다(날)
くろ	黒 [구로]	검은색
くろい	黒い [구로이]	검다
くろう	苦労 [구로-]	고생
クローズアップ	close-up [쿠로-즈압뿌]	클로즈업
クローバ	clover [쿠로-바]	클로버
グローブ	glove [구로-부]	글러브
くろがみ	黒髪 [구로가미]	검은머리
くろまく	黒幕 [구로마꾸]	흑막
くろんぼう	黒ん坊 [구롬보]	검둥이
くわ	桑 [구와]	뽕
くわ	鍬 [구와]	괭이
くわえる	加える [구와에루]	보태다
くわしい	詳しい [구와시-]	소상하다
くわしく	詳しく [구와시꾸]	자세히
くんいく	訓育 [궁이꾸]	훈육
ぐんか	軍歌 [궁까]	군가

ぐんか	軍歌 [궁까]	군화
ぐんかん	軍艦 [궁깡]	군침
ぐんき	軍紀 [궁끼]	군기(기강)
ぐんき	軍旗 [궁끼]	군기(깃발)
ぐんこう	軍港 [궁꼬-]	군함
ぐんじ	軍事 [군지]	군사
くんし	君子 [군시]	군자
くんしゅ	君主 [군슈]	군자
ぐんしゅう	群衆 [군슈-]	군주
ぐんしゅく	軍縮 [군슈꾸]	군중
ぐんじゅひん	軍需品 [군쥬힝]	군수품
くんしょう	勲章 [군쇼-]	훈장
ぐんじん	軍人 [군징]	군인
ぐんぞう	群像 [군조-]	군상
ぐんたい	軍隊 [군따이]	군대
ぐんだん	軍団 [군당]	군단
ぐんとう	群島 [군또-]	군도
くんどく	訓読 [군도꾸]	훈독
ぐんのう	軍納 [군노-]	군납
ぐんばん	軍番 [군방]	군번
ぐんび	軍備 [굼비]	군사
くんぽう	訓放 [굼뽀-]	훈방
ぐんぽう	軍法 [굼뽀-]	군비
ぐんよう	軍用 [궁요-]	군용
くんりん	君臨 [굴링]	군림
くんれん	訓練 [굴렝]	훈련

け(ケ)

け	毛 [게]	털
けいい	敬意 [게-이]	경의
けいえい	経栄 [게-에-]	경영
けいおんがく	経音楽 [게-옹가꾸]	경음악
けいか	経過 [게-까]	경과
けいかい	警戒 [게-까이]	경계(감시)
けいかい	経快 [게-까이]	경쾌함
けいかく	計画 [게-까꾸]	계획
けいかん	警官 [게-깡]	경관
けいき	景気 [게-끼]	경기(경제)
けいき	契機 [게-끼]	계기
けいき	刑期 [게-끼]	형기
けいけん	敬虔 [게-껭]	경건
けいけん	経験 [게-껭]	경험
けいげん	形言 [게-겡]	형언
けいけんする	経験する [게-껭스루]	겪다
けいご	敬語 [게-고]	경어
けいご	警護 [게-고]	경호
けいこう	傾向 [게-꼬-]	경향
けいこうとう	蛍光灯 [게-꼬-또-]	형광등

108

けいこく	警告 [게-꼬꾸]	경고
けいこく	渓谷 [게-꼬꾸]	계곡
けいさい	掲載 [게-사이]	게재
けいざい	経済 [게-자이]	경제
けいさつ	警察 [게-사쓰]	경찰
けいさん	計算 [게-상]	계산
けいじ	啓示 [게-지]	계시
けいじ	刑事 [게-지]	형사
けいしき	形式 [게-시끼]	형식
けいじばん	掲示板 [게-지방]	게시판
げいしゃ	芸者 [게-샤]	기생
げいじゅつ	芸術 [게-쥬쓰]	예술
けいしょう	継承 [게-쇼-]	계승
けいしょう	警鐘 [게-쇼-]	경종
けいじょう	刑場 [게-죠-]	형장
けいず	系図 [게-즈]	계도
けいせい	形成 [게-세-]	형성
けいせつ	蛍雪 [게-세쓰]	형설
けいそう	継走 [게-소-]	계주
けいぞく	継続 [게-조꾸]	계속
けいそつ	軽率 [게-소쓰]	경솔
けいたい	形態 [게-따이]	형태
けいたい	携帯 [게-따이]	휴대
けいたいでんわ	携帯電話 [게-따이뎅와]	휴대전화
けいちょう	傾聴 [게-쵸-]	경청
けいてき	警笛 [게-떼끼]	경적
けいてん	経典 [게-뗑]	경전

け

けいと	毛糸 [게-또]	털실
けいとう	系統 [게-또-]	계통
げいのう	芸能 [게-노-]	예능
けいば	競馬 [게-바]	경마
けいはくだ	軽薄だ [게-하꾸다]	경박하다
けいばつ	刑罰 [게-바쓰]	형벌
けいはんざい	軽犯罪 [게-한자이]	경범죄
けいひ	経費 [게-히]	경비(비용)
けいび	警備 [게-비]	경비(지킴)
けいひん	景品 [게-힝]	경품
けいふ	系譜 [게-후]	계보
けいべつ	軽蔑 [게-베쓰]	경멸
けいほう	警報 [게-호-]	경보
けいもう	啓蒙 [게-모-]	계몽
けいやく	契約 [게-야꾸]	계약
けいゆ	経由 [게-유]	경유(기름)
けいよう	形容 [게-요-]	형용
けいり	経理 [게-리]	경리
けいりゃく	計略 [게-랴꾸]	계략
けいりゅう	渓流 [게-류-]	계류
けいりん	競輪 [게-링]	경륜
けいれい	敬礼 [게-레-]	경례
けいれき	経歴 [게-레끼]	경력
けいれつ	系列 [게-레쓰]	계열
けいれん	痙攣 [게-렝]	경련
けいろ	経路 [게-로]	경로
ケーキ	cake [케-끼]	케이크

ケース	case [케-스]	케이스
ケーブルカー	cable car [케-부루까-]	케이블카
ゲーム	game [게-무]	게임
げか	外科 [게까]	외과
けがわ	毛皮 [게가와]	모피
げきさっか	劇作家 [게끼삭까]	극작가
げきさん	激讃 [게끼상]	격찬
げきじょう	劇場 [게끼죠-]	극장
げきせん	激戦 [게끼셍]	격전
げきたい	撃退 [게끼따이]	격퇴
げきだん	劇団 [게끼당]	극단
げきちん	撃沈 [게끼찡]	격침
げきつう	激痛 [게끼쓰-]	격통
げきど	激怒 [게끼도]	격노
げきとつ	激突 [게끼또쓰]	격돌
げきは	撃破 [게끼하]	격파
げきほん	劇本 [게끼홍]	본
げきめつ	撃滅 [게끼메쓰]	격멸
げきやく	劇薬 [게끼야꾸]	극약
げきりゅう	激流 [게끼류-]	격류
げきれい	激励 [게끼레-]	격려
げきろう	激浪 [게끼로-]	격랑
けげん	怪訝 [게겡]	의아함
げこう	下校 [게꼬-]	하교
けさ	今朝 [게사]	오늘 아침
げざん	下山 [게장]	하산
けしき	景色 [게시끼]	경치

けしゴム	消ゴム [게시고무]	지우개
げしゃ	下車 [게샤]	하차
げしゅく	下宿 [게슈꾸]	하숙
げしゅにん	下手人 [게슈닝]	하수인
げじゅん	下旬 [게쥰]	하순
けす	消す [게스]	끄다, 지우다
げすい	下水 [게스이]	하수
ゲスト	guest [게스또]	게스트
けずる	削る [게즈루]	깎다
げた	下駄 [게따]	나막신
けだかい	気高い [게다까이]	고상하다
げだつ	解脱 [게다쓰]	해탈
けだるい	気だるい [게다루이]	노곤하다
けち	名 [게찌]	인색함
ケチャップ	ketchup [케짭뿌]	케첩
けちんぼう	けちん坊 [게찜보오]	구두쇠
けつあつ	血圧 [게쓰아쓰]	혈압
けつい	決意 [게쓰이]	결의
けつえきがた	血液型 [게쓰에끼가따]	혈액형
けつえん	血縁 [게쓰엥]	혈연
けっか	結果 [겟까]	결과
げっか	激化 [겟까]	격화
けっかく	結核 [겟까꾸]	결핵
けっかん	血管 [겟깡]	혈관
けっかん	欠陥 [겟깡]	결함
げっかん	月刊 [겟깡]	월간
けっき	蹶起 [겟끼]	궐기

けっき	血気 [겟끼]	혈기
けっきく	欠勤 [겟낑]	결근
けっきゅう	血球 [겟뀨-]	혈구
げっきゅう	月給 [겟뀨-]	월급
けっきょく	結局 [겟꾜꾸]	결국
げっけい	月経 [겟게-]	월경
けつごう	結合 [게쓰고-]	결합
けっこう	欠航 [겟꼬-]	결항
けっこん	結婚 [겟꽁]	결혼
けっさい	決裁 [겟사이]	결재
けっさく	傑作 [겟사꾸]	걸작
けっさん	決算 [겟상]	결산
けつじつ	結実 [게쓰지쓰]	결실
けっして	決して [겟시떼]	결코, 절대로
けっしてき	決死的 [겟시떼끼]	결사적
けっしょ	血書 [겟쇼]	혈서
けつじょ	欠如 [게쓰죠]	결여
けっしょう	決勝 [겟쇼-]	결승
けっしょく	血色 [겟쇼꾸]	혈색
けっしん	決心 [겟싱]	결심
けっせい	結成 [겟세-]	결성
けっせき	結石 [겟세끼]	결석(돌)
けっせき	欠席 [겟세끼]	결석(빠짐)
けっそく	結束 [겟소꾸]	결속
けつぞく	血族 [게쓰조꾸]	혈족
けっそん	欠損 [겟송]	결손
けつだん	決断 [게쓰당]	결단

けってい	決定 [겟떼-]	결정
けっとう	決闘 [겟또-]	결투
けっとう	血糖 [겟또-]	혈당
けっとう	血統 [겟또-]	혈통
けっとう	血闘 [겟또-]	혈투
けっぱく	潔白 [겝빠꾸]	결백
けっぴょう	結氷 [겝뾰-]	결빙
げっぷ	月賦 [겝뿌]	월부
けっぺき	潔癖 [겝뻬끼]	결벽
けつべつ	訣別 [게쓰베쓰]	결별
けつぼう	欠乏 [게쓰보-]	결핍
けつまつ	結末 [게쓰마쓰]	결말
けつみゃく	血脈 [게쓰먀꾸]	혈맥
けつめい	血盟 [게쓰메-]	혈맹
けつゆうびょう	血友病 [게쓰유-뵤-]	혈우병
げつようび	月曜日 [게쓰요-비]	월요일
けつるい	血涙 [게쓰루이]	혈루
けつれい	欠礼 [게쓰레-]	결례
けつれつ	決裂 [게쓰레쓰]	결렬
けつろん	結論 [게쓰롱]	결론
げどく	解毒 [게도꾸]	해독(독성)
けなげだ	健気だ [게나게다]	갸륵하다
けなす	貶す [게나스]	헐뜯다
げなん	下男 [게낭]	머슴, 하인
けはい	気配 [게하이]	기색, 낌새
けびょう	仮病 [게뵤-]	꾀병
げひん	下品 [게힝]	천박함

けむたい	煙たい [게무따이]	맵다(연기)
けむり	煙 [게무리]	연기
けもの	獣 [게모노]	짐승
げや	下野 [게야]	하야
けやき	欅 [게야끼]	느티나무
げらく	下落 [게라꾸]	하락
げり	下痢 [게리]	설사
ゲリラ-	guerilla [게리라-]	게릴라
ける	蹴る [게루]	걷어차다
けれども	[게레도모]	하지만
けわしい	険しい [게와시-]	험하다
けんあく	険悪 [겡아꾸]	험악함
けんあん	懸案 [겡앙]	현안
けんい	権威 [겡이]	권위
けんいん	牽引 [겡잉]	견인
げんいん	原因 [겡잉]	원인
げんえき	現役 [겡에끼]	현역
けんえつ	検閲 [겡에쓰]	검열
けんお	嫌悪 [겡오]	혐오
けんか	喧嘩 [겡까]	싸움
げんか	原価 [겡까]	원가
けんかい	見解 [겡까이]	견해
げんかい	限界 [겡까이]	한계
けんがく	見学 [겡가꾸]	견학
げんかく	厳格 [겡까꾸]	엄격
げんかく	幻覚 [겡가꾸]	환각
けんがん	検眼 [겡강]	검안

げんかん	玄関 [겡깡]	현관
けんぎ	嫌疑 [겡기]	혐의
けんぎゅう	研究 [겡뀨-]	연구
けんきょ	検挙 [겡꾜]	검거
けんきん	献金 [겡낑]	헌금
げんきん	現金 [겡낑]	현금
けんご	堅固 [겡고]	견고
げんご	言語 [겡꼬]	언어
けんこう	健康 [겡꼬-]	건강
げんこう	原稿 [겡꼬-]	원고(작품)
げんこう	現行 [겡꼬-]	현행
けんこく	建国 [겡꼬꾸]	건국
げんこく	原告 [겡꼬꾸]	원고(법정)
けんさ	検査 [겐사]	검사, 조사
けんさい	賢妻 [겐사이]	현처
げんざい	原罪 [겐자이]	원죄
げんざい	現在 [겐자이]	현재
げんさく	原作 [겐사꾸]	원작
けんさつ	検察 [겐사쓰]	검찰
げんさん	減産 [겐상]	감산
げんし	原始 [겐시]	원시
げんし	原子 [겐시]	원자
けんじ	堅持 [겐지]	견지
けんじ	検事 [겐지]	검사(검찰관)
げんじつ	現実 [겐지쓰]	현실
けんしゅう	研修 [겐슈-]	연수
けんじゅう	拳銃 [겐쥬-]	권총

げんじゅうみん	原住民 [겐쥬-밍]	원주민
げんしゅく	厳粛 [겐슈꾸]	엄숙
けんしゅつ	検出 [겐슈쓰]	검출
けんしょう	憲章 [겐쇼-]	헌장
けんしょう	懸賞 [겐쇼-]	현상(모집)
けんしょう	検証 [겐쇼-]	검증
げんしょう	減少 [겐쇼-]	감소
げんしょう	現象 [겐쇼-]	현상
けんしょく	兼職 [겐쇼꾸]	겸직
げんしょく	原色 [겐쇼꾸]	원색
けんしん	検診 [겐싱]	검진
けんしん	献身 [겐싱]	헌신
けんすい	懸垂 [겐스이]	턱걸이
けんせい	牽制 [겐세-]	견제
げんぜい	減税 [겐제-]	감세
けんせつ	建設 [겐세쓰]	건설
けんぜん	健全 [겐젱]	건전
けんぞう	建造 [겐조-]	건조(세움)
げんそう	幻想 [겐소-]	환상
げんそく	原則 [겐소꾸]	원칙
けんそん	謙遜 [겐송]	겸손
けんたい	倦怠 [겐따이]	권태
げんたい	減退 [겐따이]	감퇴
げんだい	現代 [겐다이]	현대
げんち	言質 [겐찌]	언질
げんち	現地 [겐찌]	현지
けんちく	建築 [겐찌꾸]	건축

けんてい	検定 [켄떼-]	검정(검사)
げんてい	限定 [켄떼-]	한정
げんてん	減点 [켄뗑]	감점
けんとう	検討 [켄또-]	검토
けんとう	健闘 [켄또-]	건투
けんとう	見当 [켄또-]	대중, 짐작
けんとう	拳闘 [켄또-]	권투
けんどう	剣道 [켄도-]	검도
けんなん	険難 [켄낭]	험난함
げんば	現場 [켄바]	현장
けんばん	鍵盤 [켐방]	건반
けんぶつ	見物 [켐부쓰]	구경
けんぶん	見聞 [켐붕]	견문
けんぺい	憲兵 [켐뻬-]	헌병
けんぽう	憲法 [켐뽀-]	헌법
けんぼうしょう	健忘症 [켐보-쇼-]	건망증
げんまい	玄米 [켐마이]	현미
げんめつ	幻滅 [켐메쓰]	환멸
けんもん	検問 [켐몽]	검문
げんゆ	原油 [겡유]	원유
けんよう	兼用 [켕요-]	겸용
けんり	権利 [켄리]	권리
げんり	原理 [켄리]	원리
げんりょう	原料 [켄료-]	원료
けんりょく	権力 [켄료꾸]	권력
げんろう	元老 [켄로-]	원로
げんろん	言論 [켄롱]	언론

こ (コ)

ご	碁 [고]	바둑
コアラ	koala [코아라]	코알라
こい	故意 [고이]	고의
こい	濃い [고이]	진하다
こい	鯉 [고이]	잉어
こいしい	恋しい [고이시-]	그립다
こいぬ	子犬 [고이누]	강아지
こいびと	恋人 [고이비또]	연인
こいぶみ	恋文 [고이부미]	연문
コイン	coin [코잉]	코인
こうあつてき	高圧的 [고-아쯔떼끼]	고압적
こうあん	考案 [고-앙]	고안
こうい	行為 [고-이]	행위
こうい	好意 [고-이]	호의
ごうい	合意 [고 이]	합의
こういってん	紅一点 [고-잇뗑]	홍일점
ごうう	豪雨 [고우-]	호우
こううん	幸運 [고-웅]	행운
こうえい	公営 [고-에-]	공영
こうえい	後裔 [고-에-]	후예

こうえき	公益 [고-에끼]	공익
こうえん	講演 [고-엥]	강연
こうえん	公演 [고-엥]	공연
こうえん	公園 [고-엥]	공원
ごうおん	轟音 [고-옹]	굉음
こうか	効果 [고-까]	효과
ごうか	豪華 [고-까]	호화
こうかい	公開 [고-까이]	공개
こうかい	航海 [고-까이]	항해
こうかい	後悔 [고-까이]	후회
こうがい	公害 [고-가이]	공해
こうがい	郊外 [고-가이]	교외
こうがい	口外 [고-가이]	발설
ごうがい	号外 [고-가이]	호외
ごうかく	合格 [고-까꾸]	합격
こうかだ	高価だ [고-까다]	값어치
こうかつ	狡猾 [고-까쓰]	교활
こうかどうろ	高架道路 [고-까도-로]	고가도로
こうかん	交換 [고-깡]	교환
こうかん	好感 [고-깡]	호감
ごうかん	強姦 [고-]	강간
こうき	高貴 [고-끼]	고귀
こうき	好期 [고-끼]	호기
こうき	後期 [고-끼]	후기
こうぎ	講義 [고-기]	강의
こうぎ	抗議 [고-기]	항의
ごうぎ	合議 [고-기]	합의

こうきあつ	高気圧 [고-끼아쓰]	고기압
こうきしん	好奇心 [고-끼심]	호기심
こうきゅう	高級 [고-뀨-]	고급
こうきょう	好況 [고-꾜-]	호황
こうぎょう	工業 [고-교-]	공업
こうぎょう	興行 [고-교-]	흥행
こうきょうがく	交響楽 [고-꾜-가꾸]	교향악
こうきん	公金 [고-낑]	공금
こうくう	航空 [고-꾸-]	항공
こうぐん	行軍 [고-궁]	행군
こうげ	高下 [고-게]	고하
こうけい	光景 [고-께-]	광경
ごうけい	合計 [고-께-]	합계
こうげい	工芸 [고-게-]	공예
こうけいしゃ	後継者 [고-께-샤]	후계자
こうげき	攻撃 [고-게끼]	공격
ごうけつ	豪傑 [고-께쓰]	호걸
こうけつあつ	高血圧 [고-게쓰아쓰]	고혈압
こうげん	広言 [고-겡]	호언장담
こうこう	孝行 [고-꼬-]	효도
こうこがく	考古学 [고-꼬가꾸]	고고학
こうこく	公告 [고 꼬꾸]	공고
こうこく	抗告 [고-꼬꾸]	항고
こうこく	広告 [고-꼬꾸]	광고
こうこつ	恍惚 [고-꼬쓰]	황홀
こうざ	講座 [고-자]	강좌
こうさい	光彩 [고-사이]	광채

こうさい	虹彩 [고-사이]	홍채
こうさく	耕作 [고-사꾸]	경작
こうさつ	考察 [고-사쓰]	고찰
こうさん	降参 [고-상]	항복
こうざん	鉱山 [고-장]	광산
こうし	講師 [고-시]	강사
こうし	考試 [고-시]	고시(시험)
こうし	公私 [고-시]	공사(공과 사)
こうし	子牛 [고-시]	송아지
こうし	孝子 [고-시]	효자
ごうし	合資 [고-시]	합자
こうじ	[고-지]	누룩
こうじ	工事 [고-지]	공사(일)
こうしき	公式 [고-시끼]	공식
こうじたま	好事多摩 [고-지따마]	호사다마
こうじつ	口実 [고-지쓰]	구실
こうしゅう	講習 [고-슈]	강습
こうしゅう	公衆 [고-슈-]	공중
こうしょう	考証 [고-쇼-]	고증
こうしょう	交渉 [고-쇼-]	교섭
こうじょう	向上 [고-죠-]	향상
こうじょう・こうば	工場 [고-죠- · 고-바]	공장
こうしょうにん	公証人 [고-쇼-닝]	공증인
こうじる	講じる [고-지루]	강구하다
こうしん	更新 [고-싱]	경신
こうしん	交信 [고-싱]	교신
こうしん	行進 [고-싱]	행진

こうしんじょ	興信所 [고-신죠]	홍신소
こうず	構図 [고-즈]	구도(그림)
こうすい	香水 [고-스이]	향수
こうずい	洪水 [고-즈이]	홍수
こうせい	更生 [고-세-]	갱생
こうせい	攻勢 [고-세-]	공세
こうせい	公正 [고-세-]	공정
こうせい	構成 [고-세-]	구성
こうせい	恒星 [고-세-]	항성
こうせい	後世 [고-세-]	후세
ごうせい	合成 [고-세-]	합성
こうせん	光線 [고-셍]	광선
こうそ	控訴 [고-소]	항소
こうそう	高層 [고-소-]	고층
こうそう	構想 [고-소-]	구상
こうそう	抗争 [고-소-]	항쟁
こうぞう	構造 [고-조-]	구조
こうそく	拘束 [고-소꾸]	구속
こうぞく	後続 [고-조꾸]	후속
こうそくどうろ	高速道路 [고-소꾸도-로]	고속도로
こうたい	交替 [고-따이]	교대, 교체
こうたい	抗体 [고-따이]	항체
こうたい	後退 [고-따이]	후퇴
こうたく	光沢 [고-따꾸]	광택
ごうだつ	強奪 [고-다쯔]	강탈
こうだん	講壇 [고-당]	강단
こうだんしゃ	高段者 [고-단샤]	고수

こうち	高地 [고-찌]	고지(높은 곳)
こうちく	構築 [고-찌꾸]	구축
こうちゃ	紅茶 [고-쨔]	홍차
こうちょう	高潮 [고-쵸-]	고조
こうちょう	好調 [고-쵸-]	호조
こうちょう	校長 [고-쵸-]	교장
こうちょうかい	公聴会 [고-쵸-까이]	공청회
こうつう	交通 [고-쓰-]	교통
こうつごう	好都合 [고-쓰고-]	십상
こうてい	高低 [고-떼-]	고저
こうてい	校庭 [고-떼-]	교정(학교)
こうてい	肯定 [고-떼-]	긍정
こうてい	皇帝 [고-떼-]	황제
こうてつ	鋼鉄 [고-떼쓰]	강철
こうてつ	更迭 [고-떼쓰]	경질
こうてんてき	後天的 [고-뗀떼끼]	후천적
こうど	高度 [고-도]	고도(높이)
こうとう	等 [고-또-]	강등
こうとう	高等 [고-또-]	고등
ごうとう	強盗 [고-또-]	강도
こうどう	講堂 [고-도-]	강당
こうどう	坑道 [고-도-]	갱도
こうどう	行動 [고-도-]	행동
ごうどう	合同 [고-도-]	합동
こうどく	購読 [고-도꾸]	고독
こうない	構内 [고-나이]	구내
こうにゅう	購入 [고-뉴-]	구입

こうにん	公認 [고-닝]	공인
こうにん	後任 [고-닝]	후임
こうねんき	更年期 [고-넹끼]	갱년기
こうのとり	鸛 [고-노또리]	황새
こうはい	後輩 [고-하이]	후배
こうばい	購買 [고-바이]	구매
こうばい	勾配 [고-바이]	비탈
こうばん	交番 [고-방]	파출소
こうび	交尾 [고-비]	교미
こうひょう	好評 [고-효-]	호평
こうふく	校服 [고-후꾸]	교복
こうふく	幸福 [고-후꾸]	행복
こうぶつ	鉱物 [고-부쓰]	광물
こうふん	興奮 [고-훙]	흥분
こうへい	公平 [고-헤이]	공평
こうほ	候補 [고-호]	후보
ごうほう	合法 [고-호-]	합법
こうぼう	攻防 [고-보-]	공방
こうぼう	校帽 [고-보-]	교모
こうぼう	興亡 [고-보-]	흥망
こうま	子馬 [고-마]	망아지
こうまん	高慢 [고-망]	거만
ごうまん	傲慢 [고-망]	교만
こうまんちきだ	高慢ちきだ [고-만치끼다]	도도하다
こうみょう	光明 [고-묘-]	광명
こうみょう	巧妙 [고-묘-]	교묘함
こうめい	公明 [고-메-]	공명

こうもく	項目 [고-모꾸]	항목
こうもり	蝙蝠 [고-모리]	박쥐
こうもん	校門 [고-몽]	교문
こうもん	肛門 [고-몽]	항문
ごうもん	拷問 [고-몽]	고문(자백)
こうや	荒野 [고-야]	황야
こうや	広野 [고-야]	광야
こうやく	公約 [고-야꾸]	공약
こうよう	効用 [고-요-]	효용
こうり	[고-리]	고리짝
こうりがし	高利貸し [고-리가시]	고리대금
ごうりきはん	強力犯 [고-리끼항]	강력범
こうりつ	公立 [고-리쓰]	공립
ごうりてき	合理的 [고-리떼끼]	합리적
こうりゃく	攻略 [고-랴꾸]	공략
こうりゅう	交流 [고-류-]	교류
こうりゅう	拘留 [고-류-]	구류
こうりょ	考慮 [고-료]	고료
こうりょく	効力 [고-료꾸]	효력
ごうれい	号令 [고-레이]	호령
こうろ	航路 [고-로]	항로
こうろ	行路 [고-로]	행로
こうわん	港湾 [고-왕]	항만
こえ	声 [고에]	목소리
こえる	肥える [고에루]	살찌다(윤택)
こえる	越える [고에루]	넘다
コース	course [코-스]	코스

コーチ	coach [코-찌]	코치
コート	coat / court [코-또]	코트
コード	code [코-도]	코드
コーナー	corner [코-나-]	코너
コーヒー	coffee [코-히-]	커피
コーラス	chorus [코-라스]	코러스
こおり	氷 [고오리]	얼음
こおりつく	凍り付く [고오리쓰꾸]	얼어붙다
こおる　凍る	[고오루]	얼다
こおろぎ	蟋蟀 [고-로기]	귀뚜라미
ごかい	誤解 [고까이]	오해
こかく	顧客 [고까꾸]	고객
ごかく	互角 [고까꾸]	막상막하
こかつ	枯渇 [고까쓰]	고갈
こがねむし	黄金虫 [고가네무시]	풍뎅이
こぎって	小切手 [고깃떼]	수표
ごきぶり	[고끼부리]	바퀴벌레
こきみよい	小気味良い [고끼미요이]	고소하다
こきゅう	古宮 [고뀨-]	고궁
こきゅう	呼吸 [고뀨-]	호흡
こきょう	故郷 [고꾜-]	고향
こぐ	漕ぐ [고구]	젓다
こくう	虚空 [고꾸-]	허공
こくうん	国運 [고꾸웅]	국운
こくおう	国王 [고꾸오-]	국왕
こくご	国語 [고꾸고]	국어
こくさい	国際 [고꾸사이]	국제

こくさん	国産 [고꾸상]	국산
こくし	国史 [고꾸시]	국사
こくし	酷使 [고꾸시]	혹사
こくじ	告示 [고꾸지]	고시(알림)
こくしょく	黒色 [고꾸쇼꾸]	흑색
こくじん	黒人 [고꾸징]	흑인
こくせき	国籍 [고꾸세끼]	국적
こくそ	告訴 [고꾸소]	고소
こくち	告知 [고꾸찌]	고지(알림)
こくてつ	国鉄 [고꾸떼쓰]	국철
こくど	国土 [고꾸도]	국토
こくなん	国難 [고꾸낭]	국난
こくはく	告白 [고꾸하꾸]	고백
こくはつ	告発 [고꾸하쓰]	고발
こくばん	黒板 [고꾸방]	흑판
こくひ	国費 [고꾸히]	국비
ごくひ	極秘 [고꾸히]	극비
こくびゃく	黒白 [고꾸뱌꾸]	흑백
こくふく	克服 [고꾸후꾸]	극복
こくぶん	国文 [고꾸붕]	국문
こくべつ	告別 [고꾸베쓰]	고별
こくほう	国法 [고꾸호-]	국법
こくほう	国宝 [고꾸호-]	국보
こくぼう	国防 [고꾸보-]	국방
こくみん	国民 [고꾸밍]	국민
こくめい	克明 [고꾸메이]	극명
こくもつ	穀物 [고꾸모쓰]	곡물

ごくらく	極楽 [고꾸라꾸]	극락
ごくりごくり	[고꾸리고꾸리]	꿀꺽꿀꺽
こくりつ	国立 [고꾸리쓰]	국립
こくりょく	国力 [고꾸료꾸]	국력
こくろん	国論 [고꾸롱]	국론
こけ	苔 [고께]	이끼
こけおどし	虚仮威し [고께오도시]	엄포
ここ	[고꼬]	여기, 이곳
ごご	午後 [고고]	오후
ココア	cocoa [코꼬아]	코코아
こごと	小言 [고고또]	잔소리
ココナツ	coconuts [코꼬나쓰]	코코넛
ここのつ	九つ [고꼬노쓰]	아홉
こころ 心	[고꼬로]	마음
こころがまえ	心構え [고꼬로가마에]	마음가짐
こころざし	志 [고꼬로자시]	뜻(의지)
こころざす	志す [고꼬로자스]	뜻하다
こころづよい	心強い [고꼬로즈요이]	마음 든든하다
こころにくい	心憎い [고꼬로니꾸이]	얄밉다
こころぼそい	心細い [고꼬로보소이]	불안하다, 한심스럽다
こころみる	試みる [고꼬로미루]	시도하다
こころよわい	心弱い [고꼬로요와이]	마음 약하다
ここん	古今 [고꽁]	고금
こざいく	小細工 [고자이꾸]	잔꾀
こざっぱり	[고잣빠리]	깔끔함
ごさん	誤算 [고상]	오산
こし	輿 [고시]	가마(신을 모시는)

こし	腰 [고시]	허리
こじ	孤児 [고지]	고아
こじ	誇示 [고지]	과시
こしかけ	腰掛け [고시까께]	걸상
こしかける	腰掛ける [고시가께루]	걸터앉다
こじき	乞食 [고지끼]	거지
ゴシック	Gothic [고싯꾸]	고딕
こしまき	腰巻き [고시마끼]	속치마
こしゅ	戸主 [고슈]	호주
こしょう	故障 [고쇼-]	고장
こしょう	椒 [고쇼-]	후추
ごしょう	後生 [고쇼-]	제발
こしらえる	拵える [고시라에루]	만들다(준비)
こじれる	抉れる [고지레루]	꼬이다, 도지다, 덧나다
こじん	個人 [고징]	개인
こじん	故人 [고징]	고인
ごしん	誤診 [고싱]	오진
こす	越す [고스]	넘기다(넘다)
こすい	鼓吹 [고스이]	고취
コスモス	cosmos [코스모스]	코스모스
こする	擦る [고스루]	문지르다, 부비다
こせい	個性 [고세-]	개성
こせき	戸籍 [고세끼]	호적
こぜに	[고제니]	잔돈
ごぜん	午前 [고젱]	오전
こそこそ	[고소꼬소]	살금살금
こそどろ	こそ泥 [고소도로]	좀도둑

こたい	個体 [고따이]	개체
こたい	個体 [고따이]	고체
こだい	古代 [고다이]	고대
こだい	誇大 [고다이]	과대
こたえる	答える [고따에루]	대답하다
こだま	木霊 [고다마]	메아리
ごちゃごちゃ	[고쨔고쨔]	뒤범벅
こちょう	誇張 [고쵸-]	과장(허풍)
こちら	[고찌라]	이쪽
こっか	国家 [곡까]	국가
こっか	国花 [곡까]	국화(나라꽃)
こっかい	国会 [곡까이]	국회
こづかい	小遣い [고즈까이]	용돈
こっかく	骨格 [곡가꾸]	골격
こっき	克己 [곡끼]	극기
こっき	国旗 [곡끼]	국기
こっきょう	国境 [곡꾜-]	국경
こっけい	滑稽 [곡께-]	얄궂음, 익살
こっこ	国庫 [곡꼬]	국고
こっこう	国交 [곡꼬우]	국교
こつずい	骨髄 [고쯔즈이]	골수
こつぜん	[고쯔쎙]	홀연히
こっそり	[곳소리]	볼래, 살그머니
ごっそり	[곳소리]	고스란히
ごったかえし	ごった返し [곳따까에시]	북새통
こづつみ	小包 [고즈쓰미]	소포
こっとうひん	骨董品 [곳또-힝]	골동품

こつばん	骨盤 [고쓰방]	골반
コップ	kop [콥뿌]	컵
こてい	固定 [고떼-]	고정
こてん	古典 [고뗑]	고전(작품)
こと	古都 [고또]	고도(옛 도읍)
ことう	孤島 [고또-]	고도(섬)
こどく	孤独 [고도꾸]	고독
ことし	今年 [고또시]	금년, 올해
ことづて	言伝て [고또즈떼]	전갈
ことなる	異なる [고또나루]	틀리다(다르다)
ことなる	異る [고또나루]	판이하다
ことば	葉言 [고또바]	말(언어)
ことばつき	言葉付き [고또바쓰끼]	말투
こども	子供 [고도모]	어린아이
ことわざ	諺 [고또와자]	속담
ことわる	断る [고또와루]	거절하다
こな	粉 [고나]	가루
こなミルク	粉milk [고나미루꾸]	분유
コニャック	cognac [코냑꾸]	코냑
こねる	捏ねる [고네루]	짓이기다(반죽)
このころ	この頃 [고노고로]	요즈음
このは	木の葉 [고노하]	나뭇잎
このまま	[고노마마]	이대로
このむ	好む [고노무]	좋아하다
こばむ	拒む [고바무]	거부하다
こはん	湖畔 [고항]	호반
コピー	copy [코삐-]	카피

ごびゅう	誤謬 [고뷰우]	오류
こびる	媚びる [고비루]	아양 떨다
こぶ	[고부]	혹
ごふくや	呉服屋 [고후꾸야]	포목점
こぶし	拳 [고부시]	주먹
こぶてき	鼓舞的 [고부떼끼]	고무적
コブラ	cobra [코부라]	코브라
こぶん	子分 [고붕]	똘마니
こべつ	個別 [고베쯔]	개별
こぼく	枯木 [고보꾸]	고목
こぼす	零す [고보스]	쏟다, 엎지르다
こぼれる	零れる [고보레루]	넘치다
こま	独楽 [고마]	팽이
ごま	胡麻 [고마]	참깨
ごまかし	誤魔化し [고마까시]	속임수
こまく	鼓膜 [고마꾸]	고막
ごましお	[고마시오]	깨소금
こまづかい	小間使い [고마즈까이]	몸종
こまりもの	困り者 [고마리모노]	말썽꾸러기
こまる	困る [고마루]	난처하다, 곤란하다
ごみ	塵 [고미]	먼지, 쓰레기
こみあげる	込み上げる [고미아게루]	복받치다
コミック	comic [코믹꾸]	코믹
コミッション	commission [코믹숀]	커미션
コミュニケーション	communication [코뮤니께-숑]	커뮤니케이션
こむ	混む [고무]	붐비다
ゴム	네 gom [고무]	고무

こめ	米 [고메]	쌀
こめかみ	蜂谷 [고메까미]	관자놀이
コメディー	comedy [코메디-]	코미디
こもりうた	子守歌 [고모리우따]	자장가
こもん	顧問 [고몽]	고문(자문)
こや	小屋 [고야]	오두막
こやし	肥し [고야시]	거름
こゆう	固有 [고유-]	고유
こゆび	小指 [고유비]	새끼손가락
こよう	雇用 [고요-]	고용
こよみ	暦 [고요미]	달력
ごらく	娯楽 [고라꾸]	오락
コラム	column [코라무]	칼럼
こりくつ	小理屈 [고리꾸쓰]	핑계
こりごり	懲り懲り [고리고리]	넌더리
こりつ	孤立 [고리쓰]	고립
ゴリラ	gorilla [고리라]	고릴라
こりる	懲りる [고리루]	질리다
ゴールキーパー	goal keeper [고-루키-빠-]	골키퍼
ゴールデンアワー	golden hour [고-루뎅아와-]	골든아워
ゴルフ	golf [고루후]	골프
これ	[고레]	이것
コレクション	collection [코레꾸숑]	컬렉션
コレラ	cholera [코레라]	콜레라
ころ	頃 [고로]	무렵
ころがす	転がす [고로가스]	굴리다
ごろごろ	[고로고로]	데굴데굴

ころす	殺す [고로스]	죽이다
ごろつく	[고로쓰꾸]	뒹굴다
ころぶ	転ぶ [고로부]	구르다, 자빠지다
こわい	恐い [고와이]	겁나다, 두렵다
こわす	壊す [고와스]	망가뜨리다, 깨뜨리다
こわれる	壊れる [고와레루]	망가지다, 부서지다
こんがらかる	[공가라까루]	뒤얽히다
こんき	根気 [공끼]	끈기
こんき	婚期 [공끼]	혼기
こんきょ	根拠 [공꾜]	근거
コンクール	concours [콩꾸-루]	콩쿠르
コンクリート	concrete [콩꾸리-또]	콘크리트
こんげつ	今月 [공게쓰]	이달
こんごう	混合 [공고-]	혼합
コンサート	concert [콘사-또]	콘서트
コンサイス	concise [콘사이스]	콘사이스
こんざつ	混雑 [곤자쓰]	혼잡
コンサルタント	consultant [콘사루딴또]	컨설턴트
こんじき	金色 [곤지끼]	금빛
こんしゅう	今週 [곤슈-]	이번 주
こんじょう	根性 [곤죠-]	근성
こんしょく	混食 [곤쇼꾸]	혼식
こんしん	渾身 [곤싱]	혼신
こんすい	昏睡 [곤스이]	혼수
こんせん	混線 [곤셍]	혼선
コンタクトレンズ	ontact lens [콘따꾸또렌즈]	콘택트렌즈
こんちゅう	昆虫 [곤쮸-]	곤충

コンディション	condition [콘디숑]	컨디션
コンテスト	contest [콘떼스또]	콘테스트
こんど	今度 [곤도]	이번
コント	conte [콘또]	콩트
こんどう	混同 [곤도-]	혼동
コンドーム	condom [콘도-무]	콘돔
コントロール	control [콘또로-루]	컨트롤
こんなん	困難 [곤낭]	곤란
コンパクト	compact [콤빠꾸또]	콤팩트
コンパス	compass [콤빠스]	컴퍼스
こんばん	今晩 [곰방]	오늘밤
コンビ	combinatioa [콤비]	콤비
コンピューター	computer [콤쀼-따-]	컴퓨터
こんぶ	昆布 [곰부]	다시마
コンプレックス	complex [콤뿌렉꾸스]	콤플렉스
こんぼう	棍棒 [곰보-]	곤봉, 몽둥이
こんぽん	根本 [곰뽕]	근본
こんめい	昏迷 [곰메-]	혼미
こんもり	[곰모리]	울창함
こんやく	婚約 [공야꾸]	약혼
こんやくしゃ	婚約者 [공야꾸샤]	약혼자
こんよう	混用 [공요-]	혼용
こんらん	混乱 [공랑]	혼란
こんりゅう	建立 [곤류-]	건립
こんれい	婚礼 [곤레-]	혼례
こんわく	困惑 [공와꾸]	곤혹

さ (サ)

さい	犀 [사이]	코뿔소
さい	差異 [사이]	차이
ざいあく	罪悪 [자이아꾸]	죄악
さいあく	最悪 [사이아꾸]	최악
さいう	細雨 [사이우]	가랑비
さいかく	才覚 [사이까꾸]	재치
ざいがくせい	在学生 [자이가꾸세-]	재학생
さいきん	細菌 [사이낑]	세균
さいきん	最近 [사이낑]	최근
さいげつ	歳月 [사이게쓰]	세월
さいけん	債券 [사이껭]	채권
ざいこ	在庫 [자이꼬]	재고
さいご	最後 [사이고]	마지막, 최후
さいこう	最高 [사이꼬-]	최고
さいころ	[사이꼬로]	주사위
さいこん	再婚 [사이꽁]	재혼
さいさん	再三 [사이상]	수차
ざいさん	財産 [자이상]	재산
さいし	妻子 [사이시]	처자
さいして	際して [사이시떼]	즈음하여

さいしゅう	採集 [사이슈-]	채집
さいしゅう	最終 [사이슈-]	최종
さいしょ	最初 [사이쇼]	최초
さいしょう	最少 [사이쇼-]	최소
さいじょう	最上 [사이죠-]	최상
さいしょく	彩色 [사이쇼꾸]	채색
さいしょく	菜食 [사이쇼꾸]	채식
さいしん	最新 [사이싱]	최신
サイズ	size [사이즈]	사이즈
さいぜん	最善 [사이젱]	최선
さいそく	催促 [사이소꾸]	독촉, 재촉
さいだい	最大 [사이다이]	최대
さいだん	裁断 [사이당]	재단
ざいだん	財団 [자이당]	재단(단체)
さいちゅう	最中 [사이쮸-]	한창 때
さいてい	最低 [사이떼-]	최저
さいなん	災難 [사이낭]	재난
ざいにん	罪人 [자이닝]	죄인
さいのう	才能 [사이노-]	재능
さいばい	栽培 [사이바이]	재배
ざいばつ	財閥 [자이바쓰]	재벌
さいばん	裁判 [사이방]	재판
さいふ	財布 [사이후]	지갑
さいぼう	細胞 [사이보-]	세포
さいみん	催眠 [사이밍]	최면
ざいもく	材木 [자이모꾸]	재목
さいよう	採用 [사이요-]	채용

ざいりょう	材料 [자이료-]	재료
サイレン	siren [사이렝]	사이렌
さいわい	幸い [사이와이]	다행
サイン	sign [사잉]	사인
サウナ	sauna [사우나]	사우나
さえずる	囀る [사에즈루]	지저귀다
さお	竿 [사오]	장대
さか	坂 [사까]	언덕
さかえる	栄える [사까에루]	번영하다
さかさまに	逆様に [사까사마니]	거꾸로
さがす	捜す [사가스]	찾다
さかずき	盃・杯 [사까즈끼]	술잔
さかだい	酒代 [사까다이]	술값
さかだち	逆立ち [사까다찌]	물구나무서기
さかな	魚 [사까나]	물고기, 생선
さかのぼる	遡る [사까노보루]	거슬러 올라가다
さかみち	坂道 [사까미찌]	비탈길
さかや	酒屋 [사까야]	술집
さからう	逆らう [사까라우]	반항하다, 거스르다
さかん	左官 [사깡]	미장이
さぎ	鷺 [사기]	백로, 해오라기
さぎ	詐欺 [사기]	사기
さきゅう	地球 [사끼뀨-]	지구
さぎょう	作業 [사교-]	작업
さく	咲く [사꾸]	피다
さくご	錯誤 [사꾸고]	착오
さくし	作詞 [사꾸시]	작사

さくじょ	削除 [사꾸죠]	삭제
さくせい	作成 [사꾸세-]	작성
さくせん	作戦 [사꾸셍]	작전
さくひん	作品 [사꾸힝]	작품
さくぶん	作文 [사꾸붕]	작문
さくら	桜 [사꾸라]	벚꽃
サークル	circle [사-꾸루]	서클
さくりゃく	策略 [사꾸랴꾸]	책략
さぐる	探る [사구루]	뒤지다
ざくろ	柘榴 [자꾸로]	석류
さけ	酒 [사께]	술
さけ	鮭 [사께]	연어
さけぶ	叫ぶ [사께부]	부르짖다, 외치다
さける	避ける [사께루]	피하다
ざこ	雑魚 [자꼬]	피라미
さざえ	栄螺 [사자에]	소라
ささえる	支える [사사에루]	떠받치다
ささげる	捧げる [사사게루]	바치다
さざなみ	さざ波 [사지나미]	잔물결
ささやく	囁く [사사야꾸]	속삭이다
さざれいし	さざれ石 [사자레이시]	조약돌
さじ	匙 [사지]	숟가락
さしあげる	差し上げる [사시아게루]	드리다
さしおさえ	差押え [사시오사에]	압류
さしず	指図 [사시즈]	지시
さしせまる	差し迫る [사시세마루]	박두하다, 닥쳐오다
さしだす	差し出す [사시다스]	내밀다

さしつかえ	差支え [사시쓰까에]	지장
さしみ	刺身 [사시미]	생선회
さしょう	査証 [사쇼-]	사증
さす	指す [사스]	가리키다
さす	刺す [사스]	찌르다
さす	挿す [사스]	꽂다
ざせき	座席 [자세끼]	좌석
さぞ	[사조]	필시
さそう	誘う [사소-]	꾀다
さつえい	撮影 [사쓰에이]	촬영
ざつおん	雑音 [자쓰옹]	잡음
さっか	作家 [삭까]	작가
サッカー	soccer [삭까-]	축구
さっかく	錯覚 [삭까꾸]	착각
ざっかしょう	雑貨商 [작까쇼-]	잡화상
さっき	先 [삭끼]	아까
さっきょく	作曲 [삭꼬꾸]	작곡
ざっこく	雑穀 [작꼬꾸]	잡곡
さっさと	[삿사또]	척척
ざっし	雑誌 [잣시]	잡지
サッシュ	sash [삿슈]	새시
さつじん	殺人 [사쓰징]	살인
さっする	察する [삿스루]	짐작하나, 헤아리다(추량)
ざっそう	雑草 [잣소-]	잡초
さつたば	札束 [사쓰다바]	돈뭉치
ざつだん	雑談 [자쓰당]	잡담
さっとう	殺到 [삿또-]	쇄도

ざつねん	雑念 [자쓰넹]	잡념
さつまいも	薩摩芋 [사쓰마이모]	고구마
さとう	砂糖 [사또-]	설탕
さとり	悟り [사또리]	깨달음
さとる	悟る [사또루]	깨닫다
さながら	[사나가라]	영락없이, 흡사
さなぎ	蛹 [사나기]	번데기
さば	鯖 [사바]	고등어
さばく	砂漠 [사바꾸]	사막
さび	錆 [사비]	녹
さびしい	淋しい [사비시-]	쓸쓸하다
サービス	service [사-비스]	서비스
さびる	錆びる [사비루]	녹슬다
サファイア	sapphire [사화이아]	사파이어
ざぶとん	座布団 [자부똥]	방석
さべつ	差別 [사베쯔]	차별
サボテン	sapoten [사보땡]	선인장
さまざま	様様 [사마자마]	갖가지
さまよう	さ迷う [사마요-]	떠돌다, 헤매다
さむい	寒い [사무이]	춥다
さむさ	寒さ [사무사]	추위
さめ	鮫 [사메]	상어
さめる	冷める [사메루]	식다
さめる	覚める [사메루]	깨다(졸음)
さもしい	[사모시-]	치사하다
さゆう	左右 [사유-]	좌우
さよう	作用 [사요-]	작용

さら	皿 [사라]	접시
さらいねん	再来年 [사라이넹]	내후년
さらう	攫う [사라우]	채다
さらけだす	さらけ出す [사라께다스]	드러내다
ざらざら	[자라자라]	까칠까칠
さらし	晒し [사라시]	표백
サラダ	salad [사라다]	샐러드
サラリーマン	salaried man [사라리-망]	샐러리맨
ざりがに	[자리가니]	가재
さる	去る [사루]	떠나다, 사라지다
さる	猿 [사루]	원숭이
ざる	笊 [자루]	소쿠리
さわぎたてる	騒ぎ立てる [사와기다떼루]	떠들어대다
さわぐ	騒ぐ [사와구]	떠들다
ざわめく	[자와메꾸]	와글거리다
さわやか	爽やか [사와야까]	상쾌함
さわる	触る [사와루]	건드리다, 만지다
さんか	参加 [상까]	참가
さんが	山河 [상가]	산하
さんかく	三角 [상까꾸]	삼각, 세모
さんがく	山岳 [상가꾸]	산악
さんぎょう	産業 [상교-]	산업
サングラス	sun glasses [상구라스]	선글라스
ざんげ	懺悔 [장게]	참회
さんこうしょ	参考書 [상꼬우쇼]	참고서
ざんこく	残酷 [장꼬꾸]	잔혹
さんしつ	産室 [산시쯔]	산실

さんしゅつ	算出 [산슈쓰]	산출
さんじゅつ	算術 [산쥬쓰]	산술
さんじょ	贊助 [산죠]	찬조
さんせい	贊成 [산세-]	찬성
さんそ	酸素 [산소]	산소
さんそう	山荘 [산소-]	산장
ざんだか	残高 [잔다까]	잔고
サンタクロース	Santa claus [산따꾸로-스]	산타클로스
サンダル	sandal [산다루]	샌들
さんたん	惨憺 [산땅]	참담
さんち	産地 [산찌]	산지
さんちょう	山頂 [산쵸-]	산마루
サンドイッチ	sandwich [산도잇찌]	샌드위치
ざんにん	残忍 [잔닝]	잔인
さんぱい	参拝 [삼빠이]	참배
さんび	贊美 [삼비]	찬미
さんびか	贊美歌 [삼비까]	찬송가
さんぷ	産婦 [삼푸]	산부
さんふじんか	産婦人科 [상후징까]	산부인과
さんぶつ	産物 [삼부쓰]	산물
サンプル	sample [삼뿌루]	견본, 샘플
さんぽ	散歩 [삼뽀]	산책
さんぼう	参謀 [삼보-]	참모
さんま	秋刀魚 [삼마]	꽁치
さんみゃく	山脈 [삼먀꾸]	산맥
さんよ	参与 [상요]	참여
さんろく	山麓 [산로꾸]	산기슭

し (シ)

し	師 [시]	스승
し	死 [시]	죽음
し	詩 [시]	시
しあい	試合 [시아이]	시합
じあい	慈愛 [지아이]	자애
しあげ	仕上げ [시아게]	마무리
しあげる	仕上げる [시아게루]	마무리하다
しあさって	明明後日 [시아삿떼]	글피
じい	自慰 [지이]	자위
しいく	飼育 [시이꾸]	사육
しいたけ	椎茸 [시이따께]	표고버섯
しいて	強いて [시이떼]	구태여, 굳이
シート	seat [시-또]	시트
しいる	強いる [시이루]	강요하다
じいん	寺院 [지잉]	사원(종교)
しうち	仕打ち [시우찌]	처사
じえいたい	自衛隊 [지에이따이]	자위대
しお	塩 [시오]	소금
しおからい	塩辛い [시오카라이]	짜다(맛)
しおけ	塩気 [시오께]	소금기

しおしお	悄悄 [시오시오]	맥없이
しか	鹿 [시까]	사슴
じが	自我 [지가]	자아
しかい	司会 [시까이]	사회(진행)
しがい	市街 [시가이]	시가
しがい	市外 [시가이]	시외
しかえし	仕返し [시까에시]	보복
しかく	四角 [시까꾸]	네모, 사각
しかく	視覚 [시까꾸]	시각(감각)
しかく	資格 [시까꾸]	자격
じかく	自覚 [지까꾸]	자각
しかし	[시까시]	그러나, 그렇지만
じがぞう	自画像 [지가조-]	자화상
しかた	仕方 [시까따]	방도
しかたがない	仕方がない [시까따가나이]	하는 수 없다
しかめる	顰める [시까메루]	찌푸리다
しかる	叱る [시까루]	야단치다, 꾸짖다
しかん	士官 [시깡]	사관
じかん	時間 [지깡]	시간
しき	四季 [시끼]	사계(절)
しき	指揮 [시끼]	지휘
じき	時期 [지끼]	시기
じき	次期 [지끼]	차기
しぎ	鴫 [시기]	도요새
しきい	敷居 [시끼이]	문턱
しききん	敷金 [시끼낑]	보증금
しきさい	色彩 [시끼사이]	색채

しきじょう	式場 [시끼죠-]	식장
しきち	敷地 [시끼찌]	부지
しきもう	色盲 [시끼모-]	색맹
しきもの	敷物 [시끼모노]	깔개
しきゅう	子宮 [시뀨-]	자궁
しきゅう	至急 [시뀨-]	지급
じぎょう	事業 [지교-]	사업
じきょく	時局 [지교꾸]	시국
しきりに	頻りに [시끼리니]	자꾸
しきる	仕切る [시끼루]	막다(경계)
しきん	資金 [시낑]	자금
しく	敷く [시꾸]	깔다
ジグザグ	zigzag [지구자구]	지그재그
しくしく	[시꾸시꾸]	훌쩍훌쩍
しくじる	[시꾸지루]	망치다
じくもの	軸物 [지꾸모노]	벽걸이
しけい	死刑 [시께-]	사형
しげき	史劇 [시게끼]	사극
しげき	刺戟 [시게끼]	자극
しげしげ	繁繁 [시게시게]	뻔질나게
しげる	茂る [시게루]	우거지다
しけん	試験 [시껭]	시험
しげん	資源 [시겡]	자원
じけん	事件 [지껭]	사건
じこ	事故 [지꼬]	사고
しこう	嗜好 [시꼬-]	기호
しこう	思考 [시꼬-]	사고(생각)

しこう	施行 [시꼬-]	시공
じこく	時刻 [지꼬꾸]	시각(시간)
じごく	地獄 [지고꾸]	지옥
しごと	仕事 [시고또]	일
しこり	[시꼬리]	응어리
しさい	司祭 [시사이]	사제
しさく	思索 [시사꾸]	사색
しさつ	視察 [시사쓰]	시찰
じさつ	自殺 [지사쓰]	자살
じさんきん	持参金 [지상낑]	지참금
しじ	指示 [시지]	지시
しじ	支持 [시지]	지지
じじつ	事実 [지지쓰]	사실
しじみ	蜆 [시지미]	바지락
ししゃ	支社 [시샤]	지사
じしゃく	磁石 [지샤꾸]	자석
ししゅ	死守 [시슈]	사수
じしゅ	自首 [지슈]	자수
ししゅう	詩集 [시슈-]	시집
ししゅう	刺繍 [시슈-]	자수(수예)
じしゅう	自習 [지슈-]	자습
ししゅつ	支出 [시슈쓰]	지출
ししゅんき	思春期 [시슝끼]	사춘기
じじょう	事情 [지죠우]	사정
ししょく	試食 [시쇼꾸]	시식
じしょく	辞職 [지쇼꾸]	사직
じじょでん	自叙伝 [지죠뎅]	자서전

しじん	詩人 [시징]	시인
じしん	自信 [지싱]	자신
じしん	地震 [지싱]	지진
じしん	自身 [지싱]	자신(자기)
じすい	自炊 [지스이]	자취
しずかだ	静かだ [시즈까다]	고요하다
しずかに	静かに [시즈까니]	가만히, 조용히
システム	system [시스떼무]	시스템
しずむ	沈む [시즈무]	가라앉다
しずめる	沈める [시즈메루]	가라앉히다
シーズン	season [시-증]	시즌
しせい	姿勢 [시세-]	자세
しせいじ	私生児 [시세-지]	사생아
しせつ	私設 [시세쓰]	사설
しせつ	使節 [시세쓰]	사절
しせつ	施設 [시세쓰]	시설
じせつ	時節 [지세쓰]	시절
しせん	視線 [시셍]	시선
しぜん	自然 [시젱]	자연
じぜん	慈善 [지젱]	자선
シーソー	seesaw [시-소-]	시소
しそう	思想 [시소-]	사상
じそく	時速 [지소꾸]	시속
しそこなう	[시소꼬나-]	잡치다
しそん	子孫 [시송]	자손
した	舌 [시따]	혀
した	下 [시따]	밑, 아래

じたい	事態 [지따이]	사태
じだい	時代 [지다이]	시대
じたい	辞退 [지따이]	사퇴, 자퇴
しだいに	次第に [시다이니]	차츰
したうけ	下請 [시따우께]	하청
したがう	従う [시따가우]	따르다(추종)
したがって	従って [시따갓떼]	따라서
したぎ	下着 [시따기]	속옷
したく	支度 [시따꾸]	채비
じたく	自宅 [지따꾸]	자택
したごころ	下心 [시따고꼬로]	본심(속셈), 속마음
したごしらえ	下拵え [시따고시라에]	사전 준비
したじ	下地 [시따지]	밑바탕
したしい	親しい [시따시-]	친하다
したじき	下敷 [시따지끼]	받침
したじき	下敷き [시따지끼]	책받침
したしく	親しく [시따시꾸]	가깝게
したしらべ	下調べ [시따시라베]	예비조사
したたかに	強かに [시따타까니]	호되게
したたる	滴る [시따따루]	뚝뚝 떨어지다
したまわる	下回る [시따마와루]	밑돌다
しちめんちょう	七面鳥 [시찌멘쵸-]	칠면조
しちや	質屋 [시찌야]	전당포
しちょう	市長 [시쵸-]	시장
しちょう	視聴 [시쵸-]	시청
じちょう	次長 [지쵸-]	차장(직급)
じっか	実家 [짓까]	친정집

しっかり	[싯까리]	단단히
しつぎょう	失業 [시쓰교-]	실업(실직)
じっくり	[직꾸리]	곰곰이
しつげん	失言 [시쓰겡]	실언
じつげん	実現 [지쓰겡]	실현
じっけん	実験 [짓껭]	실험
しっこい	[싯꼬이]	깐깐하다, 끈덕지다
しっこう	執行 [싯꼬-]	집행
じっこう	実行 [짓꼬-]	실행
しっこく	漆黒 [식꼬꾸]	칠흑
じっさい	実際 [짓사이]	실제
じっさいに	実際に [짓사이니]	막상
じっし	実施 [짓시]	실시
じっしゅう	実習 [짓슈-]	실습
じっせき	実績 [짓세끼]	실적
じっせん	実践 [짓셍]	실천
しっそう	失踪 [싯소-]	실종
しっそう	疾走 [싯소-]	질주
しっそな	質素な [싯소나]	검소한
しった	叱咤 [싯따]	질타
じったい	実態 [짓따이]	실태
しっと	嫉妬 [싯또]	질투
しっとり	[싯또리]	촉촉이
しつない	室内 [시쓰나이]	실내
じつに	実に [지쓰니]	참으로
ジッパー	zipper [집빠-]	지퍼
しっぱい	失敗 [십빠이]	실패

しっぴつ	執筆 [십삐쓰]	집필
しっぷ	湿布 [십뿌]	찜질
しっぺい	疾病 [십뻬-]	질병
しっぽ	尻尾 [십뽀]	꼬리
しつぼう	失望 [시쓰보-]	실망
しつめい	失明 [시쓰메-]	실명
しつもん	質問 [시쓰몽]	질문
じつよう	実用 [지쓰요-]	실용
じつりょく	実力 [지쓰료꾸]	실력
しつれい	失礼 [시쓰레-]	실례
してい	指定 [시떼-]	지정
しでかす	[시데까스]	저지르다
してき	私的 [시떼끼]	사적
してき	指摘 [시떼끼]	지적
してん	支店 [시뗑]	지점(어느)
じてん	辞典 [지뗑]	사전
しどう	指導 [시도-]	지도
じどう	自動 [지도-]	자동
じどう	児童 [지도-]	아동
じどうしゃ	自動車 [지도-샤]	자동차
しとしと	[시또시또]	부슬부슬
しどろもどろ	[시도로모도로]	횡설수설
しない	市内 [시나이]	시내
しなぎれ	品切れ [시나기레]	품절
しなぎれになる	品切になる [시나기레니나루]	동나다
しなもの	品物 [시나모노]	물건(물품)
シナリオ	cenario [시나리오]	시나리오

じなん	次男 [지낭]	차남
しぬ	死ぬ [시누]	죽다
しのぐ	凌ぐ [시노구]	능가하다
しのびよる	忍び寄る [시노비요루]	스며들다
しのぶ	忍ぶ [시노부]	참다
しはい	支配 [시하이]	지배
じはく	自白 [지하꾸]	자백
しばふ	芝生 [시바후]	잔디밭
しはらい	支払い [시하라이]	지불
しばらく	暫く [시바라꾸]	한동안
しばりつける	縛り付ける [시바라쓰께루]	동여매다
しばる	縛る [시바루]	묶다
しはん	師範 [시항]	사범
しはん	示範 [시항]	시범
しはん	市販 [시항]	시판
じひ	慈悲 [지히]	자비
じびき	字引 [지비끼]	옥편
じひょう	辞表 [지효-]	사표
しびれる	痺れる [시비레루]	저리다
しぶい	渋い [시부이]	떨떠름하다, 떫다
しぶき	飛沫 [시부끼]	물보라
ジプシー	gypsy [지뿌시-]	집시
しぶしぶ	渋渋 [시부시부]	마지못해
じぶん	自分 [지붕]	자기
しべ	蕊 [시베]	꽃술
しへい	紙幣 [시헤-]	지폐
じべた	地べた [지베따]	땅바닥

しべつ	死別 [시베쓰]	사별
しほう	四方 [시호-]	사방
しほう	司法 [시호-]	사법
しぼう	死亡 [시보-]	사망
しぼう	脂肪 [시보-]	지방(기름)
しぼり	絞り [시보리]	물수건
しぼる	絞る [시보루]	쥐어짜다
しま	島 [시마]	섬
しま	縞 [시마]	줄무늬
しまい	姉妹 [시마이]	자매
しまう	仕舞う [시마우]	끝마치다
じまく	字幕 [지마꾸]	자막
しまながし	島流し [시마나가시]	유배
しまる	閉まる [시마루]	닫히다
じまん	自慢 [지망]	자랑
じまんする	自慢する [지만스루]	자랑하다
しみ	染み [시미]	얼마
しみず	清水 [시미즈]	맑은 물
じみだ	地味だ [지미다]	수수하다
しみる	滲みる [시미루]	배다
しみん	市民 [시밍]	시민
じむしょ	事務所 [지무쇼]	사무실
しめい	使命 [시메-]	사명
しめい	指名 [시메-]	지명(가리킴)
しめきり	締切り [시메끼리]	마감
じめじめ	[지메지메]	질퍽질퍽
しめっぽい	湿っぽい [시멥뽀이]	눅눅하다, 축축하다

しめる	占める [시메루]	차지하다
しめる	締める [시메루]	매다(조르다)
しも	霜 [시모]	서리
しもやけ	霜焼け [시모야께]	동상(상)
しもん	指紋 [시몽]	지문
しや	視野 [시야]	시야
しゃいん	社員 [샤잉]	사원(회사)
しゃおく	社屋 [샤오꾸]	사옥
しゃかい	社会 [샤까이]	사회
しゃがむ	[샤가무]	옹크리다, 쵸그리다
じゃぐち	蛇口 [자구찌]	수도꼭지
じゃくてん	弱点 [자꾸뗑]	약점
しゃくど	尺度 [샤꾸도]	척도
しゃくはち	尺八 [샤꾸하찌]	퉁소
しゃくや	借家 [샤꾸야]	셋집
しゃくよう	借用 [샤꾸요-]	차용
しゃげき	射撃 [샤게끼]	사격
ジャケット	jacket [자켓또]	재킷
しゃこ	車庫 [샤꼬]	차고
しゃこう	社交 [샤꼬-]	사교
しゃしょう	車掌 [샤쇼-]	차장
しゃしん	写真 [샤싱]	사진
ジャズ	jazz [자즈]	재즈
しゃせいが	写生画 [샤세이가]	사생화
しゃぜつ	謝絶 [샤제쓰]	사절
しゃせつ	社説 [샤세쓰]	사설
しゃせん	車線 [샤셍]	차선

しゃそう	車窓 [샤소-]	차창
しゃたい	車体 [샤따이]	차체
しゃだん	遮断 [샤당]	차단
しゃちょう	社長 [샤쵸우]	사장
シャツ	shirt [샤쓰]	셔츠
じゃっかん	若干 [작깡]	약간
しゃっきん	借金 [샥낑]	빚
しゃっくり	[샷꾸리]	딸꾹질
シャッター	shutter [샷따-]	셔터
しゃどう	車道 [샤도우]	차도
しゃべる	喋る [샤베류]	지껄이다
シャベル	shovel [샤베루]	삽
じゃま	邪魔 [자마]	방해
ジャム	jam [자무]	잼
しゃめん	斜面 [샤멩]	사면
じゃり	砂利 [자리]	자갈
しゃりん	車輪 [샤링]	수레바퀴
しゃれ	洒落 [샤레]	멋
しゃれい	謝礼 [샤레-]	사례
ジャングル	jungle [장구루]	정글
じゃんけんぽん	[잔껜보]	가위바위보
シャンデリア	chandelier [샹데리아]	샹들리에
ジャンパー	jumper [쟘빠-]	점퍼
ジャンプ	jump [쟘뿌]	점프
シャンペン	champagne [샴뻥]	샴페인
ジャンル	genre [장루]	장르
じゆう	自由 [지유-]	자유

じゅう	銃 [쥬-]	총
しゅうあく	醜悪 [슈-아꾸]	추악
しゅうい	周囲 [슈-이]	주위
しゅうがく	就学 [슈-가꾸]	취학
しゅうかん	習慣 [슈-깡]	습관
しゅうかん	週刊 [슈-깡]	주간(요일)
しゅうきょう	宗教 [슈-쿄-]	종교
しゅうぎょう	就業 [슈-교-]	취업
しゅうけい	集計 [슈-께-]	집계
しゅうごう	集合 [슈-고-]	집합
じゅうこう	銃口 [쥬-꼬-]	총부리
しゅうさい	秀才 [슈-사이]	수재
じゅうさつ	銃殺 [쥬-사쓰]	총살
じゅうじ	従事 [쥬-지]	종사
じゅうじか	十字架 [쥬-지까]	십자가
じゅうじつ	充実 [쥬-지쓰]	충실
しゅうしふ	終止符 [슈-시후]	종지부
じゅうしまつ	十姉妹 [쥬-시마쓰]	십자매
しゅうじょ	修女 [슈-죠]	수녀
じゅうしょ	住所 [쥬-쇼]	주소
じゅうしょう	重傷 [쥬-쇼-]	중상
しゅうしょく	就職 [슈-쇼꾸]	취직
ジュース	juice [쥬-스]	주스
しゅうせい	習性 [슈-세-]	습성
じゅうせい	銃声 [쥬-세-]	총성
しゅうたい	醜態 [슈-따이]	추태
じゅうだい	十代 [쥬-다이]	십대

じゅうだい	重大 [쥬-다이]	중대
じゅうたく	住宅 [쥬-따꾸]	주택
しゅうだん	集団 [슈-우당]	집단
じゅうたん	輪廻 [쥬-땅]	윤회
じゅうたん	絨毯 [쥬-땅]	융단
しゅうちゅう	集中 [슈-쮸-]	집중
しゅうちょう	酋長 [슈-쵸-]	추장
しゅうてん	終点 [슈-뗑]	종점
じゅうてん	重点 [쥬-뗑]	중점
じゅうでん	充電 [쥬-뎅]	충전
しゅうと	姑 [슈-또]	장모
しゅうと	舅 [슈-또]	시아버지, 장인
じゅうどう	柔道 [쥬-도-]	유도
しゅうとめ	姑 [슈-또메]	시어머니
しゅうにゅう	収入 [슈-뉴-]	수입
しゅうにん	就任 [슈-닝]	취임
しゅうねん	執念 [슈-넹]	집념
しゅうは	秋波 [슈-하]	추파
じゅうはちばん	十八番 [쥬-하찌방]	장기(특기)
じゅうびょう	重病 [쥬-뵤-]	중병
じゅうふく	重複 [쥬-후꾸]	중복
じゅうぶん	充分・十分 [쥬-붕]	충분
じゅうぶんだ	十分だ [쥬-분다]	너끈하다
しゅうまつ	終末 [슈-마쓰]	종말
しゅうまつ	週末 [슈-마쓰]	주말
じゅうまん	充満 [쥬-망]	충만
じゅうよう	重要 [쥬-요-]	중요

じゅうらい	従来 [쥬우-라이]	종래
しゅうり	修理 [슈-리]	수리
じゅうり	十里 [쥬-리]	십리
じゅうりょう	重量 [쥬-료-]	중량
しゅえい	守衛 [슈에이-]	수위
しゅき	手記 [슈끼]	수기
しゅぎょう	修行 [슈교-]	수행
じゅきょう	儒教 [쥬꾜-]	유교
じゅぎょう	授業 [쥬교-]	수업
じゅくご	熟語 [쥬꾸고]	숙어
しゅくじ	祝辞 [슈꾸지]	축사
しゅくじょ	淑女 [슈꾸죠]	숙녀
しゅくしょう	縮小 [슈꾸쇼-]	축소
じゅくすい	熟睡 [쥬꾸스이]	단잠
しゅくだい	宿題 [슈꾸다이]	숙제
しゅくちょく	宿直 [슈꾸쵸꾸]	숙직
しゅくでん	祝電 [슈꾸뎅]	축전
しゅくはい	祝杯 [슈꾸하이]	축배
しゅくはく	宿泊 [슈꾸하꾸]	숙박
しゅくふく	祝福 [슈꾸후꾸]	축복
しゅくめい	宿命 [슈꾸메-]	숙명
じゅくれん	熟練 [쥬꾸렝]	숙련
じゅけん	受験 [쥬껭]	수험
しゅご	守護 [슈고]	수호
しゅさい	主催 [슈사이]	주최
しゅざい	取材 [슈자이]	취재
しゅじゅつ	手術 [슈쥬쓰]	수술

しゅしょう	首相 [슈쇼-]	수상(총리)
しゅじょう	衆生 [슈죠-]	중생
じゅしょう	受賞 [쥬쇼-]	수상(상장)
しゅじん	主人 [슈징]	주인
じゅしんにん	受信人 [쥬신닝]	수신인
じゅず	数珠 [쥬즈]	염주
しゅせき	首席 [슈세끼]	수석
しゅだい	主題 [슈다이]	주제
しゅだん	手段 [슈당]	수단
しゅちょう	主張 [슈쵸-]	주장
しゅつえん	出演 [슈쓰엥]	출연
しゅっか	出荷 [슛까]	출하
しゅっきん	出勤 [슛낑]	출근
しゅっけ	出家 [슛께]	출가
しゅつげき	出撃 [슈쓰게끼]	출격
しゅっけつ	出血 [슛께쓰]	출혈
しゅつげん	出現 [슈쓰겡]	출현
しゅっこ	出庫 [슛꼬]	출고
しゅっこう	出航 [슛꼬-]	출항
しゅつごく	出獄 [슈쓰고꾸]	출옥
しゅっこく	出国 [슛꼬꾸]	출국
しゅっさん	出産 [슛상]	출산
しゅっし	出資 [슛시]	출자
しゅっしん	出身 [슛싱]	출신
しゅっせい	出生 [슛세-]	출생
しゅっせい	出征 [슛세-]	출정
しゅつだい	出題 [슈쓰다이]	출제

しゅっちょう	出張 [슟쵸-]	출장
しゅつどう	出動 [슈쓰료꾸]	출동
しゅっとう	出頭 [슟또-]	출두
しゅつば	出馬 [슈쓰바]	출마
しゅっぱつ	出発 [슟바쓰]	출발
しゅっぱん	出帆 [슟빵]	출범
しゅっぱん	出版 [슟빵]	출판
しゅっぴん	出品 [슟삥]	출품
しゅつぼつ	出没 [슈쓰보쓰]	출몰
しゅつりょく	出力 [슈쓰료꾸]	출력
しゅと	首都 [슈또]	수도
じゅなん	受難 [쥬낭]	수난
しゅにく	朱肉 [슈니꾸]	인주
じゅにゅう	授乳 [쥬뉴-]	수유
しゅのう	首脳 [슈노-]	수뇌
しゅび	守備 [슈비]	수비
しゅふ	主婦 [슈후]	주부
しゅみ	趣味 [슈미]	취미
じゅみょう	寿命 [쥬묘-]	수명
しゅもく	種目 [슈모꾸]	종목
じゅよう	需要 [쥬요-]	수요
じゅりつ	樹立 [쥬리쓰]	수립
しゅるい	[슈루이]	종류
しゅわん	手腕 [슈왕]	수완
しゅんかん	瞬間 [슝깡]	순간
じゅんきょうしゃ	殉教者 [쥰꾜-샤]	순교자
じゅんけつ	純潔 [쥰께쓰]	순결

じゅんさ	巡査 [쥰사]	순경
じゅんさつ	巡察 [쥰사쓰]	순찰
しゅんじゅう	春秋 [슘쥬-]	춘추
じゅんじょ	順序 [쥰죠]	순서
じゅんじょう	純情 [쥰죠-]	순정
しゅんせつ	春雪 [슘세쓰]	춘설
じゅんばん	順番 [쥼방]	차례
じゅんび	準備 [쥼비]	준비
しよう	使用 [시요-]	사용
しょう	賞 [쇼-]	상
しょうい	少尉 [쇼-이]	소위
じょうえい	上映 [죠-에-]	상영
じょうえん	上演 [죠-엥]	상연
しょうか	消化 [쇼-까]	소화
しょうかい	紹介 [쇼-까이]	소개
しょうがい	生涯 [쇼-가이]	생애
しょうがいぶつ	障害物 [쇼-가이부쓰]	장애물
しょうがつ	正月 [쇼-가쓰]	정월
しょうがっこう	小学校 [쇼-각꼬-]	초등학교
じょうかん	上官 [죠-깡]	상관
しょうき	正気 [쇼-끼]	멀쩡한 정신
しょうぎ	将棋 [쇼-기]	장기
じょうぎ	定規 [죠-기]	자
じょうきゃく	乗客 [죠-꺄꾸]	승객
じょうきゅうせい	上級生 [죠-뀨-세-]	상급생
じょうきょう	上京 [죠-꾜-]	상경
しょうぎょう	商業 [쇼-교-]	상업

じょうきょう	状況 [죠-꾜-]	상황
しょうきょくてき	消極的 [쇼-꾜꾸떼끼]	소극적
しょうきん	賞金 [쇼-낑]	상금
しょうぐん	将軍 [쇼-궁]	장군
じょうげ	上下 [죠-게]	상하
しょうげき	衝撃 [쇼-게끼]	충격
しょうげん	証言 [쇼-겡]	증언
じょうけん	条件 [죠-껭]	조건
しょうこ	証拠 [쇼-꼬]	증거
しょうご	正午 [쇼-고]	정오
しょうこう	将校 [쇼-꼬-]	장교
しょうごう	商号 [쇼-고-]	상호
しょうこうき	昇降機 [쇼우-꼬-끼]	승강기
じょうざい	錠剤 [죠-자이]	알약, 정제
しょうさん	勝算 [쇼-상]	승산
しょうじ	障子 [쇼-지]	미닫이문, 장지
じょうし	上司 [죠-시]	상사(상하)
じょうし	情死 [죠-시]	정사
しょうじき	正直 [쇼-지끼]	정직
じょうしき	常識 [죠-시끼]	상식
しょうし、せんばんだ	笑止千万だ [쇼-시셈반다]	가소롭다
しょうしゃ	商社 [쇼-샤]	상사(회사)
じょうしゃ	乗車 [죠-샤]	승차
じょうじゅ	成就 [죠-쥬]	성취
しょうしゅう	召集 [쇼-슈-]	소집
しょうじゅう	小銃 [쇼-쥬-]	소총
じょうしゅう	常習 [죠-슈-]	상습

しょうじゅつ	商術 [쇼-쥬쓰]	상술
じょうじゅん	上旬 [죠-쥰]	상순
しょうじょ	少女 [쇼-죠]	소녀
じょうしょう	上昇 [죠-쇼-]	상승
しょうじょう	症状 [쇼-죠-]	증상
しょうじる	生じる [쇼-지루]	생기다
しょうしん	昇進 [쇼-싱]	승진
じょうずだ	上手だ [죠-즈다]	능숙하다
じょうせい	情勢 [죠-세-]	정세
しょうせつ	小説 [쇼-세쓰]	소설
しょうぞうが	肖像画 [쇼-조-가]	초상화
しょうたい	正体 [쇼-따이]	정체
しょうたい	招待 [쇼-따이]	초대
じょうたい	状態 [죠-따이]	상태
しょうだく	承諾 [쇼-다꾸]	승낙, 허락
しょうだん	商談 [쇼-당]	상담(비즈니스)
じょうだん	冗談 [죠-당]	농담
しょうちょう	象徴 [쇼-쵸-]	상징
しょうてん	商店 [쇼-뗑]	상점
しょうてんがい	商店街 [쇼-뗑가이]	상가
じょうてんき	上天気 [죠-뎅끼]	맑게 갠 날씨
じょうと	譲渡 [죠-또]	양도
しょうどう	衝動 [쇼-도-]	충동
しょうどく	消毒 [쇼-도꾸]	소독
しょうとつ	衝突 [쇼-또쓰]	충돌
しょうに	小児 [쇼-니]	소아
しょうにん	商人 [쇼-닝]	상인

しょうにん	承認 [쇼-닝]	승인
しょうにん	証人 [쇼-닝]	증인
じょうねつ	情熱 [죠-네쓰]	정열
しょうねん	少年 [쇼-넹]	소년
じょうば	乗馬 [죠-바]	승마
しょうばい	商売 [쇼-바이]	장사
じょうはつ	蒸発 [죠-하쓰]	증발
しょうひょう	商標 [쇼-효-]	상표
しょうひん	商品 [쇼-힝]	상품
じょうひん	上品 [죠-힝]	고상함
しょうぶ	勝負 [쇼-부]	승부
じょうぶ	丈夫 [죠-부]	튼튼함
じょうぶだ	丈夫だ [죠-부다]	건강하다
じょうぶつ	成仏 [죠-부쓰]	성불
しょうべん	小便 [쇼-벵]	소변
じょうほう	情報 [죠-호-]	정보
しょうぼうしゃ	消防車 [쇼-보-샤]	소방차
じょうまえ	錠前 [죠-마에]	자물쇠
じょうむいん	乗務員 [죠-무잉]	승무원
しょうめい	証明 [쇼-메-]	증명
しょうめい	照明 [쇼-메-]	조명
しょうめん	正面 [쇼-멩]	정면
しょうもうひん	消耗品 [쇼-모-힝]	소모품
じょうやく	条約 [죠-야꾸]	조약
しょうゆ	醤油 [쇼-유]	간장(액체)
じょうよ	剰余 [죠-요]	잉여
じょうよう	商用 [쇼-요-]	상용

じょうようしゃ	乗用車 [죠-요-샤]	승용차
じょうよく	情欲 [죠-요꾸]	정욕
しょうらい	招来 [쇼-라이]	초래
しょうらい	将来 [쇼-라이]	장래
しょうり	勝利 [쇼-리]	승리
じょうりく	上陸 [죠-리꾸]	상륙
しょうりゃく	省略 [쇼-랴꾸]	생략
じょうりゅう	上流 [죠-류-]	상류
しょうれい	奨励 [쇼-레-]	장려
じょうろ	如露 [죠-로]	물뿌리개
じょおう	女王 [죠-우]	여왕
しょか	初夏 [쇼까]	초여름
しょか	書架 [쇼까]	서가
じょがい	除外 [죠가이]	제외
しょき	書記 [쇼끼]	서기(기록)
しょき	初期 [쇼끼]	초기
しょきゅう	初級 [쇼뀨-]	초급
しょぎょう	所業 [쇼교-]	소행
しょくあたり	食中り [쇼꾸아따리]	식중독
しょくぎょう	職業 [쇼꾸교-]	직업
しょくご	食後 [쇼꾸고]	식후
しょくじ	食事 [쇼꾸지]	식사
しょくしゅ	触手 [쇼꾸슈]	촉수
しょくじりょうほう	食餌療法 [쇼꾸지료-호-]	식이요법
しょくぜん	食前 [쇼꾸젱]	식전
しょくだい	食代 [쇼꾸다이]	식대
しょくだい	燭台 [쇼꾸다이]	촛대

しょくたく	食卓 [쇼꾸따구]	식탁
しょくどう	食堂 [쇼꾸도-]	식당
しょくどう	食道 [쇼꾸도-]	식도
しょくば	職場 [쇼꾸바]	직장
しょくひん	食品 [쇼꾸힝]	식품
しょくぶつ	植物 [쇼꾸부쓰]	식물
しょくぼう	嘱望 [쇼꾸보-]	촉망
しょくむ	職務 [쇼꾸무]	직무
しょくゆ	食油 [쇼꾸유]	식용유
しょくよう	食用 [쇼꾸요-]	식용
しょくよく	食欲 [쇼꾸요꾸]	식욕
しょくりょう	食糧 [쇼꾸료-]	식량
しょくりょうひん	食料品 [쇼꾸료-힝]	식료품
しょけい	処刑 [쇼께-]	처형
しょげる	[쇼게루]	풀이 죽다
じょげん	助言 [죠겡]	조언
しょこう	曙光 [쇼꼬-]	서광
しょこん	初婚 [쇼꽁]	초혼
しょさい	書斎 [쇼사이]	서재
しょざい	所在 [쇼자이]	소재
じょさいがない	如才がない [죠사이가나이]	약삭빠르다
じょし	女史 [죠시]	여사
じょしがくせい	女子学生 [죠시가꾸세이]	여학생
しょじひん	所持品 [쇼지힝]	소지품
じょしゅ	助手 [죠슈]	조수
しょじゅん	初旬 [쇼즁]	초순
しょじょ	処女 [쇼죠]	처녀

しょしん	書信 [쇼싱]	서신
しょしん	所信 [쇼싱]	소신
しょせい	処世 [쇼세-]	처세
じょせい	女性 [조세-]	여성
しょせき	書籍 [쇼세끼]	서적
しょぞく	所属 [쇼조꾸]	소속
じょたい	除隊 [조따이]	제대
しょたいめん	初対面 [쇼따이멩]	초면
しょだん	処断 [쇼당]	처단
しょち	処置 [쇼찌]	처치
しょちょう	所長 [쇼쵸-]	소장
しょっかく	触覚 [숏까꾸]	촉각
しょっき	食器 [숏끼]	식기
ショック	shock [숏꾸]	쇼크
しょっこう	職工 [숏꼬-]	직공
しょっちゅう	[숏쭈-]	노상
ショッピング	shopping [숍삥구]	쇼핑
しょてん	書店 [쇼뗑]	서점
しょどう	書道 [쇼도-]	서예
しょとく	所得 [쇼또꾸]	소득
しょばつ	処罰 [쇼바쓰]	처벌
しょぶん	処分 [쇼붕]	처분
じょぶん	序文 [조붕]	서문
しょほ	初歩 [쇼호]	초보
しょほう	処方 [쇼호-]	처방
しょめい	署名 [쇼메-]	서명
じょめい	除名 [조메-]	제명

しょゆう	所有 [쇼유-]	소유
じょゆう	女優 [조유-]	여배우
しょり	処理 [쇼리]	처리
しょるい	書類 [쇼루이]	서류
しょんぼり	[숌보리]	쓸쓸히
しらが	白髪 [시라가]	백발
じらす	焦らす [지라스]	애태우다
しらせる	知らせる [시라세루]	알리다
しらない	知らない [시라나이]	모르다(지식)
しらばくれる	[시라바꾸레루]	시치미떼다
しらべる	調べる [시라베루]	조사하다
しらみ	虱 [시라미]	이(곤충)
しられる	知られる [시라레루]	알려지다
しり	尻 [시리]	엉덩이
しりあい	知合い [시리아이]	친지
シリーズ	series [시리-즈]	시리즈
しりごみ	尻込み [시리고미]	꽁무니를 뺌
しりぞく	退く [시리조꾸]	물러서다(퇴각)
しりぞける	退ける [시리조께루]	물리치다
しりつ	私立 [시리쯔]	사립
しりつ	市立 [시리쯔]	시립
しりもち	尻餅 [시리모찌]	엉덩방아
しりょ	思慮 [시료]	사려
しりょう	飼料 [시료-]	사료
しりょう	資料 [시료-]	자료
しりょく	視力 [시료꾸]	시력
しる	汁 [시루]	국물

しる	知る [시루]	알다
しるし	印 [시루시]	표시
しるす	記す [시루스]	기록하다
しるす	印す [시루스]	표시하다
じれったい	焦れったい [지렛따이]	감질나다
しれん	試練 [시렝]	시련
ジレンマ	dilemma [지렘마]	딜레마
しろ	白 [시로]	하양
しろ	城 [시로]	성
しろい	白い [시로이]	희다, 하얗다
しろいろ	白色 [시로이로]	흰색
しろうと	素人 [시로-또]	풋내기(초심자)
シロップ	[시롭뿌]	시럽
しろはた	白旗 [시로하따]	백기
しわ	皺 [시와]	주름살
しわむ	皺む [시와무]	주름 잡히다
しわよる	皺寄る [시와요루]	구겨지다
しんあい	親愛 [싱아이]	친애
じんいん	人員 [징잉]	인원
しんか	臣下 [싱까]	신하
しんか	進化 [싱까]	진화
しんがい	侵害 [싱가이]	침해
しんがく	進学 [싱가꾸]	진학
じんかく	人格 [징까꾸]	인격
しんがた	新型 [싱가따]	신형
しんかん	新刊 [싱깡]	신간
しんき	新規 [싱끼]	신규

しんきゅう	進級 [싱뀨-]	진급
しんきゅう	鍼灸 [싱뀨-]	침구(침술)
しんぐ	寝具 [싱구]	침구(잠)
シングル	single [싱구루]	싱글
しんけい	神経 [싱께-]	신경
しんげき	進撃 [싱게끼]	진격
しんけん	真剣 [싱껭]	진지함
しんこう	新興 [싱꼬-]	신흥
しんこう	進行 [싱꼬-]	진행
しんごう	信号 [싱고-]	신호
じんこう	人工 [징꼬-]	인공
じんこう	人口 [징꼬-]	인구
しんこきゅう	深呼吸 [싱꼬뀨-]	심호흡
しんこく	深刻 [싱꼬꾸]	심각
しんこん	新婚 [싱꽁]	신혼
しんさ	審査 [신사]	심사
しんさつ	診察 [신사쓰]	진찰
しんさん	心算 [신상]	속셈
しんし	紳士 [신시]	신사
じんじ	人事 [진지]	인사
しんしつ	寝室 [신시쓰]	침실
しんじつ	真実 [신지쓰]	진실
しんじゃ	信者 [신자]	신자
じんしゅ	人種 [진슈]	인종
しんしゅつ	進出 [신슈쓰]	진출
しんじょう	信条 [신죠-]	신조
しんじる	信じる [신지루]	믿다

しんじん	新人 [신징]	신인
しんせい	神聖 [신세-]	신성
じんせい	人生 [진세-]	인생
しんせいじ	新生児 [신세-지]	신생아
しんせき	親戚 [신세끼]	친척
しんせつ	新設 [신세쓰]	신설
しんせつ	親切 [신세쓰]	친절
しんせん	新鮮 [신셍]	신선
しんぜん	親善 [신젱]	친선
しんそう	真相 [신소-]	진상
しんぞう	心臓 [신조-]	심장
しんたい	身体 [신따이]	신체
しんだい	寝台 [신다이]	침대
しんだん	診断 [신당]	진단
しんちく	新築 [신찌꾸]	신축
しんちゅう	真鍮 [신쮸-]	놋쇠
しんちょう	身長 [신쵸-]	신장
しんちょう	慎重 [신쵸-]	신중
しんでん	神殿 [신뎅]	신전
しんと	信徒 [신또]	신도
しんにゅう	侵入 [신뉴-]	침입
しんにん	信任 [신닝]	신임
しんぱい	心配 [심빠이]	근심, 염려, 걱정
しんぱん	審判 [심빵]	심판
しんぴ	神秘 [심삐]	신비
しんぴつ	親筆 [심삐쓰]	친필
しんぴん	新品 [심삥]	신품

シンフォニー	symphony [심훠니-]	심포니
じんぶつ	人物 [짐부쓰]	인물
しんぶん	新聞 [심붕]	신문
しんぽ	進歩 [심뽀]	진보
しんぼく	親睦 [심보꾸]	친목
シンポジウム	symposium [심뽀지우무]	심포지엄
シンボル	symbol [심보루]	심벌
しんまい	新米 [심마이]	풋내기(신참)
じんましん	蕁麻疹 [진마싱]	두드러기
しんみつ	親密 [심미쓰]	친밀
しんみり	[심미리]	숙연함
じんみん	人民 [짐밍]	인민
しんもん	審問 [심몽]	심문
しんよう	信用 [시요-]	신용
しんらい	信頼 [신라이]	신뢰
しんらつ	辛辣 [신라쓰]	신랄
しんり	心理 [신리]	심리
しんり	真理 [신리]	진리
しんりゃく	侵略 [신랴꾸]	침략
しんりん	森林 [신링]	삼림
じんるい	人類 [진루이]	인류
しんろ	進路 [신로]	진로
しんわ	神話 [싱와]	신화

す	酢 [스]	식초
すあし	素足 [스아시]	맨발
ずあん	図案 [즈앙]	도안
すいえい	水泳 [스이에-]	수영
すいか	西瓜 [스이까]	수박
すいがら	吸い殻 [스이가라]	담배꽁초
すいこむ	吸い込む [스이꼬무]	들이마시다, 빨아들이다
すいさいが	水彩画 [스이사이가]	수채화
すいさんぶつ	水産物 [스이삼부쓰]	수산물
すいじ	炊事 [스이지]	취사
すいじゃく	衰弱 [스이자꾸]	쇠약
すいじゅん	水準 [스이쥼]	수준
すいじょうき	水蒸気 [스이죠-끼]	수증기
すいしん	推進 [스이싱]	추진
すいせん	水仙 [스이셍]	수선
すいぞくかん	水族館 [스이조꾸깡]	수족관
すいたい	推戴 [스이따이]	추대
すいちょく	垂直 [스이쵸꾸]	수직
スイッチ	switch [스잇찌]	스위치
すいてい	推定 [스이떼-]	추정

すいとう	出納 [스이또-]	출납
すいどう	水道 [스이도-]	수도
ずいひつ	随筆 [즈이히쓰]	수필
すいへいせん	水平線 [스이헤-셍]	수평선
すいほう	水泡 [스이호-]	수포
すいみん	睡眠 [스이밍]	수면 (잠)
すいめん	水面 [스이멩]	수면 (물)
すいようび	水曜日 [스이요-비]	수요일
すいり	推理 [스이리]	추리
すう	吸う [스-]	빨다(흡입), 피우다
すうがく	数学 [스-가꾸]	수학
すうこう	崇高 [스-꼬-]	숭고
すうじ	数字 [스-지]	숫자
ずうずうしい	図図しい [즈-즈-시-]	뻔뻔하다
ずうたい	図体 [즈-따이]	덩치, 허우대(속어)
スーパーマーケット	supermarket [수-빠-마-껫또]	슈퍼마켓
すうはい	崇拝 [스-하이]	숭배
スープ	soup [스-뿌]	수프
すえつけ	据付け [스에쓰께]	붙박이
すえっこ	末っ子 [스엑꼬]	막내
ずがいこつ	頭蓋骨 [즈가이꼬쓰]	두개골
スカウト	scout [스까우또]	스카우트
スカート	skirt [스까-또]	스기트
スカーフ	scarf [스까-후]	스카프
すがすがしい	清清しい [스가스가시-]	상쾌하다
ずかん	図鑑 [즈깡]	도감
すかんぴん	素寒貧 [스깜삥]	빈털터리

すき	鋤 [스끼]	가래(도구)
スキー	ski [스끼-]	스키
ずきずきする	[즈끼즈끼스루]	욱신거리다
すきま	隙間 [스끼마]	틈
スキャンダル	scandal [스깐다루]	스캔들
ずきん	頭巾 [즈낑]	두건
すく	梳く [스꾸]	빗다
すぐ	直ぐ [스구]	곧, 바로, 즉시
すくい	救い [스꾸이]	구원, 도움
すくいぬし	救い主 [스꾸이누시]	구세주
すくう	救う [스꾸우]	구하다
すぐさま	[스구사마]	당장
すくすく	[스꾸스꾸]	무럭무럭
すくない	少ない [스꾸나이]	적다
すくなからず	少なからず [스꾸나까라즈]	적잖이
すくなくとも	少なくとも [스꾸나꾸또모]	적어도
スクリーン	screen [스꾸리-ㄴ]	스크린
スクール	school [스꾸-루]	스쿨
すぐれる	優れる [스구레루]	뛰어나다
スケート	skate [스께-또]	스케이트
スケジュール	schedule [스케쥬-루]	스케줄
スケッチ	sketch [스껫찌]	스케치
すげない	[스게나이]	매정하다
すけべえ	助平 [스께베-]	호색한
スコア	score [스꼬아]	스코어
すごい	凄い [스고이]	굉장하다, 대단하다
すこし	少し [스꼬시]	조금

すし	寿司 [스시]		초밥
すず	鈴 [스즈]		방울
すすぐ	濯ぐ [스스구]		헹구다
すずしい	涼しい [스즈시-]		선선하다, 시원하다
すずなり	鈴生り [스즈나리]		주렁주렁
すすむ	進む [스스무]		나아가다
すずめ	雀 [스즈메]		참새
すすめる	進める [스스메루]		진행시키다
すすめる	勧める [스스메루]		권하다
すずらん	鈴蘭 [스즈랑]		은방울꽃
すずり	硯 [스즈리]		벼루
すそ	裾 [스소]		옷자락
スター	star [스따-]		스타
スタート	start [스따-또]		스타트
スタイル	style [스따이루]		스타일
スタジオ	studio [스따지오]		스튜디오
ずたずた	[즈따즈따]		갈기갈기
すだれ	簾 [스다레]		발(칸막이)
スタンド	stand [스딴도]		스탠드
スタンプ	stamp [스땀뿌]		스탬프
スチーム	steam [스치-무]		스팀
スチュワーデス	stewardess [스쮸와-데스]		스튜어디스
ずつう	頭痛 [즈쓰-]		두통
ずつうのたね	頭痛の種 [즈쓰-노타네]		골칫거리
すっかり	[슥까리]		모조리, 온통
ずっと	[줏또]		내내
すっぱい	酸っぱい [습빠이]		시다

すっぱぬく	すっぱ抜く [습빠누꾸]	폭로하다
すっぽん	[습뽕]	자라
すで	素手 [스데]	맨손
ステーキ	steak [스떼-끼]	스테이크
すてきだ	素敵だ [스떼끼다]	기막히다
ステップ	step [스뗍뿌]	스텝
すでに	已に [스데니]	이미
すてね	捨て値 [스떼네]	헐값
すてる	捨てる [스떼루]	버리다
ストーブ	stove [스또-부]	스토브
ストッキング	stocking [스똑낑구]	스타킹
ストップ	stop [스똡뿌]	스톱
ストレス	stress [스또레스]	스트레스
ストロ-	straw [스또로]	빨대
すな 砂	[스나]	모래
スナップ	snap [스낫뿌]	스냅
すなわち	即ち [스나와찌]	즉
すね	臑 [스네]	정강이
すねる	拗ねる [스네루]	토라지다
ずのう	頭脳 [즈노-]	두뇌
スパイ	spy [스빠이]	스파이
スパゲッティ	spaghetti [스빠겟띠]	스파게티
すばしこい	[스바시꼬이]	잽싸다
すはだ	素肌 [스하다]	맨살
すばやい	[스바야이]	재빠르다
すばやく	素早く [스마야꾸]	냉큼, 재빨리
すばらしい	素晴らしい [스바라시-]	근사하다, 멋지다

スピード	speed [스삐-도]	스피드
スプーン	spoon [스뿌-ㄴ]	스푼
スプリング	spring [스뿌링구]	스프링
スプレ-	spray [스뿌레-]	스프레이
すべからく	須らく [스베까라꾸]	모름지기
すべすべ	[스베스베]	매끈매끈
すべての	凡ての [스베떼노]	모든
スペリング	spelling [스뻬링구]	스펠링
すべる	滑る [스베루]	미끄러지다
スポーツ	sports [스뽀-쓰]	스포츠
すぼめる	窄める [스보메루]	오므리다
ズボン	jupon [즈봉]	바지
スポンサ-	sponsor [스뽄사-]	스폰서
すまない	凍まない [스마나이]	미안하다
すみ	墨 [스미]	먹
すみ	隅 [스미]	구석
すみ	炭 [스미]	숯
すみえ	墨絵 [스미에]	묵화
すみこみ	住み込み [스미꼬미]	더부살이
すみずみまで	[스미즈미마데]	속속들이
すみれ	[스미레]	제비꽃
すむ	住む [스무]	살다(주거하다)
すむ	済む [스무]	맑다(물, 마음)
ずめん	図面 [즈멩]	도면
すもう	相撲 [스모-]	씨름
スモッグ	smog [스목구]	스모그
すもも	李 [스모모]	자두

すやすや	[스야스야]	새근새근
ずらかる	[즈라까루]	내빼다
すらすら	[스라스라]	막힘없이
すらすら	[스라스라]	술술
すらりとした	[스라리또시따]	날씬한
スランプ	slump [스람뿌]	슬럼프
すり	[스리]	소매치기
スリッパ	slipper [스립빠]	슬리퍼
すりへる	擦り減る [스리헤루]	닳아빠지다
スリル	thrill [스리루]	스릴
する	[스루]	하다
ずるい	狡い [즈루이]	교활하다
ずるずる	[즈루즈루]	질질
するどい	鋭い [스루도이]	날카롭다
すれる	擦れる [스레루]	닳다
スローガン	slogan [스로-강]	슬로건
すわる	座る [스와루]	앉다
スワン	swan [스왕]	고니
すんし	寸志 [슨시]	촌지
すんぽう	寸法 [슴뽀-]	치수

せ (セ)

せい	[세-]	탓
せいいき	聖域 [세-이끼]	성역
せいうん	星雲 [세-웅]	청운
せいか	成果 [세-까]	성과
せいかい	政界 [세-까이]	정계
せいかく	性格 [세-까꾸]	성격
せいかく	正確 [세-까꾸]	정확
せいがく	声楽 [세-가꾸]	성악
せいかつ	生活 [세-까쓰]	생활
ぜいかん	税関 [세-깡]	세관
せいき	西紀 [세-끼]	서기(연대)
せいき	性器 [세-끼]	성기
せいぎ	正義 [세-기]	정의
せいきゅうしょ	請求書 [세-뀨-쇼]	청구서
せいきょう	盛況 [세-꾜-]	성황
ぜいきん	税金 [세-낑]	세금
せいけい	生計 [세-께-]	생계
せいけつ	清潔 [세-께쓰]	청결
せいけん	政権 [세-껭]	정권
せいげん	制限 [세-겡]	제한

せいこう	成功 [세-꼬-]	성공
せいこう	性交 [세-꼬-]	성교
せいさく	政策 [세-사꾸]	정책
せいさく	製作 [세-사꾸]	제작
せいさん	産 [세-상]	생산
せいさん	清算 [세-상]	청산
せいし	精子 [세-시]	정자
せいし	制止 [세-시]	제지
せいじ	政治 [세-지]	정치
せいしき	正式 [세-시끼]	정식
せいしつ	性質 [세-시쓰]	성질
せいじゃく	静寂 [세-자꾸]	정적
せいじゅく	成熟 [세-쥬꾸]	성숙
せいしゅん	青春 [세-슝]	청춘
せいじゅん	清純 [세-쥰]	청순
せいしょ	聖書 [세-쇼]	성서
せいじょう	正常 [세-죠-]	정상
せいしょく	生殖 [세-쇼꾸]	생식
せいしん	精神 [세-싱]	정신
せいじん	成人 [세-징]	성인
せいぜい	精精 [세-제-]	기껏
せいせき	成績 [세-세끼]	성적
せいそう	正装 [세-소-]	정장
せいぞう	製造 [세-조-]	제조
せいぞん	生存 [세-종]	생존
せいたい	生態 [세-따이]	생태
せいだい	盛大 [세-다이]	성대함

ぜいたく	贅沢 [제-따꾸]	사치
せいちょう	成長 [세-쵸-]	성장
せいてい	制定 [세-떼-]	제정
せいと	生徒 [세-또]	생도
せいど	制度 [세-도]	제도
せいとう	正答 [세-또-]	정답
せいとう	政党 [세-또-]	정당(정치)
せいとう	正当 [세-또-]	정당
せいとん	整頓 [세-똥]	정돈
せいねん	成年 [세-넹]	성년
せいねん	青年 [세-넹]	청년
せいのう	性能 [세-노-]	성능
せいはい	成敗 [세-하-]	성패
せいびょう	性病 [세-뵤-]	성병
せいふ	政府 [세-후]	정부
せいぶ	西部 [세-부]	서부
せいふく	制服 [세-후꾸]	정복
せいふく	制服 [세-후꾸]	제복
せいぶつ	生物 [세-부쓰]	생물
せいべつ	性別 [세-베쓰]	성별
ぜいむしょ	税務署 [제-무쇼]	세무서
せいめい	生命 [세-메-]	생명
せいめい	姓名 [세-메-]	성명
せいめいしょ	声明書 [세-메-쇼]	성명서
せいやく	製薬 [세-야꾸]	제약
せいゆう	声優 [세-유-]	성우
せいよう	西洋 [세-요-]	서양

せいよく	制欲 [세-요꾸]	성욕
せいり	生理 [세-리]	생리
せいりつ	成立 [세-리쓰]	성립
ぜいりつ	税率 [제-리쓰]	세율
せいりょく	勢力 [세-로꾸]	세력
せいりょく	精力 [세-로꾸]	정력
せいれつ	整列 [세-레쓰]	정렬
セーター	sweater [세-따-]	스웨터
せおう	背負う [세오-]	업다
せかい	世界 [세까이]	세계
せがむ	[세가무]	졸라대다
せき	席 [세끼]	자리
せき	咳 [세끼]	기침
せきがいせん	赤外線 [세끼가이셍]	적외선
せきじゅうじ	赤十字 [세끼쥬-지]	적십자
せきたてる	急き立てる [세끼다떼루]	다그치다, 닦달하다
せきたん	石炭 [세끼땅]	석탄
せきつい	脊椎 [세끼쓰이]	척추
せきどう	赤道 [세끼도-]	적도
せきにん	責任 [세끼닝]	책임
せきのやま	関の山 [세끼노야마]	최대한도
せきばらい	咳払い [세끼바라이]	헛기침
せきぶつ	石仏 [세끼부쓰]	돌부처
せきらら	赤裸裸 [세끼라라]	적나라
せきり	赤痢 [세끼리]	이질
セクシー	sexy [세꾸시-]	섹시
せすじ	背筋 [세스지]	등골

ゼスチュア	gesture [제스츄아]	제스처
せたい	世態 [세따이]	세태
せだい	世代 [세다이]	세대
せたけ	背丈 [세다께]	키(신장)
せちがらい	世知辛い [세치가라이]	각박하다, 야박하다
せっかく	[섹까꾸]	모처럼
せっかち	[섹까찌]	성급함
せっきょう	説教 [섹꾜-]	설교
せっきょくてき	積極的 [섹꾜꾸떼끼]	적극적
セックス	sex [섹꾸스]	섹스
せっけい	設計 [섹께-]	설계
せっけん	石 [섹껭]	비누
ぜっこう	絶交 [젝꼬-]	절교
ぜっこう	絶好 [젝꼬-]	절호
せつじつ	切実 [세쓰지쓰]	절실
せっしゅ	摂取 [셋슈]	섭취
せっしょう	殺生 [셋쇼-]	살생
せっせと	[셋세또]	부지런히
せったい	接待 [셋따이]	접대
ぜったい	絶対 [젯따이]	절대
せつだん	切断 [세쓰당]	절단
せっち	設置 [셋찌]	설치
ぜっちょう	絶頂 [젯쬬-]	절정
せってい	設定 [셋떼-]	설정
セット	set [셋또]	세트
せっとく	説得 [셋또꾸]	설득
せっぷん	接吻 [셉뿡]	입맞춤

ぜっぺき	絶壁 [젭뻬끼]	절벽
ぜつぼう	絶望 [제쓰보-]	절망
ぜつみょう	絶妙 [제쓰묘-]	절묘
せつめい	説明 [세쓰메-]	설명
せつやく	節約 [세쓰야꾸]	절약
せつりつ	設立 [세쓰리쓰]	설립
せなか	背中 [세나까]	등
せのび	背伸び [세노비]	발돋움
せばめる	狭める [세바메루]	좁히다
ぜひ	[제히]	꼭
せびろ	背広 [세비로]	양복(신사복)
せまい	狭い [세마이]	좁다
せまくるしい	狭苦しい [세마쿠루시-]	비좁다
せみ	蝉 [세미]	매미
せむし	佝僂 [세무시]	꼽추
せめて	[세메떼]	하다못해
せめる	攻める [세메루]	공공하다
セメント	cement [세멘또]	시멘트
せり	芹 [세리]	미나리
せりふ	台詞 [세리후]	대사
セルフ	self [세루후]	셀프
セロリー	celery [세로리-]	셀러리
せわ	世話 [세와]	뒷바라지, 보살핌
せわをする	世話をする [세와오스루]	돌보다
せをむける	背を向ける [세오무께루]	돌아서다
せん	栓 [셍]	마개
せん	千 [셍]	천

ぜんあく	善悪 [젱아꾸]	선악
せんいん	船員 [셍잉]	선원
ぜんかしゃ	前科者 [젱까샤]	전과자
せんきょ	選挙 [셍꼬]	선거
せんくしゃ	先駆者 [셍꾸샤]	선구자
せんげつ	先月 [셍게쓰]	지난달
せんげん	宣言 [셍겡]	선언
ぜんご	前後 [젱고]	후
せんご	戦後 [셍고]	전후(전쟁)
せんこう	専攻 [셍꼬-]	전공
せんこく	宣告 [셍꼬꾸]	선고
せんごく	戦国 [셍고꾸]	전국(전쟁)
ぜんこく	全国 [젱꼬꾸]	전국
せんざい	洗剤 [센자이]	세제
ぜんざい	善哉 [젠자이]	팥죽
せんし	戦死 [센시]	전사
せんじ	戦時 [센지]	전시(전쟁)
せんしゃ	洗車 [센샤]	세차
せんしゅ	選手 [센슈]	선수
せんしゅつ	選出 [센슈쓰]	선출
せんじゅつ	戦術 [센쥬쓰]	전술
ぜんしん	全身 [젠싱]	온몸
ぜんしん	前進 [젠싱]	전진
せんしんこく	先進国 [센싱꼬꾸]	선진국
せんす	扇子 [센스]	접는 부채
せんせい	先生 [센세-]	선생(님)
ぜんせいき	全盛期 [젠세이끼]	전성기

せんぞ	先祖 [센조]	선조
せんそう	戦争 [센소-]	전쟁
せんぞく	専属 [센조꾸]	전속
センター	center [센따-]	센터
ぜんたい	全体 [젠따이]	전체
ぜんだいみもん	前代未聞 [젠다이미몽]	전대미문
せんたく	洗濯 [센따꾸]	빨래, 세탁
せんたく	選択 [센따꾸]	선택
せんたん	先端 [센땅]	첨단
ぜんち	全治 [젠찌]	전치
センチ	centi [센찌]	센티
せんちょう	船長 [센쵸-]	선장
せんてい	選定 [센떼-]	선정
せんでん	宣伝 [센뎅]	선전
せんてんてき	先天的 [센뗀떼끼]	선천적
ぜんと	前途 [젠또]	전도(앞길)
せんとう	先頭 [센또-]	선두
せんとう	戦闘 [센또-]	전투
せんどう	船頭 [센도-]	뱃사공
せんにょ	仙女 [센뇨]	선녀
せんねん	専念 [센넹]	전념
せんのう	洗脳 [센노-]	세뇌
ぜんのう	全能 [젠노-]	전능
せんぱい	先輩 [셈빠이]	선배
せんばい	専売 [셈바이]	전매
せんばつ	選抜 [셈바쓰]	선발
せんぷ	宣布 [셈뿌]	선포

ぜんぶ	全部 [젬부]	전부
せんぷうき	扇風機 [셈뿌-끼]	선풍기
せんむ	専務 [셈무]	전무
ぜんめつ	全滅 [젬메쓰]	전멸
せんめん	洗面 [셈멩]	세수
せんもん	専門 [셈몽]	전문
せんゆう	戦友 [셍유-]	전우
せんよう	専用 [셍요-]	전용
ぜんら	全裸 [젠라]	전라
せんらん	戦乱 [센랑]	전란
せんりつ	旋律 [센리쓰]	선율
せんりつ	慄 [센리쓰]	전율
せんりゃく	戦略 [센랴꾸]	전략
せんりょう	占領 [센료-]	점령
せんれい	洗礼 [센레-]	세례
せんれん	洗練 [센렝]	세련
せんろ	線路 [센로]	선로

そ(ソ)

そう	[소-]	그렇게
ぞう	象 [조-]	코끼리
そうあん	創案 [소-앙]	창안
そうあん	草案 [소-앙]	초안
ぞうお	憎惡 [조-오]	증오
そうおん	騷音 [소-옹]	소음
ぞうか	造花 [조-까]	조화(꽃)
ぞうか	増加 [조-까]	증가
そうかい	総会 [소-까이]	총회
そうがく	総額 [소-가꾸]	총액
そうぎょう	創業 [소-교-]	창업
そうきん	送金 [소-낑]	송금
ぞうきん	雑巾 [조-낑]	걸레
そうけい	総計 [소-께-]	총계
ぞうけい	造詣 [조-께-]	조예
そうげん	草原 [소-겡]	초원
そうこ	倉庫 [소-꼬]	창고
そうご	相互 [소-고]	상호(서로)
そうさ	操作 [소-사]	조작
そうさ	捜査 [소-사]	수사

そうさい	総裁 [소-사이]	총재
そうさく	創作 [소-사꾸]	창작
そうじ	掃除 [소-지]	청소
そうしき	葬式 [소-시끼]	장례식
そうしつ	喪失 [소-시쓰]	상실
そうじゅく	早熟 [소-쥬꾸]	조숙
そうしょ	僧侶 [소-료]	승려
そうしょく	装飾 [소-쇼꾸]	장식
そうせいき	創世記 [소-세-끼]	창세기
そうせつ	創設 [소-세쓰]	창설
そうそう	早早 [소-소-]	부랴부랴
そうぞう	想像 [소-조-]	상상
そうぞう	創造 [소-조-]	창조
そうぞく	相続 [소-조꾸]	상속
そうだん	相談 [소-당]	상담(의논)
そうち	装置 [소-찌]	장치
ぞうてい	贈呈 [소-떼-]	증정
そうでなくても	[소-데나꾸떼모]	가뜩이나
そうとう	相当 [소-또-]	상당히
そうどう	騒動 [소-도-]	소동
そうとく	総督 [소-또꾸]	총독
そうなら	[소-나라]	그렇다면
そうなん	遭難 [소-낭]	조난
そうねん	送年 [소-넹]	송년
そうはく	蒼白 [소-하꾸]	창백함
そうべつかい	送別会 [소-베쓰가이]	송별회
そうり	総理 [소-리]	총리

そうりつ	創立 [소-리쓰]	창립
そうりょく	総力 [소-료꾸]	총력
そえる	添える [소에루]	첨부하다, 곁들이다
ソース	sauce [소-스]	소스
ソーセージ	sausage [소-세-지]	소시지
そくい	即位 [소꾸이]	즉위
ぞくご	俗語 [조꾸고]	속어
そくざに	即座に [소꾸자니]	즉각
そくし	即死 [소꾸시]	즉사
ぞくしゅつ	続出 [조꾸슈쓰]	속출
そくしん	促進 [소꾸싱]	촉진
ぞくする	属する [조꾸스루]	속하다
ぞくせ	俗世 [조꾸세]	속세
そくせい	速成 [소꾸세-]	속성
そくせい	促成 [소꾸세-]	촉성
ぞくぞく	続続 [조꾸조꾸]	속속
そくたつ	速達 [소꾸따쓰]	속달
そくだん	速断 [소꾸당]	속단
そくてい	測定 [소꾸떼-]	측정
そくど	速度 [소꾸도]	속도
ぞくに	俗に [조꾸니]	흔히
そくばく	束縛 [소꾸바꾸]	속박
ぞくぶつ	俗物 [조꾸부쓰]	속물
そくめん	側面 [소꾸멩]	측면
そくりょう	測量 [소꾸료-]	측량
そくりょく	速力 [소꾸료꾸]	속력
ソケット	socket [소껫또]	소켓

そこ	其処 [소꼬]	그곳
そこ	[소꼬]	저곳
そこ	底 [소꼬]	밑바닥
そこく	祖国 [소꼬꾸]	조국
そしき	組織 [소시끼]	조직
そしつ	素質 [소시쓰]	소질
そして	[소시떼]	그리고
そしょう	訴訟 [소쇼-]	소송
そしる	謗る [소시루]	비방하다
そせき	礎石 [소세끼]	초석
そせん	祖先 [소셍]	조상
そそぐ	注ぐ [소소구]	붓다(따르다)
そそっかしい	[소속까시-]	덜렁대다
そそのかす	唆す [소소노까스]	꼬드기다, 부추기다
そそる	[소소루]	돋구다, 자아내다
そだつ	育つ [소다쯔]	자라다
そだてる	育てる [소다떼루]	가꾸다, 기르다, 키우다
そちら	[소찌라]	그쪽
そっきょう	即興 [솟꾜-]	즉흥
そつぎょう	卒業 [소쓰교-]	졸업
そっきん	側近 [솟낑]	측근
ぞっこん	[좃꽁]	홀딱
そっせん	率先 [솟셍]	솔선
そっちょく	率直 [솟쵸꾸]	솔직함
そっと	[솟또]	살짝
ぞっとする	[좃또스루]	오싹하다
そっぱ	反っ歯 [솝빠]	뻐드렁니, 덧니

そで	袖 [소데]	소매
そと	外 [소또]	바깥
そなえる	備える [소나에루]	대비하다
ソナタ	sonata [소나따]	소나타
そのうえに	その上に [소노우에니]	더군다나, 더욱이
そのかわり	その代り [소노가와리]	그 대신
そのた	其の他 [소노다]	기타(그밖)
そのつど	その都度 [소노쓰도]	번번이
そのほか	その外 [소노호까]	그밖에
そのまま	[소노마마]	그대로
そば	蕎麦 [소바]	메밀국수
そば	側 [소바]	곁, 옆(부근)
そばかす	雀斑 [소비까스]	주근깨
そふ	祖父 [소후]	조부
そぶり	素振り [소부리]	내색
そぼ	祖母 [소보]	조모
そぼく	素朴 [소보꾸]	소박함
そまる	染まる [소마루]	물들다
そむく	背く [소무꾸]	등지다
そめる	染める [소메루]	물들이다
そもそも	[소모소모]	무릇
そよかぜ	そよ風 [소요카제]	산들바람
そら	空 [소라]	하늘
そらみみ	空耳 [소라미미]	헛들음
それ	其れ [소레]	그것
それから	[소레까라]	그러고 나서
それくらい	それ位 [소레구라이]	그쯤

それこそ	[소레꼬소]	그야말로
それさえ	[소레사에]	그나마
それしき	[소레시끼]	그까짓
それぞれ	[소레조레]	각기(각각)
それで	[소레데]	그래서
それでは	[소레데와]	그러면
それでも	[소레데모]	그래도, 그런데도
それとなく	[소레또나꾸]	넌지시
それなりに	[소레나리니]	그런대로
それに	[소레니]	게다가
それほど	其れ程 [소레호도]	그만큼, 그다지, 그처럼
そろう	揃う [소로-]	갖추어지다
そろえる	揃える [소로에루]	갖추다
そろそろ	[소로소로]	슬슬
そろばん	算盤 [소로방]	주판
そわそわ	[소와소와]	안절부절
そんがい	損害 [송가이]	손해
そんけい	尊敬 [송께-]	존경
そんざい	存在 [손자이]	존재
そんしつ	損失 [손시쯔]	손실
そんしょく	遜色 [손쇼꾸]	손색
そんする	損する [손스루]	밑지다, 손해 보다
そんぞく	存続 [손조꾸]	존속
そんちょう	尊重 [손쬬-]	존중
そんな	[손나]	그런
そんらく	村落 [손라꾸]	촌락
そんりつ	存立 [손리쯔]	존립

た (タ)

ダークホース	dark horse [다-꾸호-스]	다크호스
ターミナル	terminal [타-미나루]	터미널
たい	鯛 [다이]	도미
だいあん	代案 [다이앙]	대안
たいいく	体育 [다이-꾸]	체육
だいいち	第一 [다이-찌]	제일, 첫째
たいいん	隊員 [다이잉]	대원
たいいん	退院 [다이잉]	퇴원
たいえき	退役 [다이에끼]	퇴역
たいおう	対応 [다이오-]	대응
だいおう	大王 [다이오-]	대왕
たいおん	体温 [다이옹]	체온
たいか	退化 [다이까]	퇴화
たいが	大河 [다이가]	대하
だいか	代価 [다이까]	대가
たいかい	大会 [다이까이]	대회
たいかい	大海 [다이까이]	대해(넓은 바다)
たいがい	大概 [다이가이]	대개
たいかく	体格 [다이까꾸]	체격
たいがく	退学 [다이가꾸]	퇴학

だいがく	大学 [다이가꾸]	대학
たいかん	耐寒 [다이깡]	내한
たいかん	体感 [다이깡]	체감
たいき	待期 [다이끼]	대기
たいきけん	大気圏 [다이끼껭]	대기권
たいきゃく	退却 [다이까꾸]	퇴각
たいぎょ	大魚 [다이교]	대어
たいきょう	胎教 [다이꾜-]	태교
だいきらい	大嫌い [다이끼라이]	몹시 싫어함
たいきん	退勤 [다이낑]	퇴근
だいきん	代金 [다이낑]	대금
だいく	大工 [다이꾸]	목수
たいぐう	待遇 [다이구-]	대우
たいくつ	退屈 [다이꾸쓰]	무료함, 지루함
たいけい	体系 [다이께-]	체계
たいけつ	対決 [다이게쓰]	대결
たいけん	体験 [다이껭]	체험
たいこ	太鼓 [다이꼬]	북
たいこ	太古 [다이꼬]	태고
たいこう	退校 [다이꼬-]	퇴교
たいこう	対抗 [다이꼬-]	대항
だいこん	大根 [다이꽁]	무
たいさ	大佐 [다이사]	대령
たいざい	滞在 [다이자이]	체재(머묾)
たいさく	対策 [다이사꾸]	대책
たいし	大志 [다이시]	대지(큰뜻)
たいし	太子 [다이시]	태자

たいじ	胎児 [다이지]	태아
たいじ	退治 [다이지]	퇴치
たいしかん	大使館 [다이시깡]	대사관
だいしぜん	大自然 [다이시젱]	대자연
たいした	大した [다이시따]	대단한
たいしつ	体質 [다이시쯔]	체질
たいしゃ	退社 [다이샤]	퇴사
たいしゅう	大衆 [다이슈-]	대중(사람)
たいじゅう	体重 [다이쥬-]	체중
だいしょ	代書 [다이쇼]	대서
たいしょう	大将 [다이쇼-]	대장(군대)
たいしょう	対象 [다이쇼-]	대상
たいじょう	退場 [다이죠-]	퇴장
だいじょうぶ	大丈夫 [다이죠-부]	문제없음
たいしょく	退職 [다이쇼꾸]	퇴직
たいしょく	褪色 [다이쇼꾸]	퇴색
だいじん	大臣 [다이징]	장관
だいすき	大好き [다이스끼]	몹시 좋아함
たいする	対する [다이스루]	대하다
たいせい	大勢 [다이세-]	대세
たいせい	体制 [다이세-]	체재
たいせい	態勢 [다이세-]	태세
たいせいよう	大西洋 [다이세-요-]	대서양
たいせき	堆積 [다이세끼]	퇴적
たいせつ	大切 [다이세쯔]	소중함, 중요함
たいせん	大戦 [다이셍]	대전
たいそう	体操 [다이소-]	체조

だいたい	大体 [다이따이]	대강, 대략, 대체로
だいだいてき	大大的 [다이따이떼끼]	대대적
だいたすう	大多数 [다이따스-]	대다수
だいたん	大胆 [다이땅]	대담
だいたんふてき	大胆不敵 [다이땅후떼끼]	대담무쌍함
だいち	大地 [다이찌]	대지(땅)
たいちょう	隊長 [다이쵸-]	대장(인솔)
たいちょう	退潮 [다이쵸-]	퇴조
だいちょう	台帳 [다이쵸-]	대장(장부)
たいと	泰斗 [다이또]	태두
たいど	態度 [다이도]	태도
たいとう	対等 [다이또-]	대등
たいどう	胎動 [다이도-]	태동
だいとうりょう	大統領 [다이또-료-]	대통령
だいどく	代読 [다이도꾸]	대독
だいどころ	台所 [다이도꼬로]	부엌, 주방
タイトル	title [타이또루]	타이틀
たいない	体内 [다이나이]	체내
だいなし	台無し [다이나시]	망쳐 버림
ダイナミック	dynamic [다이나믹꾸]	다이나믹
たいねつ	耐熱 [다이네쓰]	내열
たいのう	滞納 [다이노-]	체납
だいのう	大脳 [다이노-]	대뇌
たいは	大破 [다이하]	대파
たいはい	頽廃 [다이하이]	퇴폐
たいはん	大半 [다이항]	대부분, 태반
たいばん	胎盤 [다이방]	태반

たいひ	待避 [다이히]	대피
だいひつ	代筆 [다이히쓰]	대필
だいひょう	代表 [다이효-]	대표
ダイビング	diving [다이빙구]	다이빙
だいぶ	大分 [다이부]	꽤
たいふう	台風 [다이후-]	태풍
だいぶつ	大仏 [다이부쓰]	대불
だいぶぶん	大部分 [다이부붕]	대부분
たいへいよう	太平洋 [다이헤-요-]	태평양
たいへん	大変 [다이헹]	대단히, 몹시, 매우
だいべん	代弁 [다이벵]	대변(대리)
だいべん	大便 [다이벵]	대변
たいほ	逮捕 [다이호]	체포
たいほ	退歩 [다이호]	퇴보
たいほう	大砲 [다이호-]	대포
たいぼう	耐乏 [다이보-]	내핍
たいぼう	待望 [다이보-]	대망(기다림)
だいほういん	大法院 [다이호-잉]	대법원
たいまん	怠慢 [다이망]	태만
だいほん	台本 [다이홍]	대본
タイミング	timing [타이밍구]	타이밍
タイム t	ime [타이무]	타임
だいめいし	代名詞 [다이메-시]	대명사
たいめん	体面 [다이멩]	체면
たいめん	対面 [다이멩]	대면
たいもう	大望 [다이모-]	대망(큰)
たいもう	胎夢 [다이모-]	태몽

だいもく	題目 [다이모꾸]	제목
タイヤ	tire [타이야]	타이어
ダイヤモンド	diamond [다이야몬도]	다이아몬드
ダイヤル	dial [다이야루]	다이얼
たいよ	貸与 [다이요]	대여
たいよう	大洋 [다이요-]	대양
たいよう	太陽 [다이요-]	태양
だいよう	代用 [다이요-]	대용
たいらげる	平らげる [다이라게루]	먹어치우다
たいらん	大乱 [다이랑]	대란
たいりく	大陸 [다이리꾸]	대륙
だいりせき	大理石 [다이리세끼]	대리석
たいりつ	対立 [다이리쓰]	대립
だいりてん	代理店 [다이리뗑]	대리점
たいりゅう	滞留 [다이류-]	체류
たいりょう	大量 [다이료-]	대량
たいりょく	体力 [다이료꾸]	체력
たいわ	対話 [다이와]	대화
たうえ	田植え [다우에]	모내기, 모심기
ダウン	down [다웅]	다운
だえき	唾液 [다에끼]	타액
たえず	絶えず [다에즈]	끊임없이, 늘
たえる	堪える [다에루]	견디다
だえんけい	楕円形 [다엥께-]	타원형
たおす	倒す [다오스]	넘어뜨리다, 쓰러뜨리다
タオル	towel [다오루]	타월
たおれる	倒れる [다오레루]	넘어지다, 쓰러지다

たか	鷹 [다까]	매
たかい	高い [다까이]	비싸다, 높다
たかい	他界 [다까이]	타계
だかい	打開 [다까이]	타개
たがいに	互いに [다가이니]	서로
たかくてき	多角的 [다까꾸떼끼]	다각적
たかご	卵 [다마고]	달걀
たかさ	高さ [다까사]	높이
たかだか	高高 [다까다까]	고작
だがっき	打楽器 [다각끼]	타악기
たかまる	高まる [다까마루]	높아지다
たがやす	耕す [다가야스]	갈다(밭)
たから	宝 [다까라]	보물
だから	[다까라]	그러므로
たかる	[다까루]	꼬여들다
たかわらい	高笑い [다까와라이]	너털웃음
たき	滝 [다끼]	폭포
たきぎ	薪 [다끼기]	장작
タキシード	tuxedo [타끼시-도]	턱시도
だきしめる	抱きしめる [다끼시메루]	얼싸안다
たきび	焚き火 [다끼비]	모닥불
だきゅう	打球 [다뀨-]	타구
だきょう	妥協 [다꾜-]	타협
だく	抱く [다꾸]	껴안다, 품다(안다)
たくあん	沢庵 [다꾸앙]	단무지
たくいつ	択一 [다꾸이쓰]	택일
たくえつ	卓越 [다꾸에쓰]	탁월함

タクシー	taxi [타꾸시-]	택시
たくじしょ	託児所 [다꾸지쇼]	탁아소
たくじょう	卓上 [다꾸죠-]	탁상
だくすい	濁水 [다꾸스이]	탁수
たくはつ	托鉢 [다꾸하쓰]	탁발
たくま	琢磨 [다꾸마]	탁마
たくましい	逞しい [다꾸마시-]	다부지다, 우람스럽다
たくらむ	企む [다꾸라무]	꾸미다
だくりゅう	濁流 [다꾸류-]	탁류
たけ	竹 [다께]	대나무
だげき	打撃 [다게끼]	타격
たけくらべ	丈比べ [다께구라베]	키재기
たけのこ	筍 [다께노꼬]	죽순
たける	長ける [다께루]	능하다
たこ	蛸 [다꼬]	문어
たこ	凧 [다꼬]	연
たこく	他国 [다꼬꾸]	타국
たさい	多才 [다사이]	다재
たさく	多作 [다사꾸]	다작
たさつ	他殺 [다사쓰]	타살
ださん	打算 [다상]	타산
たし	足し [다시]	보탬
だじき	打字機 [다지끼]	타자기
たしざん	足し算 [다시장]	덧셈
たしなめる	[다시나메루]	타이르다
だしぬけ	出し抜け [다시누께]	불쑥
だしゃ	打者 [다샤]	타자

だしゅ	舵手 [다슈]	타수
たしょう	多少 [다쇼-]	다소
たじろぐ	[다지로구]	움찔하다
だしん	打診 [다싱]	타진
たすう	多数 [다스-]	다수
たすかる	助かる [다스까루]	살아나다
たすける	助ける [다스께루]	돕다, 살리다(구조)
たずさえる	携える [다즈사에루]	지니다, 휴대하다
たずねる	尋ねる [다즈네루]	묻다(문의)
だせい	惰性 [다세-]	타성
たそがれ	黄昏 [다소가레]	황혼
だそく	蛇足 [다소꾸]	군더더기, 사족
ただ	只 [다다]	거저, 공짜
だだ	駄駄 [다다]	투정
だたい	堕胎 [다따이]	낙태
ただいま	只今 [다다이마]	방금
たたく	叩く [다다꾸]	두드리다
ただごと	只事 [다다고또]	예삿일
ただしい	正しい [다다시-]	맞다, 올바르다, 옳다
ただす	正す [다다스]	바로잡다
ただのり	只乗り [다다노리]	무임승차
たたむ	畳む [다따무]	개다(접다)
たたり	祟り [다따리]	탈
ただれる	爛れる [다다레루]	짓무르다, 문드러지다
たちあがる	立ち上がる [다찌아가루]	일어서다
たちうお	太刀魚 [다찌우오]	갈치
たちせき	立ち席 [다찌세끼]	입석

たちどまる	立ち止まる [다찌도마루]	되돌아서다, 멈추어서다
たちば	立場 [다찌바]	입장
たちよる	立ち寄る [다찌요루]	들르다
たつ	立つ [다쓰]	서다
たつ	断つ [다쓰]	끊다
たつ	発つ [다쓰]	떠나다(출발)
たつ	経つ [다쓰]	지나다
だついしつ	脱衣室 [다쓰이시쓰]	탈의실
だっかん	奪還 [닥깡]	탈환
だっこく	脱穀 [닥꼬꾸]	탈곡
だつごく	脱獄 [다쓰고꾸]	탈옥
だっしめん	脱脂綿 [닷시멩]	탈지면
たっしゃだ	達者だ [닷샤다]	능란하다
だっしゅ	奪取 [닷슈]	탈취
だっしゅつ	脱出 [닷슈쓰]	탈출
たつじん	達人 [다쓰징]	달인
だっすい	脱水 [닷스이]	탈수
だつぜい	脱税 [다쓰제-]	탈세
たっせいする	達成する [닷세이스루]	달성하다
だっせん	脱線 [닷셍]	탈선
だっそう	脱走 [닷소-]	탈주
だったい	脱退 [닷따이]	탈퇴
タッチ	touch [탓찌]	터치
たづな	手綱 [다즈나]	고삐
だっぴ	脱皮 [닷삐]	탈피
	[답뿌리]	듬뿍
だつぼう	脱帽 [다쓰보-]	모자 벗음, 경의를 표함

だつもう	脱毛 [다쓰모-]	탈모, 털이 빠짐
だつらく	脱落 [다쓰라꾸]	탈락
だつろう	脱漏 [다쓰로-]	탈루
たて	縦 [다떼]	세로
たてがみ	鬣 [다떼가미]	갈기(털)
たてこもる	立て籠る [다떼꼬모루]	들어박히다
たてつづけ	立て続け [다떼스즈께]	잇달아
たてもの	建物 [다떼모노]	건물
たてる	建てる [다떼루]	짓다
たてる	立(建)てる [다떼루]	세우다
だでん	打電 [다뎅]	타전
だとう	打倒 [다또-]	타도
だとう	妥当 [다또-]	타당
たとえ	[다또에]	설령
たとえ	例え [다또에]	비록
たとえば	例えば [다또에바]	가령, 예컨대
たな	棚 [다나]	선반
たなこ	店子 [다나꼬]	세입자
たなんだ	多難だ [다난다]	다난하다
だに	[다니]	진드기
たにし	田螺 [다니시]	우렁이
たにま	谷間 [다니마]	골짜기, 산골짜기
たにん	他人 [다닝]	남, 타인
たにんどうし	他人同士 [다닝도우시]	남남
たぬき	狸 [다누끼]	너구리
たね	種 [다네]	씨앗, 종자
たねん	他念 [다넹]	타념

たのしい	楽しい [다노시-]	즐겁다
たのしみ	楽しみ [다노시미]	즐거움
たのしむ	楽しむ [다노시무]	즐기다
たのむ	頼む [다노무]	부탁하다
たのもしい	頼もしい [다노모시-]	믿음직스럽다
たば	束 [다바]	묶음, 다발, 뭉치
だは	打破 [다하]	타파
たばこ	煙草 [다바꼬]	담배
たび	足袋 [다비]	버선
たびかさなる	度重なる [다비카사나루]	거듭되다
たびさき	旅先 [다비사끼]	객지
たびたび	度度 [다비따비]	자주
たびびと	旅人 [다비비또]	나그네
タフガイ	tough guy [타후가이]	터프 가이
ダブル	double [다부루]	더블
たぶん	多分 [다붕]	아마도
たぶんに	多分に [다분니]	다분히
たべすぎ	食べ過ぎ [다베스기]	과식
たべもの	食べ物 [다베모노]	먹을거리, 음식물
たべる	食べる [다베루]	먹다
たぼう	多忙 [다보-]	다망
だぼら	駄法螺 [다보라]	허풍
たま	玉 [다마]	구슬, 옥
たまげる	魂消る [다마게루]	혼쭐나다
たまご	卵 [다마고]	달걀, 알
だまされる	騙される [다마사레루]	속다
たましい	魂 [다마시-]	넋, 혼

だます	騙す [다마스]	속이다
たまつき	玉突き [다마쓰끼]	당구
たまねぎ	玉葱 [다마네기]	양파
たまる	溜まる [다마루]	괴다
だまる	黙る [다마루]	침묵하다
ダム	dam [다무]	댐
ためいき	溜息 [다메이끼]	한숨
ために	為に [다메니]	위하여
ためらい	躊躇い [다메라이]	망설임
ためらう	躊躇う [다메라우]	머뭇거리다, 망설이다
たもつ	保つ [다모쓰]	유지하다
たもと	袂 [다모또]	소맷자락
たやすい	容易い [다야스이]	수월하다, 손쉽다
たより	便り [다요리]	기별, 소식
たよる	頼る [다요루]	의지하다
たら	鱈 [다라]	대구
たらい	盥 [다라이]	대야
だらく	堕落 [다라꾸]	타락
だらけ	[다라께]	투성이
だらしない	[다라시나이]	칠칠치 못하다
たらす	垂らす [다라스]	드리우다
だらだら	[다라다라]	줄줄
タラップ	trap [타랍뿌]	트랩
たらふく	鱈腹 [다라후꾸]	배불리(속어)
だりつ	打率 [다리쓰]	타율
たりない	足りない [다리나이]	모자라다, 부족하다
たりょう	多量 [다료-]	다량

たりる	足りる [다리루]	족하다
だるい	[다루이]	고달프다, 나른하다
だるま	達磨 [다루마]	오뚝이
だれ	誰 [다레]	누구
だれか	誰か [다레까]	누군가
たれまく	垂れ幕 [다레마꾸]	현수막
だれもかれも	誰も彼も [다레모가레로]	너도나도
たれる	垂れる [다레루]	늘어지다
タレント	talent [타렌또]	탤런트
タワー	tower [타와-]	타워
たわごと	たわ言 [다와고또]	헛소리
たん	痰 [당]	가래(액체)
だんあん	断案 [당앙]	단안
たんい	単位 [당이]	단위
たんいつ	単一 [당이쓰]	단일
たんか	単価 [당까]	단가
だんかい	段階 [당까이]	단계
だんがい	弾劾 [당가이]	탄핵
だんがい	断崖 [당가이]	단애
だんがん	弾丸 [당강]	탄환
たんがんしょ	嘆願書 [당간쇼]	탄원서
たんきゅう	探求 [당뀨-]	탐구
だんけつ	団結 [당께쓰]	단결
たんけん	探検 [당껭]	탐험
だんげん	断言 [당겡]	단언
たんご	単語 [당고]	낱말, 단어
だんご	団子 [당고]	경단

タンゴ	tango [탕고]	탱고
だんこう	断行 [당꼬-]	단행
だんごう	談合 [당고-]	담합
だんこと	断乎と [당꼬또]	단호하게
たんさ	探査 [단사]	탐사
だんじ	男児 [단지]	남아
だんじき	断食 [단지끼]	단식
だんじて	断じて [단지떼]	결단코
たんしゅく	短縮 [단슈꾸]	단축
たんじゅん	単純 [단쥰]	단순
だんじょ	男女 [단죠]	남녀
たんしょ	短所 [단쇼]	단점
たんじょう	誕生 [단죠-]	탄생
ダンス	dance [단스]	댄스
たんす	箪笥 [단스]	장롱
たんせい	嘆声 [단세-]	탄성
だんせい	男性 [단세-]	남성
だんぜつ	断絶 [단제쓰]	단절
だんぜん	断然 [단젠]	단연
だんそう	断層 [단소-]	단층
たんそく	嘆息 [단소꾸]	탄식
だんたい	団体 [단따이]	단체
だんだん	段段 [단당]	점차
たんち	探知 [단찌]	탐지
だんち	団地 [단찌]	단지
たんちょう	丹頂 [단쵸-]	두루미
だんちょう	団長 [단쵸-]	단장

たんでき	耽溺 [단데끼]	탐닉
たんとう	担当 [단또-]	담당
だんとう	暖冬 [단또-]	난동(날씨)
たんとうちょくにゅう	単刀直入 [단또-쵸꾸뉴-]	거두절미
たんどく	単独 [단도꾸]	단독
たんなる	単なる [단나루]	단순한
たんぱくしつ	蛋白質 [담빠꾸시쓰]	단백질
たんぱくだ	淡白だ [담빼구다]	담백하다
たんぱつ	短髪 [담빠쓰]	단발
だんぱん	談判 [담빵]	담판
たんび	耽美 [담비]	탐미
たんぶん	探聞 [담붕]	탐문
たんぺん	短篇 [담뼁]	단편 소설
だんぺん	断片 [담뼁]	단편(조각)
たんぽ	担保 [담뽀]	담보
たんぼ	田圃 [담보]	논
だんぼう	暖房 [담보-]	난방
たんぽぽ	蒲公英 [담뽀뽀]	민들레
たんめい	短命 [담메-]	단명
だんめん	断面 [담멩]	단면
だんやく	弾薬 [당야꾸]	탄약
だんゆう	男優 [당유-]	남우
だんりゅう	暖流 [단류-]	난류
だんりょく	弾力 [단료꾸]	탄력
たんれん	鍛練 [단렝]	단련

ち (チ)

ち	血 [치]	피
ちあん	治安 [치앙]	치안
ちい	地位 [치-]	지위
ちいさい	小さい [치-사이]	작다
チーズ	cheese [치-즈]	치즈
チーム	team [치-무]	팀
ちえ	知恵 [치에]	지혜
チェーン	chain [체-ㄴ]	체인
チェーンストア	chain store [체-인스또아]	연쇄점
チェック	check [첵꾸]	체크
チェンジ	change [첸지]	체인지
ちかい	近い [치까이]	가깝다
ちかい	近い [치까이]	가깝다
ちかい	誓い [치까이]	맹세
ちがいない	違いない [치가이나이]	틀림없다
ちがう	違う [지가우]	다르다, 틀리다
ちかう	誓う [치까우]	맹세하다
ちかく	近く [치까꾸]	가까이
ちかごろ	近頃 [지까고로]	근래
ちかづく	近付く [지까즈꾸]	다가오다

ちかづく	近付く [치까즈꾸]	접근하다
ちかてつ	地下鉄 [치까떼쓰]	지하철
ちかどう	地下道 [치까도-]	지하도
ちかみち	近道 [치까미찌]	지름길
ちかよる	近寄る [치까요루]	다가가다
ちから	力 [치까라]	힘
ちからいっぱい	力一杯 [치까라입빠이]	힘껏
ちからずくで	力ずくで [치까라즈꾸데]	완력으로
ちからもち	力持ち [치까라모찌]	장사(힘)
ちかん	痴漢 [치깡]	치한
チキン	chicken [치낑]	치킨
ちくざい	蓄財 [치꾸자이]	축재
ちくさんぶつ	畜産物 [치꾸삼부쓰]	축산물
ちくしゃ	畜舎 [치꾸샤]	축사(가축)
ちくでんき	蓄電器 [차꾸뎅끼]	축전지
ちくのうしょう	蓄膿症 [치꾸노-쇼-]	축농증
ちぐはぐ	[치구하구]	짝짝이
チケット	ticke [치껫또]	티켓
ちこく	遅刻 [치꼬꾸]	지각
ちし	致死 [치시]	치사
ちしき	知識 [치시끼]	지식
ちじょう	地上 [치죠-]	지상
ちじょう	痴情 [치죠-]	치정
ちず	地図 [치즈]	지도
ちせい	知性 [치세-]	지성
ちせい	治世 [치세-]	치세
ちち	父 [치찌]	아버지(자신의)

ちち	乳 [치찌]	젖
ちちうえ	父上 [치찌우에]	아버님
ちぢまる	縮まる [치지마루]	오므라들다
ちぢれげ	縮れ毛 [치지레게]	곱슬머리
ちつじょ	秩序 [치쯔죠]	질서
ちつづき	血続き [치쯔즈끼]	핏줄
チップ	tip [칩뿌]	팁
ちてん	地点 [치뗑]	지점
ちどめ	血止め [치도메]	지혈
ちどり	千鳥 [치도리]	물떼새
ちなまぐさい	血生臭い [치나마구사이]	피비린내 나다
ちのう	知能 [치노-]	지능
ちのけ	血の気 [치노께]	핏기
ちび	[치비]	꼬마
ちぶさ	乳房 [치부사]	유방
ちへいせん	地平線 [치에이셍]	지평선
ちほう	地方 [치호-]	지방
ちほう	痴呆 [치호-]	치매
ちまなこ	血眼 [치마나꼬]	혈안
ちまみれ	血塗れ [치마미레]	피투성이
ちみつ	緻密 [치미쓰]	치밀
ちめい	地名 [치메-]	지명
ちめいてき	致命的 [치메-떼끼]	치명적
チャート	chart [챠-또]	차트
チャーミング	charming [챠-밍구]	차밍
ちゃくがん	着眼 [챠꾸강]	착안
ちゃくじつ	着実 [챠꾸지쯔]	착실

ちゃくしゅ	着手 [차꾸슈]	착수
ちゃくそう	着想 [차꾸소-]	착상
ちゃくよう	着用 [차꾸요-]	착용
ちゃくりく	着陸 [차구리꾸]	착륙
ちゃっこう	着工 [차꼬-]	착공
ちゃや	茶屋 [차야]	찻집
ちゃわん	茶碗 [차왕]	밥공기, 찻종
チャンス	chance [찬스]	찬스
チャンネル	channe [찬네루]	채널
ちゃんぽん	[짠뽕]	혼합(짬뽕)
ちゆ	治癒 [치유]	치유
ちゅうい	注意 [츄-이]	주의
ちゅうおう	中央 [츄-오-]	중앙
ちゅうがくせい	中学生 [츄-각세-]	중학생
ちゅうがっこう	中学校 [츄-각꼬-]	중학교
ちゅうかん	中間 [츄-깡]	중간
ちゅうこ	中古 [츄-꼬]	중고
ちゅうごく	中国 [츄-고꾸]	중국
ちゅうごし	中腰 [츄-고시]	엉거주춤
ちゅうし	中止 [츄-시]	중지
ちゅうしゃ	注射 [츄-샤]	주사
ちゅうしゃじょう	駐車場 [츄 샤죠-]	수차장
ちゅうじゅん	中旬 [츄-슝]	중순
ちゅうしょうてき	抽象的 [츄-쇼우떼끼]	추상적
ちゅうしん	中心 [츄-싱]	중심
ちゅうしん	忠臣 [츄-싱]	충신
ちゅうせい	中性 [츄-세-]	중성

ちゅうせい	中世 [츄-세-]	중세
ちゅうせい	忠誠 [츄-세-]	충성
ちゅうぜつ	中絶 [츄-제쓰]	중절
ちゅうと	中途 [츄-또]	중도
ちゅうどく	中毒 [츄-도꾸]	중독
ちゅうとん	駐屯 [츄-똥]	주둔
ちゅうねん	中年 [츄-넹]	중년
ちゅうぶ	中風 [츄-부]	중풍
チューブ	tube [츄-부]	튜브
ちゅうぼく	忠僕 [츄-보꾸]	충복
ちゅうもく	注目 [츄-모꾸]	주목
ちゅうもん	注文 [츄-몽]	주문
ちゅうりつ	中立 [츄-리쓰]	중립
チューリップ	tulip [츄-립뿌]	튤립
ちゅうりゅう	中流 [츄-류-]	중류
ちょう	蝶 [쵸-]	나비
ちょうえき	懲役 [쵸-에기]	징역
ちょうえつ	超越 [쵸-에쓰]	초월
ちょうか	超過 [쵸-까]	초과
ちょうかい	朝会 [쵸-까이]	조회
ちょうかい	懲戒 [쵸-까이]	징계
ちょうかく	聴覚 [쵸-까꾸]	청각
ちょうかん	朝刊 [쵸-깡]	조간
ちょうこく	彫刻 [쵸-꼬꾸]	조각
ちょうこく	忠告 [쵸-꼬꾸]	충고
ちょうさ	調査 [쵸-사]	조사
ちょうざい	調剤 [쵸-자이]	조제

ちょうじ	寵児 [쵸-지]	총아
ちょうじゅ	長寿 [쵸-쥬]	장수
ちょうしゅう	徴収 [쵸-슈-]	징수
ちょうしゅう	聴衆 [쵸-슈-]	청중
ちょうしょ	長所 [쵸-쇼]	장점
ちょうじょ	長女 [쵸-죠]	장녀
ちょうしょう	嘲笑 [쵸-쇼-]	조소
ちょうじょう	頂上 [쵸-죠-]	정상(꼭대기)
ちょうしんき	聴診器 [쵸-싱끼]	청진기
ちょうせい	調整 [쵸-세-]	조정
ちょうせん	挑戦 [쵸-셍]	도전
ちょうたつ	調達 [쵸-따쓰]	조달
ちょうてい	朝廷 [쵸-떼-]	조정
ちょうど	[쵸-도]	마침
ちょうなん	長男 [쵸-낭]	장남
ちょうば	帳場 [쵸-바]	계산대
ちょうへい	徴兵 [쵸-헤-]	징병
ちょうへん	長編 [쵸-헹]	장편
ちょうぼ	帳簿 [쵸-보]	장부
ちょうやく	跳躍 [쵸-야꾸]	도약
ちょうりゅう	潮流 [쵸-류-]	조류
ちょうるい	鳥類 [쵸-루이]	조류(새)
ちょうわ	調和 [쵸-와]	조화
ちょきん	貯金 [쵸낑]	저금
ちょくせつ	直接 [쵸꾸세쓰]	직접
ちょくせん	直線 [쵸꾸셍]	직선
ちょくめん	直面 [쵸꾸멩]	직면

チョコレート	chocolate [쵸꼬레-또]	초콜릿
ちょさく	著作 [쵸사꾸]	저작
ちょじゅつ	著述 [쵸쥬쓰]	저술
ちょすいち	貯水池 [쵸스이찌]	저수지
ちょちく	貯蓄 [쵸찌꾸]	저축
チョッキ	jack [쵹끼]	조끼
ちょっけい	直径 [쵹께-]	직경
ちょっこう	直行 [쵹꼬-]	직행
ちょっと	[초또]	잠깐
ちょろちょろ	[쵸로쵸로]	졸졸
ちり	地理 [치리]	지리
ちり	塵 [치리]	먼지, 티끌
ちりがみ	塵紙 [치리가미]	휴지
ちりとり	塵取り [치리또리]	쓰레받기
ちりょう	治療 [치료-]	치료
ちる	散る [치루]	지다(꽃), 흩어지다
ちんぎん	賃金 [칭깅]	임금
ちんじゅつ	陳述 [친쥬쓰]	진술
ちんちゃく	沈着 [친짜꾸]	침착
ちんつう	鎮痛 [친쓰-]	진통
ちんば	跛 [침바]	절름발이
ちんぴら	[침삐라]	조무래기
ちんぼつ	沈没 [침보쓰]	침몰
ちんもく	沈黙 [침모꾸]	침묵
ちんれつ	陳列 [친레쓰]	진열

つ (ッ)

ツアー	tour [쓰아-]	투어
ついか	追加 [쓰이까]	추가
ついきゅう	追求 [쓰이뀨-]	추구
ついたち	一日 [쓰이타찌]	초하루
ついたて	衝立 [쓰이다떼]	칸막이
ついとうしき	追悼式 [쓰이또-시끼]	추도식
ついとつ	追突 [쓰이또쓰]	추돌
ついに	遂に [쓰이니]	끝내, 마침내
ついほう	追放 [쓰이호-]	추방
ついやす	費す [쓰이야스]	소비하다
ついらく	墜落 [쓰이라꾸]	추락
つうか	通過 [쓰-까]	통과
つうか	通貨 [쓰-까]	통화(금융)
つうかい	痛快 [쓰-까이]	통쾌
つうがく	通学 [쓰-가꾸]	통학
つうきん	通勤 [쓰-낑]	통근
つうこう	通行 [쓰-꼬-]	통행
つうこく	通告 [쓰-꼬꾸]	통고
つうこく	痛哭 [쓰-꼬꾸]	통곡
つうしょう	通商 [쓰-쇼-]	통상

つうじょう	通常 [쓰-죠-]	통상
つうじる	通じる [쓰-지루]	통하다
つうしん	通信 [쓰-싱]	통신
つうぞく	通俗 [쓰-조꾸]	통속
つうち	通知 [쓰-찌]	통지
つうちょう	通帳 [쓰-쵸-]	통장
つうねん	通念 [쓰-넹]	통념
ツーピース	two-piece [쓰-삐-스]	투피스
つうほう	通報 [쓰-호-]	통보
つうやく	通訳 [쓰-야꾸]	통역
つうよう	通用 [쓰-요-]	통용
つうろ	通路 [쓰-로]	통로
つうわ	通話 [쓰-와]	통화(전화)
つえ	杖 [쓰에]	지팡이
つかいかた	使い方 [쓰까이까따]	사용법
つかう	使う [쓰까우]	사용하다, 쓰다(사용)
つかえる	仕える [쓰까에루]	모시다, 섬기다
つかつか	[쓰까쓰까]	뚜벅뚜벅
つかまる	捕まる [쓰까마루]	붙잡히다
つかむ	捕む [쓰까무]	붙잡다, 쥐다, 잡다
つかれる	疲れる [쓰까레루]	피로하다
つき	月 [쓰끼]	달
つぎ	次 [쓰기]	다음
つきあい	付合 [쓰끼아이]	교제
つきあい	付合い [쓰끼아이]	사교
つきあう	付合う [쓰끼아우]	사귀다
つきあたり	突当り [쓰끼아따리]	막다른 곳

つきさす	突き刺す [쓰끼사스]	푹 찌르다
つきつめる	突き詰める [쓰끼쓰메루]	추궁하다
つきとめる	突き止める [쓰끼도메루]	캐내다, 밝혀내다
つきなみ	月並み [쓰끼나미]	진부함
つきまとう	付き纏う [쓰끼마또-]	붙어다니다
つきみ	月見 [쓰끼미]	달구경
つきみそう	月見草 [쓰끼미소-]	달맞이꽃
つきよ	月夜 [쓰끼요]	달밤
つく	着く [쓰꾸]	닿다, 도착하다
つぐ	注ぐ [쓰구]	따르다(물)
つくえ	机 [쓰꾸에]	책상
つぐむ	噤む [쓰구무]	다물다
つくりあげる	作り上げる [쓰꾸리아게루]	만들어내다
つくる	作る [쓰꾸루]	만들다(제작)
つくろう	繕う [쓰꾸로-]	깁다
つげくち	告げ口 [쓰게쿠찌]	고자질
つけくわえる	付け加える [쓰께구와에루]	덧붙이다
つけもの	漬物 [쓰께모노]	야채 절임
つける	付ける [쓰께루]	달다, 붙이다, 켜다
つける	漬ける [쓰께루]	담그다(김치)
つげる	告げる [쓰게루]	고하다
つごう	都合 [쓰고-]	형편
つじごうとう	辻強盗 [스지고-또]	노상강도
つた	蔦 [쓰따]	담쟁이, 덩굴
つたえる	伝える [쓰따에루]	전하다
つち	土 [쓰찌]	흙
つちぼこり	土埃 [쓰찌보꼬리]	흙먼지

つつ	筒 [쓰쓰]	통
つつく	[쓰쓰꾸]	쿡쿡 찌르다
つづく	続く [쓰즈꾸]	계속되다
つづける	続ける [쓰즈께루]	계속하다
つつじ	[쓰쓰지]	진달래
つつしむ	慎む [쓰쓰시무]	삼가다
つつそで	筒袖 [쓰쓰소데]	통소매
つっぱり	[씁빠리]	버팀목
つつみ	包み [쓰쓰미]	보따리
つつむ	包む [쓰쓰무]	싸다 (포장)
つとめさき	勤め先 [쓰또메사끼]	근무처
つとめる	勤める [쓰또메루]	근무하다
つな	綱 [쓰나]	밧줄
つなぐ	繋ぐ [쓰나구]	매다, 연결하다
つなひき	綱引き [쓰나히끼]	줄다리기
つねに	常に [쓰네니]	항상
つねる	抓る [쓰네루]	꼬집다
つの	角 [쓰노]	뿔
つば	唾 [쓰바]	침
つばき	椿 [쓰바끼]	동백꽃
つばめ	燕 [쓰바메]	제비
つぶ	粒 [쓰부]	낱알, 알갱이
つぶす	潰す [쓰부스]	뭉개다
つぶて	飛礫 [쓰부떼]	돌팔매
つぶやく	呟く [쓰부야꾸]	중얼거리다
つぶる	瞑る [쓰부루]	감다 (눈)
つぶれる	潰れる [쓰부레루]	뭉개지다, 거덜나다

つぶれる	瞑れる [쓰부레루]	멀다(눈)
つべこべ	[쓰베꼬베]	이러쿵저러쿵
つぼ	壷 [쓰보]	항아리
つぼあたり	坪当り [쓰보아따리]	평당
つぼみ	蕾 [쓰보미]	꽃봉오리
つま	妻 [쓰마]	아내, 처
つまらない	[쓰마라나이]	시시하다, 보잘것없다
つまる	詰まる [쓰마루]	막히다(꼼짝)
つみ	罪 [쓰미]	죄
つみたて	積立て [쓰미타떼]	적립
つみほろぼし	罪滅ぼし [쓰미호로보시]	속죄
つむ	摘む [쓰무]	따다(꽃)
つむ	積む [쓰무]	쌓다
つむじ	旋毛 [쓰무지]	가마(머리)
つむじかぜ	つむじ風 [쓰무지까제]	회오리바람
つむじまがり	旋毛曲がり [쓰무지마가리]	옹고집
つめ	爪 [쓰메]	발톱, 손톱
つめきり	爪切り [쓰메끼리]	손톱깎이
つめくさ	詰草 [쓰메쿠사]	토끼풀
つめたい	冷たい [쓰메따이]	차다
つめる	詰める [쓰메루]	채우다(막다)
つもり	[쓰모리]	작정
つもる	積もる [쓰모루]	쌓이다
つやつや	艶艶 [쓰야쓰야]	반들반들
つゆ	露 [쓰유]	이슬
つよい	強い [쓰요이]	강하다, 세다
つら	面 [쓰라]	낯, 얼굴

つらぬく	貫く [쓰라누꾸]	꿰뚫다
つらのかわ	面の皮 [쓰라노가와]	낯짝
つらよごし	面汚し [쓰라요고시]	망신, 체면손상
つらら	[쓰라라]	고드름
つり	釣 [쓰리]	낚시
つりあい	釣合い [쓰리아이]	균형
つる	釣る [쓰루]	낚다
つる	鶴 [쓰루]	학
つるす	吊す [쓰루스]	달아매다, 매달다
つるはし	鶴嘴 [쓰루하시]	곡괭이
つるべ	釣瓶 [쓰루베]	두레박
つれない	[쓰레나이]	냉정하다, 무정하다
つわり	悪阻 [쓰와리]	입덧
つんのめる	[쓴노메루]	고꾸라지다
つんぼ	聾 [쓴보]	귀머거리

て (テ)

て	手 [데]	손
てあし	手足 [데아시]	팔다리
てあたりしだい	手当たり次第 [데아따리시다이]	닥치는 대로
てあつい	手厚い [데아쓰이]	극진하다
てあて	手当て [데아떼]	수당
であるく	出歩く [데아루꾸]	나다니다
ていあん	提案 [데-앙]	제안
ていおう	帝王 [데-오-]	제왕
ていか	定価 [데-까]	정가
ていき	定期 [데-끼]	정기
ていぎ	提議 [데-기]	제의
ていきょう	提供 [데-꾜-]	제공
ていけい	提携 [데-께-]	제휴
ていげん	提言 [데-겡]	제언
ていこう	抵抗 [데-꼬-]	저항
ていこく	定刻 [데-꼬꾸]	정각
ていこく	帝国 [데-꼬꾸]	제국
ていし	停止 [데-시]	정지
ていじ	提示 [데-지]	제시
ていしゃ	停車 [데-샤]	정차

ていしゅつ	提出 [데-슈쓰]	제출
ていしょく	定食 [데-쇼꾸]	정식(식사)
でいすい	泥酔 [데-스이]	만취
ていそう	貞操 [데-소-]	정조
ていぞく	低俗 [데-조꾸]	저속
ていたく	邸宅 [데-따꾸]	저택
ていちゃく	定着 [데-쨔꾸]	정착
ていちょう	丁重・鄭重 [데-쵸-]	정중함
ていでん	停電 [데-뎅]	정전
ていど	程度 [데-도]	정도
ていとく	提督 [데-또꾸]	제독
ていねいに	丁寧に [데-네-니]	깍듯이
ていねん	停年 [데-넹]	정년
ていはく	停泊 [데-하꾸]	정박
でいり	出入り [데-리]	출입
でいりする	出入りする [데-리스무]	드나들다
ていりゅうじょ	停留所 [데-류-죠]	정류소
ていれ	手入れ [데-레]	손질
データ	data [데-따]	데이터
デート	date [데-또]	데이트
テープ	tape [테-뿌]	테이프
テーブル	table [테-부루]	테이블
ておくれ	手遅れ [데오꾸레]	때를 놓침
ておち	手落ち [데오찌]	불찰, 실수
てがかり	手掛かり [데가까리]	단서
でかける	出掛ける [데까께루]	외출하다
てかげん	手加減 [데까겡]	손대중

てがた	手形 [데가따]	어음
てがみ	手紙 [데가미]	편지
てがら	手柄 [데가라]	공로
てき	敵 [데끼]	적
てきき	手利き [데끼끼]	수완이나 솜씨가 좋은
てきぐん	敵軍 [데끼궁]	적군
できし	溺死 [데끼시]	익사
テキスト	text [테끼스또]	텍스트
てきせい	適性 [데끼세-]	적성
できそこない	出来損ない [데끼소꼬나이]	팔푼이, 못난이
てきちゅう	的中 [데끼쮸-]	적중
てきとう	適当 [데끼또-]	적당
てきとうだ	適当だ [데끼또-다]	마땅하다
できない	出来ない [데끼나이]	못하다
できる	出来る [데끼루]	할 수 있다
てぎれきん	手切れ金 [데기레낑]	위자료
てくせ	手癖 [데쿠세]	손버릇
てぐち	手口 [데구찌]	수법
てくてく	[데꾸떼꾸]	터벅터벅
でくのぼう	木偶の坊 [데꾸노보]	멍청이
てくび	手首 [데꾸비]	손목
てこ	梃 [데꼬]	지레
てこずる	手こずる [데꼬즈루]	애먹다
でこぼこ	[데꼬보꼬]	울퉁불퉁
デコレーション	decoration [데꼬레-숑]	데커레이션
てごわい	手強い [데고와이]	벅차다, 힘겹다
デザート	dessert [데자-또]	디저트

デザイナー	designer [데자이나-]	디자이너
デザイン	design [데자잉]	디자인
てさき	手先 [데사끼]	앞잡이
でし	弟子 [데시]	제자
デジタル	digital [데지따루]	디지털
てじな	手品 [데지나]	요술
てじなし	手品師 [데지나시]	마술사, 요술쟁이
てすうりょう	手数料 [데스우료-]	수수료
テスト	test [테스또]	테스트
てすり	手摺 [데스리]	난간
てだし	手出し [데다시]	손찌검
でたらめ	出鱈目 [데따라메]	엉터리
てちょう	手帳・手帖 [데쵸-]	수첩
てつ	鉄 [데쓰]	쇠
てつがく	哲学 [데쓰가꾸]	철학
てっきょう	鉄橋 [뎃꾜-]	철교
てっきん	鉄筋 [뎃낑]	철근
てっこう	鉄鋼 [뎃꼬-]	철강
てっこく	敵国 [뎃꼬꾸]	적국
てつだい	手伝い [데쓰다이]	심부름
てつだう	手伝う [데쓰다우]	거들다
でっちあげる	[뎃찌아게루]	꾸며내다
てつづき	手続き [데쓰즈끼]	수속
てってい	徹底 [뎃떼이]	철저
てつどう	鉄道 [데쓰도-]	철도
てっぺん	天辺 [뎁뼁]	꼭대기
てつぼう	鉄棒 [데쓰보-]	철봉

てつや	徹夜 [데쓰야]	철야
てづる	手蔓 [데즈루]	연줄
でどころ	出所 [데도꼬로]	출처
てなずける	手懐ける [데나즈께루]	길들이다
テニス	tennis [테니스]	테니스
テニスコート	tennis court [테니스코-또]	테니스코트
てぬぐい	手拭い [데누구이]	수건
てのこう	手の甲 [데노고-]	손등
てのひら	掌 [데노히라]	손바닥
デパート	department store [데빠-또]	백화점
てはい	手配 [데하이]	수배
デビュー	debut [데뷔-]	데뷔
でぶ	[데부]	뚱뚱보
てぶくろ	手袋 [데부꾸로]	장갑
てぶら	手ぶら [데부라]	빈손
てほん	手本 [데홍]	본보기
てま	手間 [데마]	품(수고)
てまちん	手間賃 [데마찡]	품삯
てまねき	手招き [데마네끼]	손짓
でむかい	出迎い [데무까이]	마중
デモ	demonstration [데모]	데모
デュエット	[듀엣또]	듀엣
てら	寺 [데라]	절
てらしあわせる	照らし合わせる [데라시아와세루]	대조하다
てらす	照らす [데라스]	비추다
テラス	terrace [테라스]	테라스
デラックス	ㅍ de luxe [데락꾸스]	디럭스

てる	照る [데루]	비치다
でる	出る [데루]	나가다, 나오다
てれくさい	照れ臭い [데레꾸사이]	쑥스럽다, 멋쩍다
テレパシー	telepathy [테레빠시-]	텔레파시
テレビ	television [텔레비전]	텔레비전
てれん	手練 [데렝]	농간
テロ	terror [테로]	테러
てわたす	手渡す [데와따스]	건네주다
てん	点 [뎅]	점
てんいん	店員 [뎅잉]	점원
てんか	天下 [뎅까]	천하
てんかい	展開 [뎅까이]	전개
てんかん	転換 [뎅깡]	전환
てんき	天気 [뎅끼]	날씨
でんき	電気 [뎅끼]	전기
でんきゅう	電球 [뎅뀨-]	전구
てんきん	転勤 [뎅낑]	전근
でんげき	電撃 [뎅게끼]	전격
てんごく	天国 [뎅고꾸]	천국
てんさい	天才 [덴사이]	천재
てんさい	天災 [덴사이]	천재(재난)
てんし	天使 [덴시]	천사
てんじ	展示 [덴지]	전시
でんし	電子 [덴시]	전자
でんしゃ	電車 [덴샤]	전차
てんしゅつ	転出 [덴슈쓰]	전출
てんじょう	天井 [덴죠-]	천정

てんしょく	天職 [덴쇼꾸]	천직
てんしょく	転職 [덴쇼꾸]	전직
でんしんばしら	電信柱 [덴싱바시라]	전신주
でんせつ	伝説 [덴세쓰]	전설
でんせん	伝染 [덴셍]	전염
てんたい	天体 [덴따이]	천체
でんたつ	伝達 [덴따쓰]	전달
でんたん	伝単 [덴땅]	전단
でんち	電池 [덴찌]	전지
てんてこまい	天手古舞 [덴떼꼬마이]	야단법석
でんとう	電灯 [덴또-]	전등
でんとう	伝統 [덴또-]	전통
でんどう	伝導 [덴도-]	전도(전달)
てんにょ	天女 [덴뇨]	천녀
てんねん	天然 [덴넹]	천연
てんのう	天皇 [덴노-]	천황
でんぱ	電波 [뎀빠]	전파
でんぱ	伝播 [뎀빠]	전파(알림)
てんぷら	天婦羅 [뎀뿌라]	튀김
でんぷん	澱粉 [뎀뿡]	녹말
てんぽ	店鋪 [뎀뽀]	점포
テンポ	tempo [템뽀]	템포
てんぼう	展望 [뎀보우]	전망
でんぽう	電報 [뎀뽀우]	전보
てんまく	天幕 [덴마꾸]	천막
てんもんがく	天文学 [뎀몽가꾸]	천문학
でんわ	電話 [뎅와]	전화

と (ト)

ドア	door [도아]	도어
とい	問い [도이]	물음
といあわせる	問い合わせる [도이아와세루]	문의하다
といつめる	問いつめる [도이쓰메루]	따지다, 캐묻다
とう	問う [도-]	묻다
とう	塔 [도-]	탑
どう	銅 [도-]	구리
とうあん	答案 [도-앙]	답안
どうい	同意 [도-이]	동의
とういつ	統一 [도-이쓰]	통일
どういつ	同一 [도-이쓰]	동일
どういん	動員 [도-잉]	동원
とうか	投下 [도-까]	투하
どうか	銅貨 [도-까]	동전
とうがらし	唐芥子 [도-가라시]	고추
どうがん	童顔 [도-강]	동안
とうき	陶器 [도-끼]	도자기, 질그릇
とうき	登記 [도-끼]	등기
とうき	投機 [도-끼]	투기
とうぎ	討議 [도-기]	토의

232

どうき	動機 [도-끼]	동기
とうきゅう	投球 [도-뀨-]	투구
とうきゅう	等級 [도-뀨-]	등급
どうきゅうせい	同級生 [도-뀨-세-]	동급생
どうきょ	同居 [도-꾜]	동거
とうきょく	当局 [도-꼬꾸]	당국
どうぐ	道具 [도-구]	도구
どうくつ	洞窟 [도-꾸쓰]	동굴
とうげ	峠 [도-게]	고개
とうけい	統計 [도-께-]	통계
とうけつ	凍結 [도-께쓰]	동결
とうげみち	峠道 [도-게미찌]	고갯길
とうこう	投稿 [도-꼬-]	투고
とうごう	統合 [도-고-]	통합
どうこう	瞳孔 [도-꼬-]	동공
どうこう	同行 [도-꼬-]	동행
どうこう	動向 [도-꼬-]	동향
どうこうかい	同好会 [도-꼬-까이]	동호회
とうごく	投獄 [도-고꾸]	투옥
とうさ	踏査 [도-사]	답사
どうさ	動作 [도-사]	동작
とうさい	搭載 [도-사이]	탑재
とうざい	東西 [도-자이]	동서
どうさつ	洞察 [도-사쓰]	통찰
とうさん	倒産 [도-상]	도산
どうさん	動産 [도-상]	동산
とうし	透視 [도우시]	투시

とうし	投資 [도-시]		투자
とうし	闘士 [도-시]		투사
とうじ	蕩児 [도-지]		탕아
とうじ	統治 [도-지]		통치
とうじ	当時 [도-지]		당시
どうし	動詞 [도-]		동사
どうし	童詩 [도-시]		동시(문학)
どうし	同志 [도-시]		동지
どうじ	同時 [도-지]		동시(시간)
どうじ	童子 [도-지]		동자
とうじつ	当日 [도-지쓰]		당일
どうして	[도-시떼]		차마
とうしゅ	党首 [도-슈]		당수(우두머리)
とうしゅ	投手 [도-슈]		투수
とうしゅう	踏襲 [도-슈-]		답습
とうしゅく	投宿 [도-슈꾸]		투숙
どうしゅつ	導出 [도-슈쓰]		도출
とうしょ	島嶼 [도-쇼]		도서(섬)
とうしょ	投書 [도-쇼]		투서
とうじょう	登場 [도-죠-]		등장
とうじょう	搭乗 [도-죠-]		탑승
どうじょう	道場 [도-죠-]		도장
どうじょうしん	同情心 [도-죠-싱]		동정심
とうしん	投身 [도-싱]		투신
どうしん	童心 [도-싱]		동심
とうすい	陶酔 [도-스이]		도취
どうせ	[도-세]		어차피

234

とうせい	統制 [도-세-]	통제
とうせき	投石 [도-세끼]	투석
とうせん	当選 [도-셍]	당선
とうぜん	当然 [도-젱]	당연함
どうぞ	[도-조]	부디
とうそう	逃走 [도-소-]	도주
とうそう	闘争 [도-소-]	투쟁
どうそう	同窓 [도-소-]	동창
どうぞう	銅像 [도-조-]	동상(조각상)
どうぞく	同族 [도-조꾸]	동족
とうそつ	統率 [도-소쓰]	통솔
とうた	淘汰 [도-따]	도태
とうだい	灯台 [도-다이]	등대
どうたい	動態 [도-따이]	동태
とうたつ	到達 [도-따쓰]	도달
とうちゃく	到着 [도-짜꾸]	도착
とうちょう	盗聴 [도-쵸-]	도청
どうちょう	同調 [도-쵸-]	동조
とうちょく	当直 [도-쵸꾸]	당직
とうてい	到底 [도-떼-]	도저히
どうてい	童貞 [도-떼-]	동정
とうてつ	透徹 [노-떼쓰]	투철
とうとい	尊い [도-또이]	거룩하다
とうとう	[도-또-]	드디어
どうどうと	堂堂と [도-도-또]	당당히
とうとく	登録 [도-로꾸]	등록
どうとく	道徳 [도-또꾸]	도덕

とうとぶ	尊ぶ [도-또부]	존중하다
とうなん	盗難 [도-낭]	도난
とうにゅう	投入 [도-뉴-]	투입
どうにゅう	導入 [도-뉴-]	도입
とうにょうびょう	糖尿病 [도-뇨-뵤-]	당뇨병
どうはん	同伴 [도-항]	동반
とうばん	当番 [도-방]	당번
とうひ	逃避 [도-히]	도피
とうひょう	投票 [도-효-]	투표
とうびょう	闘病 [도-뵤-]	투병
とうふ	豆腐 [도-후]	두부
どうぶつ	動物 [도-부쓰]	동물
とうぶん	当分 [도-붕]	당분간
とうぼう	逃亡 [도-보-]	도망
どうほう	同胞 [도-호-]	동포
どうみゃく	動脈 [도-먀꾸]	동맥
とうめい	透明 [도-메-]	투명
どうめい	同盟 [도-메-]	동맹
とうめん	当面 [도-멩]	당면
どうも	[도-모]	아무래도
とうもう	投網 [도-모-]	투망
とうもろこし	[도-모로꼬시]	옥수수
どうやら	[도-야라]	그럭저럭
とうよ	投与 [도-요]	투여
とうよう	東洋 [도-요-]	동양
とうよう	登用 [도-요-]	등용
どうよう	動揺 [도-요-]	동요(흔들림)

どうよう	同様 [도-요-]	마찬가지
どうよう	童謡 [도-요-]	동요(노래)
とうらい	到来 [도-라이]	도래
とうらく	当落 [도-라꾸]	당락
どうらん	動乱 [도-랑]	동란
どうり	道理 [도-리]	도리
とうりゅうもん	登竜門 [도-류-몽]	등용문
どうりょう	同僚 [도-료-]	동료
どうりょく	動力 [도-료꾸]	동력
とうれい	答礼 [도-레-]	답례
どうろ	道路 [도-로]	도로
とうろん	討論 [도-롱]	토론
どうわ	童話 [도-와]	동화
とうわく	当惑 [도-와꾸]	당혹
とえはたえに	十重二十重に [도에하따에니]	겹겹이
とお	十 [도-]	열
とおい	遠い [도-이]	멀다(거리)
とおか	十日 [도-까]	열흘, 초열흘
とおざかる	遠ざかる [도-자까루]	멀어지다
トースト	toast [토-스또]	토스트
ドーナツ	doughnut [도-나쓰]	도넛
とおめ	遠目 [또-메]	민밭치
とおりあめ	通り雨 [도-리아메]	지나가는 비
とおる	通る [도-루]	지나가다
とが	咎 [도가]	허물
とかい	都会 [도까이]	도시, 도회
とかげ	蜥蜴 [도까게]	도마뱀

とかす	溶かす [도까스]	녹이다
とがめる	咎める [도가메루]	나무라다, 비난하다
とがる	尖る [도가루]	뾰족하다
とき	時 [도끼]	때
どき	土器 [도끼]	토기
ときおり	時折 [도끼오리]	어쩌다가
ときどき	時時 [도끼도끼]	가끔, 때때로, 이따금
どきどきする	[도끼도끼스루]	두근거리다
ドキュメンタリー	documentary [도큐멘따리-]	다큐멘터리
どきょう	度胸 [도꾜-]	배짱
とぎれとぎれ	[도기레토기레]	띄엄띄엄
とく	德 [도꾸]	덕
どく	毒 [도꾸]	독
とくい	得意 [도꾸이]	고객, 단골
とくい	得意 [도꾸이]	득의
とくい	特異 [도꾸이]	특이
どくがく	独学 [도꾸가꾸]	독학
どくかん	毒感 [도꾸깡]	독감
とくぎ	特技 [도꾸기]	특기
どくごかん	読後感 [도꾸고깡]	독후감
とくさい	特採 [도꾸사이]	특채
どくさい	独裁 [도꾸사이]	독재
どくさつ	毒殺 [도꾸사쓰]	독살
とくし	特使 [도꾸시]	특사
とくしつ	得失 [도꾸시쓰]	득실
とくじつ	翌日 [요꾸지쓰]	다음날
どくじゃ	毒蛇 [도꾸쟈]	독사

とくしゅ	特殊 [도꾸슈]	특수
どくしゃ	読者 [도꾸샤]	독자(책)
とくしゅう	特集 [도꾸슈ー]	특집
どくしょ	読書 [도꾸쇼]	독서
どくしょう	独唱 [도꾸쇼ー]	독창
とくしん	特進 [도꾸싱]	특진
どくしん	独身 [도꾸싱]	독신
とくせい	特性 [도꾸세ー]	특성
とくせつ	特設 [도꾸세쓰]	특설
どくぜつ	毒舌 [도꾸제쓰]	독설
とくせん	特選 [도꾸셍]	특선
どくせん	独占 [도꾸셍]	독점
どくそ	毒素 [도꾸소]	독소
どくそう	独走 [도꾸소ー]	독주(달리기)
どくそう	独奏 [도꾸소ー]	독주(연주)
どくそうてき	独創的 [도꾸소ー떼끼]	독창적
とくだね	特種 [도꾸다네]	특종
どくだん	独断 [도꾸당]	독단
とくちょう	特徴 [도꾸쵸ー]	특징
とくてい	特定 [도꾸떼ー]	특정
とくてん	得点 [도꾸뗑]	득점
とくてん	特典 [도꾸뗑]	특전
とくどう	得道 [도꾸도ー]	득도
どくとく	独特 [도꾸또꾸]	독특
どくどく	[도꾸도꾸]	콸콸
とくに	特に [도꾸니]	특히
どくはく	独白 [도꾸하꾸]	독백

とくひつ	特筆 [도꾸히쯔]	특필
とくひょう	得票 [도꾸효-]	득표
とくべつ	特別 [도꾸베쯔]	특별
とくほう	特報 [도꾸호-]	특보
どくぼう	独房 [도꾸보-]	독방
どくほん	読本 [도꾸홍]	독본
とくめい	匿名 [도꾸메-]	익명
とくめい	特命 [도꾸메-]	특명
どくやく	毒薬 [도꾸야꾸]	독약
とくやくてん	特約店 [도꾸야꾸뗑]	특약점
とくゆう	特有 [도꾸유-]	특유
どくりつ	独立 [도꾸리쯔]	독립
とくれい	督励 [도꾸레-]	독려
とげ	刺 [도게]	가시
とけい	時計 [도께-]	시계
とける	溶ける [도께루]	녹다
とける	解ける [도께루]	풀리다
とげる	遂げる [도게루]	이루다
どこ	[도꼬]	어디
とこずれ	床擦れ [도꼬즈레]	욕창
とこや	床屋 [도꼬야]	이발관
ところ	所 [도꼬로]	곳
ところが	所が [도꼬로가]	그런데
ところどころ	所所 [도꼬로도꼬로]	군데군데
とざん	登山 [도장]	등산
どさんぶつ	土産物 [도산부쯔]	토산물
とし	年 [도시]	나이, 해(년)

としうえ	年上 [도시우에]	연상
とじこめる	閉じ込める [도지꼬메루]	가두다
とじこもる	閉じこもる [도지꼬모루]	틀어박히다
としした	年下 [도시시따]	연하
としょ	図書 [도쇼]	도서(책)
とじょう	途上 [도죠-]	도상
どじょう	泥鰌 [도죠-]	미꾸라지
としより	年寄り [도시요리]	늙은이
とじる	閉じる [도지루]	닫다
とぜつ	杜絶 [도제쓰]	두절
どぞく	土俗 [도조꾸]	토속
どだい	土台 [도다이]	토대
とだな	戸棚 [도다나]	찬장
とたん	途端 [도땅]	찰나
トタン	tutanaga [도땅]	함석
とち	土地 [도찌]	땅, 토지
どちゃく	土着 [도짜꾸]	토착
とちゅう	途中 [도쭈-]	도중
とちよち	[도찌요찌]	아장아장
どちら	[도찌라]	어느 쪽
どっかり	[돗까리]	털썩
とっき	突起 [돗끼]	돌기
とっきゅう	特急 [돗뀨-]	특급
とっきょ	特許 [돗꾜]	특허
とつぐ	嫁ぐ [도쓰구]	시집가다, 출가하다
ドック	dock [돗꾸]	독(선박)
とつげき	突撃 [도쓰게끼]	돌격

と

とっけん	特権 [돗껭]	특권
とっこう	特講 [돗꼬-]	특강
どっさり	[돗사리]	잔뜩
とっしゅつ	突出 [돗슈쓰]	돌출
とっしん	突進 [돗싱]	돌진
とつぜん	突然 [도쓰젱]	돌연
とつにゅう	突入 [도쓰뉴-]	돌입
とっぱ	突破 [돕빠]	돌파
とっぱつ	突発 [돕빠쓰]	돌발
とっぴ	突飛 [돕삐]	엉뚱함
とっぴょうし	突拍子 [돕뾰-시]	뚱딴지
トップ	top [톱뿌]	톱(정상)
とっぷう	突風 [돕뿌-]	돌풍
どっぽてき	独歩的 [돕뽀떼끼]	독보적
どて 土手	[도떼]	둑, 제방
とても	[도떼모]	무척, 아주
どとう	怒涛 [도또-]	노도
とどまる	止まる [도도마루]	머물다, 멈추다
とどろく	轟く [도도로꾸]	울려퍼지다
となり	隣 [도나리]	이웃
どなる	怒鳴る [도나루]	고함치다, 소리치다
とにかく	[도니까꾸]	어쨌든, 아무튼
どの	[도노]	어느
とばく	賭博 [도바꾸]	노름
とばす	飛ばす [도바스]	날리다
とび	[도비]	솔개
とびあがる	飛び上がる [도비아가루]	날아오르다, 뛰어오르다

とびいろ	鳶色 [도바이로]	다갈색
とびおりる	飛び降りる [도비오리루]	뛰어내리다
とびかかる	飛び掛かる [도비카까루]	달려들다, 덤비다
とびきり	飛切り [도비끼리]	특출함
とびこむ	飛び込む [도비꼬무]	뛰어들다
とぶ	飛ぶ [도부]	날다
どぶ	溝 [도부]	도랑
とほ	徒歩 [도호]	도보
どぼく	土木 [도보꾸]	토목
どま	土間 [도마]	봉당
トマト	tomato [토마또]	토마토
とまる	泊る [도마루]	묵다
とむらいがっせん	弔合戦 [도무라이잣셍]	복수전
とめる	止める [도메루]	말리다(멈춤)
とも	友 [도모]	벗
ともかせぎ	共稼ぎ [도모가세기]	맞벌이
ともしび	灯火 [도모시비]	등불
ともすれば	[도모스레바]	걸핏하면
ともだち	友達 [도모다찌]	친구
どもり	吃り [도모리]	말더듬이
どもる	吃る [도모루]	더듬다
どやどや	[도야도야]	우르르
どようび	土曜日 [도요-비]	토요일
とら	虎 [도라]	호랑이
どら	銅鑼 [도라]	뱃고동
ドライブ	drive [도라이부]	드라이브
とらえる	捕らえる [도라에루]	붙잡다(범인), 체포하다

トラック	track [토락꾸]	트랙
トラック	track [토락꾸]	트럭
トラブル	trouble [토라부루]	트러블
ドラマ	drama [도라마]	드라마
ドラム	drum [도라무]	드럼
トランク	trunk [토랑꾸]	트렁크
トランプ	trump [토람뿌]	트럼프
トランペット	trumpet [토람펙또]	트럼펫
とり	鳥 [도리]	새
とりあえず	取り敢えず [도리아에즈]	급한 대로, 우선
とりあつかい	取り扱い [도리아쓰까이]	취급
とりえ	取り柄 [도리에]	쓸모
トリオ	trio [토리오]	트리오
とりかご	鳥籠 [도리가고]	새장
どりかこまれる	取り囲まれる [도리카꼬마레루]	둘러싸이다
とりくむ	取り組む [도리꾸무]	맞붙다
とりけし	取り消し [도리께시]	취소
とりこ	虜 [도리꼬]	포로
とりこむ	取り込む [도리꼬무]	어수선하다
とりさげ	取り下げ [도리사게]	취하
とりしまり	取り締まり [도리시마리]	단속
とりしまる	取り締まる [도리시마루]	단속하다
とりしらべ	取調べ [도리시라베]	취조
とりすがる	取り縋る [도리스가루]	매달리다
とりだす	取り出す [도리다스]	끄집어내다, 내놓다
トリック	trick [토릭꾸]	트릭
とりつける	取り付ける [도리쓰게루]	달다, 장치하다

とりて	取り手 [도리떼]	손잡이
とりなおす	取り直す [도리나오스]	가다듬다
とりにく	鶏肉 [도리니꾸]	닭고기
とりのぞき	取り除き [도리노조끼]	제거
とりはからい	取り計らい [도리하까라이]	조처
とりはだがたつ	鳥肌が立つ [도리하다가다쓰]	소름끼치다
とりひき	取り引き [도리히끼]	거래
とりまく	取り巻く [도리마꾸]	둘러싸다, 에워싸다
とりめ	鳥目 [도리메]	야맹증
とりもどす	取り戻す [도리모도스]	되찾다
どりょく	努力 [도료꾸]	노력
とりわけ	取り分け [도리와께]	유난히
ドリンク	drink [도링꾸]	드링크
とる	撮る [도루]	찍다
とる	取る [도루]	따다(떼다), 취하다
ドル	dollar [도루]	달러
トルコ	Turkey [토루꼬]	터키
どれ	[도레]	어느 것
どれい	奴隷 [도레이]	노예
トレーナー	trainer [도레-나-]	트레이너
トレーニング	training [도레-닝구]	트레이닝
ドレス	dress [도레스]	드레스
どろ	泥 [도로]	진흙
トロット	trot [토롯또]	트롯
どろどろだ	[도로도로다]	걸쭉하다
トロフィー	trophy [토로휘-]	트로피
どろぼう	泥棒 [도로보-]	도둑

どろまみれ	泥まみれ [도로마미레]	흙투성이
どろみず	泥水 [도로미즈]	흙탕물
とろめく	蹈跙めく [도로메꾸]	휘청거리다
トン	ton [통]	톤
とんカツ	豚カツ [동까쓰]	돈가스
どんき	鈍器 [동끼]	둔기
どんぐり	団栗 [동구리]	도토리
とんだ	[돈다]	뜻하지 않은
とんでもない	[돈데모나이]	가당찮다, 당찮다
どんな	[돈나]	어떤
トンネル	tunnel [톤네루]	터널
どんぶり	井 [돔부리]	덮밥
とんぼ	[돔보]	잠자리
とんま	頓馬 [동마]	맹꽁이
どんよく	貪欲 [동요꾸]	탐욕

な (ナ)

ない	無い [나이]	없다
ないえん	内縁 [나이엥]	내연
ないか	内科 [나이까]	내과
ないがい	内外 [나이가이]	내외
ないかく	内閣 [나이까꾸]	내각
ないし	乃至 [나이시]	내지
ないしきょう	内視鏡 [나이시꾜-]	내시경
ないじゅ	内需 [나이쥬]	내수
ないしょ	内緒 [나이쇼]	비밀(내밀)
ないじょ	内助 [나이죠]	내조
ないしょく	内職 [나이쇼꾸]	부업
ないしん	内心 [나이싱]	새심
ないせい	内政 [나이세-]	내정(정치)
ないせん	内戦 [나이셍]	내전
ないぞう	内臓 [나이조-]	내장
ないつう	内通 [나이쓰-]	내통
ないてい	内定 [나이떼이]	내정(결정)
ナイトクラブ	nightclub [나이또꾸라부]	나이트클럽
ないぶ	内部 [나이부]	내부
ナイフ	knife [나이후]	나이프

ないふくやく	内服薬 [나이후꾸야꾸]	내복약
ないほう	内包 [나이호-]	내포
ないまく	内幕 [나이마꾸]	내막
ないめん	内面 [나이멩]	내면
ないよう	内容 [나이요-]	내용
ないらん	内乱 [나이랑]	내란
ないりく	[나이리꾸]	내륙
ナイロン	nylon [나이롱]	나일론
なうての	名うての [나우떼노]	쟁쟁한
なえぎ	苗木 [나에기]	묘목
なおさら	尚更 [나오사라]	더더욱
なおざり	等閑 [나오자리]	등한
なおす	直す [나오스]	고치다
なおる	直る [나오루]	고쳐지다
なおる	治る [나오루]	낫다
なおれ	名折れ [나오레]	불명예
なか	中 [나까]	가운데
ながい	長い [나가이]	길다
ながいあいだ	長い間 [나가이아이다]	오랫동안
なかおれぼう	中折帽 [나까오레보-]	중절모
なかがい	仲買 [나까가이]	거간꾼
ながぐつ	長靴 [나가구쯔]	장화
ながさ	長さ [나가사]	길이
なかす	泣かす [나까스]	울리다(울음)
ながす	流す [나가스]	흘리다
ながそで	長袖 [나가소데]	긴소매
なかつぎ	中継ぎ [나까쯔기]	중계

なかには	中には [나까니와]	개중에는
なかば	半ば [나까바]	절반
なかみ	中身 [나까미]	알맹이
ながめ	長雨 [나가메]	장마
ながめる	眺める [나가메루]	바라보다
なかよし	仲良し [나까요시]	짝꿍
なかよしコンビ	仲良しcombi [나까요시콤비]	단짝친구
ながれぼし	流れ星 [나가레보시]	유성
ながれもの	流れ者 [나가레모노]	떠돌이
ながれる	流れる [나가레루]	흐르다
なきごえ	泣き声 [나끼고에]	울음소리
なきつら	泣き面 [나끼쓰라]	울상
なきむし	泣き虫 [나끼무시]	울보
なく	泣く・鳴く [나꾸]	울다
なぐさめる	慰める [나구사메루]	위로하다
なくす	無くす [나꾸스]	없애다
なくなる	無くなる [나꾸나루]	없어지다
なぐる	殴る [나구루]	때리다
なげうり	投売り [나게우리]	투매
なげき	嘆き [나게끼]	한탄
なげく	嘆く [나게끼]	한탄하다
なげすてる	投げ捨てる [나게스떼루]	내던지다
なげる	投げる [나게루]	던지다
なごりおしい	名残惜しい [나고리오시-]	서운하다, 섭섭하다
なさけない	情けない [나사께나이]	한심하다
なさる	[나사루]	하시다
なし	梨 [나시]	배(과일)

ナショナル	national [나쇼나루]	내셔널
なす	茄子 [나스]	가지(채소)
なぜ	何故 [나제]	어째서, 왜
なぜならば	[나제나라바]	왜냐하면
なぞ	謎 [나조]	수수께끼
なだかい	名高い [나다까이]	유명하다
なだめる	宥める [나다메루]	달래다
なだれ	雪崩 [나다레]	눈사태
なつ	夏 [나쓰]	여름
なついん	捺印 [나쓰잉]	날인
なつく	懐く [나쓰꾸]	따르다(동물)
ナット	nut [낫또]	너트
なっとく	納得 [낫또꾸]	납득
なつめ	棗 [나쓰메]	대추
なでしこ	撫子 [나데시꼬]	패랭이꽃
なでる	撫でる [나데루]	어루만지다
など	等 [나도]	따위
ななつ	七つ [나나쓰]	일곱
なに	何 [나니]	무엇
なにか	何か [나니까]	무언가
なにかにつけ	何かに付け [나니까니쓰께]	툭하면
なにげなく	何気なく [나니게나꾸]	무심코
なにとぞ	何卒 [나니또조]	아무쪼록
ナパキン	napkin [나뿌낑]	냅킨
なふだ	名札 [나후다]	명찰
なべ	鍋 [나베]	냄비
なまいきだ	生意気だ [나마이끼다]	건방지다

なまえ	名前 [나마에]	이름
なまぐさい	生臭い [나마구사이]	비리다
なまけもの	怠け者 [나마께모노]	게으름뱅이
なまける	怠ける [나마께루]	게으름피우다, 태만하다
なまこ	海鼠 [나마꼬]	해삼
なまじい	[나마지-]	섣불리
なまず	鯰 [나마즈]	메기
なまつば	生唾 [나마쓰바]	군축
なまなか	生半 [나마나까]	어설픈
なまぬるい	生温い [나마누루이]	미지근하다
なまはんか	生半可 [나마항까]	어중간함
なまびょうほう	生兵法 [나마뵤-호-]	어설픈 지식
なまもの	生物 [나마모노]	날것
なまり	鉛 [나마리]	납
なみ	波 [나미]	물결, 파도
なみき	並木 [나미끼]	가로수
なみだ	涙 [나미다]	눈물
なみだぐましい	涙ぐましい [나미다구마시-]	눈물겹다
なみだぐむ	涙ぐむ [나미다구무]	눈물짓다
なみなみ	[나미나미]	그득
なみけずれ	並外れ [나미하즈레]	월등
なめらかだ	滑らかだ [나메라까다]	매끄럽다
なめる	嘗める [나메루]	핥다
なや	納屋 [나야]	헛간
なやみ	悩み [나야미]	고민
なやむ	悩む [나야무]	고뇌하다
ならう	習う [나라우]	배우다, 익히다

ならく	奈落 [나라꾸]	나락
ならす	鳴らす [나라스]	울리다(소리)
ならずもの	ならず者 [나라즈모노]	불량배
ならぶ	並ぶ [나라부]	늘어서다
ならべる	並べる [나라베루]	늘어놓다
ならんで	並んで [나란데]	나란히
なりきん	成金 [나리낑]	벼락부자
なりひびく	鳴り響く [나리히비꾸]	떨치다
なる	成る [나루]	되다
なるべく	[나루베꾸]	가급적
なるほど	成程 [나루호도]	과연, 정말
なれなれしい	馴れ馴れしい [나레나레시-]	허물없다
なれる	馴れる [나레루]	익숙해지다
なわ	縄 [나와]	새끼줄, 밧줄
なわとび	なわ飛び [나와또비]	줄넘기
なんい	難易 [낭이]	난이
なんかん	難関 [낭깡]	난관, 난국
なんきょく	[낭꾜꾸]	남극
なんきんむし	南京虫 [낭낑무시]	빈대
なんくせ	難癖 [낭꾸세]	트집
なんこう	難航 [낭꼬-]	난항
なんこう	軟膏 [낭꼬-]	연고(약)
なんざん	難産 [난장]	난산
なんじ	何時 [난지]	몇 시
なんじびょう	難治病 [난지뵤-]	난치병
なんしょく	難色 [난쇼꾸]	난색
なんだい	難題 [난다이]	난제

なんだか	何だか [난다까]	어쩐지
なんちょう	難聴 [난쬬-]	난청
なんでも	何でも [난데모]	무엇이든
なんど	何度 [난도]	몇 번
なんなら	何なら [난나라]	무엇하면
なんにん	何人 [난닝]	몇 명
ナンバー	number [남바-]	넘버
なんぱせん	難破船 [남빠셍]	난파선
なんよう	南洋 [낭요-]	남양
なんら	何等 [난라]	하등

に (ニ)

にあう	似合う [니아우]	어울리다
にいづま	新妻 [니이즈마]	새댁
におい	匂い [니오이]	냄새
におう	匂う [니오-]	냄새나다
におわす	匂わす [니오와스]	냄새를 풍기다
にがい	苦い [니가이]	쓰다(맛)
にかよう	似通う [니까요-]	비슷하다
にがわらい	苦笑い [니가와라이]	쓴웃음
にきび	面皰 [니끼비]	여드름
にぎりめし	握り飯 [니기리메시]	주먹밥
にぎる	握る [니기루]	쥐다
にく	肉 [니꾸]	고기, 살
にくい	憎い [니꾸이]	밉다
にくがん	肉眼 [니꾸강]	육안
にくしん	肉親 [니꾸싱]	육친
にくせい	肉声 [니꾸세-]	육성(소리)
にくたい	肉体 [니꾸따이]	육체
にくむ	憎む [니꾸무]	미워하다
にくや	肉屋 [니꾸야]	정육점
にくよく	肉欲 [니꾸요꾸]	육욕

にくらしい	憎らしい [니꾸라시-]	밉살스럽다
ニグロ	negro [니구로]	니그로
にげる	逃げる [니게루]	도망치다, 달아나다
ニコチン	nicotine [니꼬찡]	니코틴
にこにこ	[니꼬니꼬]	싱글벙글
にし	西 [니시]	서쪽
にじ	虹 [니지]	무지개
にしきへび	錦蛇 [니시끼헤비]	비단구렁이
にじむ	滲む [니지무]	번지다
にしん	鰊 [니싱]	청어
にせもの	偽物 [니세모노]	가짜
にそくさんもん	二束三文 [니소꾸삼몽]	싸구려
にちじょう	日常 [니찌죠-]	일상
にちようび	日曜日 [니찌요-비]	일요일
にちようひん	日用品 [니찌요-힝]	일용품
にっか	日課 [닛까]	일과
にっかんし	日刊紙 [닛깐시]	일간지
にっき	日記 [닛끼]	일기
ニックネーム	nickname [닛꾸네-무]	닉네임
にっこう	日光 [닛꼬-]	일광
にっこり	[닛꼬리]	생긋, 방긋
にっぽん	日本 [닙뽕]	일본
につめる	煮詰める [니쓰메루]	달이다
にな	蜷 [니나]	다슬기
になう	但う [니나우]	메다, 짊어지다
にぶい	鈍い [니부이]	둔하다, 무디다
にふだ	荷札 [니후다]	꼬리표

にほんご	日本語 [니홍고]	일본어
にほんじん	日本人 [니혼징]	일본인
にまいじた	二枚舌 [니마이지따]	일구이언
にもつ	荷物 [니모쓰]	짐
にやにや	[니야니야]	히죽히죽
ニュアンス	ㅍ nuance [뉴안스]	뉘앙스
にゅういん	入院 [뉴-잉]	입원
にゅうがく	入学 [뉴-가꾸]	입학
にゅうきん	入金 [뉴-낑]	입금
にゅうこ	入庫 [뉴-꼬]	입고
にゅうこう	入港 [뉴-꼬-]	입항
にゅうこく	入国 [뉴-꼬꾸]	입국
にゅうさつ	入札 [뉴-사쯔]	입찰
にゅうし	入試 [뉴-시]	입시
にゅうしゃ	入社 [뉴-샤]	입사
にゅうじょう	入場 [뉴-죠-]	입장
ニュース	news [뉴-스]	뉴스
にゅうもん	入門 [뉴-몽]	입문
にゅうよく	入浴 [뉴-요꾸]	목욕
にゅうりょく	入力 [뉴-료꾸]	입력
にょうぼう	女房 [뇨-보-]	마누라
にょにん	女人 [뇨닝]	여인
にら	韮 [니라]	부추
にらむ	睨む [니라무]	노려보다
にる	煮る [니루]	익히다(요리), 삶다, 찌다
にる	似る [니루]	닮다
にれ	楡 [니레]	느릅나무

にわ	庭 [니와]	마당, 정원
にわかに	[니와까니]	졸지에
にわし	庭師 [니와시]	정원사
にわとり	鶏 [니와또리]	닭
にんか	認可 [닝까]	인가
にんき	人気 [닝끼]	인기
にんぎょう	人形 [닝교-]	인형
にんげん	人間 [닝겡]	인간
にんさんぷ	妊産婦 [닌삼뿌]	임산부
にんしき	認識 [닌시끼]	인식
にんしん	妊娠 [닌싱]	임신
にんじん	人参 [닌징]	당근
にんたい	忍耐 [닌따이]	인내
にんてい	認定 [닌떼-]	인정
にんにく	大蒜 [닌니꾸]	마늘
にんぷ	人夫 [님뿌]	인부
にんむ	任務 [님무]	임무
にんめい	任命 [님메-]	임명
にんよう	任用 [닝요-]	임용

ぬ (ヌ)

ぬう	縫う [누-]	꿰매다, 누비다
ぬか	糠 [누까]	겨
ぬかす	抜かす [누까스]	빼먹다
ぬかるみ	泥濘 [누까루미]	수렁, 진창
ぬく	抜く [누꾸]	뽑다(발취), 빼다
ぬぐ	脱ぐ [누구]	벗다
ぬぐう	拭う [누구-]	닦다(씻다)
ぬけめ	抜け目 [누께메]	빈틈
ぬける	抜ける [누께루]	빠지다(털)
ぬすみ	盗み [누스미]	도둑질
ぬすみぎき	盗み聞き [누스미기끼]	몰래 엿들음
ぬすみきく	盗み聞く [누스미키꾸]	엿듣다
ぬすむ	盗む [누스무]	훔치다
ぬの	布 [누노]	헝겊
ぬま	沼 [누마]	늪
ぬらす	濡らす [누라스]	적시다
ぬらぬらする	[누라누라스루]	미끈거리다
ぬる	塗る [누루]	바르다, 칠하다
ぬれぎぬ	濡れ衣 [누레기누]	누명
ぬれる	濡れる [누레루]	젖다

ね (ネ)

ね	根 [네]	뿌리
ネーム	name [네-무]	네임
ネオン	neon [네옹]	네온
ねがい	願い [네가이]	소원
ねがう	願う [네가우]	바라다(원함), 원하다
ねかす	寝かす [네까스]	재우다
ねぎ	葱 [네기]	파
ねぎらう	労う [네기라우]	치하하다
ねぐせ	寝癖 [네구세]	잠버릇
ネクタイ	necktie [네꾸따이]	넥타이
ねぐら	塒 [네구라]	둥지
ねこ	猫 [네꼬]	고양이
ねこいらず	猫いらず [네꼬이라즈]	쥐약
ねこぜ	猫背 [네꼬제]	새우등
ねこそぎ	根刮ぎ [네꼬소기]	뿌리째
ねごと	寝言 [네고또]	잠꼬대
ねじ	[네지]	나사
ねじる	捩る [네지루]	비틀다(돌리다)
ねずみ	鼠 [네즈미]	쥐
ねたむ	妬む [네따무]	질투하다

ねだる	強請る [네다루]	떼쓰다, 조르다
ねだん	値段 [네당]	값
ねつ	熱 [네쯔]	열
ネッカチーフ	neckerchief [넷까치-후]	네커치프
ねっきょう	熱狂 [넷꼬-]	열광
ねっけつ	熱血 [넷께쓰]	열혈
ねっしんに	熱心に [넷신니]	열심히
ねつぞう	捏造 [넷쓰조-]	날조
ねったい	熱帯 [넷따이]	열대
ねっちゅう	熱中 [넷쮸-]	열중
ネットワーク	network [넷또와-꾸]	네트워크
ねつれつ	熱烈 [네쓰레쓰]	열렬
ねばりっこい	粘りっこい [네바릿꼬이]	끈끈하다
ねばりづよい	粘り強い [네바리즈요이]	꾸준하다
ねびき	値引き [네비끼]	에누리
ねぶそく	寝不足 [네부소꾸]	수면 부족
ねほりはほり	根掘り葉掘り [네호리하호리]	미주알고주알
ねまき	寝間着 [네마끼]	잠옷
ねむけ	眠気 [네무께]	졸음
ねむたい	眠たい [네무따이]	졸리다
ねむり	眠り [네무리]	잠
ねむりぐすり	眠り薬 [네무리구스리]	수면제
ねらい	狙い [네라이]	가늠, 겨냥
ねらう	狙う [네라-]	겨누다, 노리다
ねる	寝る [네루]	자다
ねんいりに	念入りに [넹이리니]	정성껏
ねんおし	念押し [넹오시]	다짐

ねんがじょう	年賀状 [넹가죠-]	연하장
ねんかん	年鑑 [넹깡]	연감
ねんがん	念願 [넹강]	염원
ねんきん	年金 [넹낑]	연금
ねんしょう	燃焼 [넨쇼-]	연소
ねんど	年度 [넨도]	연도
ねんど	粘土 [넨도]	찰흙
ねんねん	年年 [넨넹]	해마다
ねんぱい	年配 [넴빠이]	지긋한 나이
ねんぶつ	念仏 [넴부쓰]	염불
ねんぼう	年俸 [넴뽀-]	연봉
ねんまつ	年末 [넴마쓰]	연말
ねんりょう	燃料 [넨료-]	연료, 땔감
ねんりん	年輪 [넨링]	연륜, 나이테
ねんれい	年齢 [넨레-]	연령

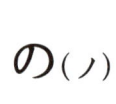

の(ノ)

ノイローゼ	독 Neurose [노이로-제]	노이로제
のう	脳 [노-]	뇌
のうえん	脳炎 [노-엥]	뇌염
のうか	農家 [노-까]	농가
のうかすいたい	脳下垂体 [노-까스이따이]	뇌하수체
のうかんき	農閑期 [노-깡끼]	농한기
のうき	納期 [노-끼]	납기
のうぎょう	農業 [노-교-]	농업, 농사
のうこつどう	納骨堂 [노-꼬쓰도-]	납골당
のうさくぶつ	農作物 [노-사꾸부쓰]	농작물
のうし	脳死 [노-시]	뇌사
のうしゅく	濃縮 [노-슈꾸]	농축
のうしゅっけつ	脳出血 [노-슉께쓰]	뇌출혈
のうじょう	農場 [노-죠-]	농장
のうしんけい	脳神経 [노-싱께-]	뇌신경
のうぜい	納税 [노-제-]	납세
のうそん	農村 [노-송]	농촌
のうど	農土 [노-도]	농토
のうなし	能無し [노-나시]	무능한 인간
のうにゅう	納入 [노-뉴-]	납입

のうは	脳波 [노-하]	뇌파
のうはんき	農繁期 [노-항끼]	농번기
のうひん	納品 [노-힝]	납품
のうふ	納付 [노-후]	납부
のうふ	農夫 [노-후]	농부
のうふ	濃厚 [노-후]	농후
のうみん	農民 [노-밍]	농민
のうむ	濃霧 [노-무]	농무
のうやく	農薬 [노-야꾸]	농약
のうり	脳裡 [노-리]	뇌리
のうりつ	能率 [노-리쓰]	능률
のうりょう	納涼 [노-료-]	납량
のうりょく	能力 [노-료꾸]	능력
ノート	note [노-또]	공책
ノーハウ	knowhow [노-하우]	노하우
ノーベルしょう	nobel賞 [노-베루쇼-]	노벨상
のがす	逃す [노가스]	놓치다
のがれる	逃れる [노가레루]	모면하다
のき	軒 [노끼]	처마
のぎく	野菊 [노기꾸]	들국화
のく	退く [노꾸]	비키다(물러나다)
のこぎり	鋸 [노꼬기리]	톱
のこす	残す [노꼬스]	남기다
のこり	残り [노꼬리]	나머지
のこる	残る [노꼬루]	남다
のさばう	[노사바루]	거들먹거리다, 활개 치다
のじ	野路 [노지]	들길

のしかかる	伸しかかる [노시카까루]	덮치다
のじゅく	野宿 [노쥬꾸]	노숙
ののしる	罵る [노노시루]	매도하다
のせる	載せる [노세루]	싣다, 얹다
のぞきみる	覗き見る [노조끼미루]	엿보다
のぞく	覗く [노조꾸]	들여다보다
のぞましい	望ましい [노조마시-]	바람직하다
のぞみ	望み [노조미]	바램, 소망
のぞむ	望む [노조부]	바라다(희망)
のぞむらくは	望むらくは [노조무라꾸와]	바라건대
のたれじに	野垂れ死に [노따레지니]	객사
のちぞい	後添い [노찌조이]	후처
ノック	knock [녹꾸]	노크
のっぽ	[놉뽀]	키다리
のど	咽 [노도]	목구멍
のどじまん	喉自慢 [노도지망]	노래자랑
のばす	伸ばす [노바스]	뻗다
のばす	延ばす [노바스]	미루다
のはら	野原 [노하라]	들
のばら	野薔薇 [노바라]	들장미(찔레꽃)
のべ	野辺 [노베]	들판
のぼせる	逆上せる [노보세루]	흥분하다
のぼり	上り [노보리]	상행
のぼりざか	上り坂 [노보리자까]	오르막길
のぼる	登る [노보루]	오르다
のみ	蚤 [노미]	벼룩
のみこむ	飲み込む [노미꼬무]	삼키다

のみならず	[노미나라즈]	뿐만 아니라
のみもの	飲み物 [노미모노]	마실 것, 음료
のむ	飲む [노무]	마시다
のらいぬ	野良犬 [노라이누]	들개
のらりくらり	[노라리꾸라리]	빈둥빈둥
のり	海苔 [노리]	김(해초)
のり	糊 [노리]	풀(문구)
のりかえ	乗換え [노리까에]	환승
のりかえる	乗り換える [노리까에루]	갈아타다
のりこえる	乗り越える [노리꼬에루]	타고 넘다
のりだす	乗り出す [노리다스]	나서다
のりまき	海苔巻 [노리마끼]	김밥
のる	乗る [노루]	타다(차)
のろ	野呂 [노로]	노루
のろい	鈍い [노로이]	굼뜨다, 느리다, 더디다
のろい	呪い [노로이]	저주
のろう	呪う [노로-]	저주하다
のろのろ	[노로노로]	꾸물꾸물, 느릿느릿
のろま	鈍間 [노로마]	굼벵이, 느림보
のんき	呑気 [농끼]	무사태평
ノンストップ	non stop [논스톱뿌]	논스톱
のんびり	[놈비리]	한가롭게
ノンフィクション-	non fiction [논휘꾸숑-]	논픽션

は(ハ)

は	葉 [하]	잎
は	刃 [하]	날(칼)
は	歯 [하]	이(치아)
ばあい	場合 [바아이]	경우
パーキング	parking [파-낑구]	파킹
はあく	把握 [하아꾸]	파악
バーゲンセール	bargain sale [바-겐세-루]	바겐세일
パーセント	percent [파-센또]	퍼센트
パーティー	party [파-띠-]	파티
バーテンダー	bartender [바-뗀다-]	바텐더
ハート	heart [하-또]	하트
パートナー	partner [파-또나-]	파트너
バーバリー	barberry [바-바리-]	바바리
ハーモニカ	harmonica [하-모니까]	하모니카
バーレル	barrel [바레루]	배럴
はい	肺 [하이]	폐
はい	灰 [하이]	재
はいあがる	這い上る [하이아가루]	기어오르다
はいいろ	灰色 [하이-로]	회색
ハイエナ	hyena [하이에나]	하이에나

はいえん	肺炎 [하이엥]	폐렴
はいおく	廃屋 [하이오꾸]	폐옥
バイオリン	violin [바이오링]	바이올린
はいかい	徘徊 [하이까이]	배회
ばいかい	媒介 [바이까이]	매개
はいかん	廃刊 [하이깡]	폐간
はいがん	肺癌 [하이강]	폐암
はいき	廃棄 [하이끼]	폐기
ばいきゃく	売却 [바이꺄꾸]	매각
はいきゅう	配給 [하이뀨-]	배급
はいきょ	廃墟 [하이꾜]	폐허
はいぎょう	廃業 [하이교-]	폐업
はいぐうしゃ	配偶者 [하이구-샤]	배우자
はいけい	背景 [하이께-]	배경
はいご	背後 [하이고]	배후
はいざら	灰皿 [하이자라]	재떨이
はいし	廃止 [하이시]	폐지
はいしゃ	配車 [하이샤]	배차
はいしゃ	敗者 [하이샤]	패자
はいしゃ	廃車 [하이샤]	폐차
はいしゃ	歯医者 [하이샤]	치과의사
ばいしゃく	媒酌 [바이샤꾸]	중매
ばいしゅう	買収 [바이슈-]	매수
はいしゅつ	輩出 [하이슈쓰]	배출
ばいしゅん	売春 [바이슝]	매춘
はいしょ	配所 [하이쇼]	유배지
はいじょ	排除 [하이죠]	배제

ばいしょう	賠償 [바이쇼-]	배상
はいしん	背信 [하이싱]	배신
はいじん	廃人 [하이징]	폐인
ばいしんいん	陪審員 [바이싱잉]	배심원
はいすい	排水 [하이스이]	배수
はいすい	廃水 [하이스이]	폐수
はいせき	排斥 [하이세끼]	배척
はいせつ	排泄 [하이세쓰]	배설
はいせん	敗戦 [하이셍]	패전
はいそう	敗走 [하이소-]	패주
はいた	歯痛 [하이따]	치통
はいたつ	配達 [하이따쓰]	배달
はいたてき	排他的 [하이따떼끼]	배타적
はいち	配置 [하이찌]	배치
はいてい	拝呈 [하이떼이]	배정
ハイティーン	high teen [하이띠-ㄴ]	하이틴
ばいてん	売店 [바이뗑]	매점
はいとう	配当 [하이또-]	배당
パイナップル	pineapple [파이납뿌루]	파인애플
ばいばい	売買 [바이바이]	매매
ハイヒール	high heel [하이히-루]	하이힐
はいひん	廃品 [하이힝]	폐품
はいふ	配布 [하이후]	배부, 배포
パイプ	pipe [파이뿌]	파이프
バイブル	Bible [바이부루]	바이블
はいぼう	敗亡 [하이보-]	패망
はいぼく	敗北 [하이보꾸]	패배

バイヤー	buyer [바이야-]	바이어
はいやく	配役 [하이야꾸]	배역
はいゆう	俳優 [하이유-]	배우
ばいよう	培養 [바이요-]	배양
はいりょ	配慮 [하이료]	배려
はいる	入る [하이루]	들어가다
パイロット	pilot [파이룻또]	파일럿
はう	這う [하우]	기다
はえ	蝿 [하에]	파리
はえる	生える [하에루]	돋아나다
はか	墓 [하까]	무덤
ばか	馬鹿 [바까]	바보
はかい	破戒 [하까이]	파계
はかい	破壊 [하까이]	파괴
はがき	葉書 [하가끼]	엽서
はかく	破格 [하까꾸]	파격
はかせ・はくし	博士 [하까세・하꾸시]	박사
ばかぢから	馬鹿力 [바까지까라]	뚝심
はかどる	捗る [하까도루]	진척되다
はかない	儚い [하까나이]	허무하다, 덧없다
はかま	袴 [하까마]	치마
はかまいり	墓参り [하까마이리]	성묘, 묘지참배
はがゆい	歯痒い [하가유이]	답답하다
はかり	秤 [하까리]	저울
はかる	計る [하까루]	꾀하다
はかる	測る [하까루]	달다(재다)
はかる	図る [하까루]	도모하다

バカンス	ㅍ vacances [바깡스]	바캉스
はき	破棄 [하끼]	파기
はきもの	履物 [하끼모노]	신발
はきゅう	波及 [하뀨-]	파급
はきょう	破鏡 [하꾜-]	파경
はきょく	破局 [하꾜꾸]	파국
はく	履く [하꾸]	신다 (신발)
はく	掃く [하꾸]	쓸다
はく	吐く [하꾸]	토하다
はくあい	博愛 [하꾸아이]	박애
ばくおん	爆音 [바꾸옹]	폭음
はくがい	迫害 [하꾸가이]	박해
はぐき	歯茎 [하구끼]	잇몸
ばくげき	爆撃 [바꾸게끼]	폭격
はくさい	白菜 [하꾸사이]	배추
はくし	白紙 [하꾸시]	백지
はくしゃ	拍車 [하꾸샤]	박차
はくしゅ	拍手 [하꾸슈]	박수
はくじょう	薄情 [하꾸죠-]	박정함
ばくしょう	爆笑 [바꾸쇼-]	폭소
ばくぜんと	漠然と [바꾸젠또]	막연히
はくだつ	剥奪 [하꾸다쓰]	박탈
ばくだん	爆弾 [바꾸당]	폭탄
はくち	白痴 [하꾸찌]	백치
ばくち	博打 [바꾸찌]	도박
はくちゅう	白昼 [하꾸쮸-]	백주
はくちょう	白鳥 [하꾸쵸-]	백조

バクテリア	bacteria [바꾸떼리아]	박테리아
はくば	白馬 [하꾸바]	백마
ばくは	爆破 [바꾸하]	폭파
ばくはつ	爆発 [바꾸하쓰]	폭발
はくぶつかん	博物館 [하꾸부쓰깡]	박물관
はくぼく	白墨 [하꾸보꾸]	분필
はくまい	白米 [하꾸마이]	백미
はくらんかい	博覧会 [하꾸랑까이]	박람회
はくりょく	迫力 [하꾸료꾸]	박력
はぐるま	歯車 [하구루마]	톱니바퀴
ばくろ	暴露 [바꾸로]	폭로
はけ	刷毛 [하께]	솔, 솔자국
はげあたま	禿頭 [하게아따마]	대머리
はげしい	激しい [하게시ー]	거세다
バケツ	bucket [바께쓰]	양동이
はげます	励ます [하게마스]	격려하다, 북돋우다
はげむ	励む [하게무]	힘쓰다
ばけもの	化物 [바께모노]	도깨비
はけん	派遣 [하껭]	파견
はこ	箱 [하꼬]	상자
はこう	波高 [하꼬ー]	파고
はこう	跛行 [하꼬ー]	파행
はこぶ	運ぶ [하꼬부]	나르다
はこん	破婚 [하꽁]	파혼
バザー	bazaar [바자ー]	바자
はさまる	挟まる [하사마루]	틈에 끼이다
はさみ	鋏 [하사미]	가위

はさみうち	挟打ち [하사미우찌]	협공
はさん	破産 [하상]	파산
はし	橋 [하시]	다리(건물)
はし	端 [하시]	끄트머리, 끝
はし	箸 [하시]	젓가락
はじ	恥 [하지]	수치, 염치, 창피
はしか	麻疹 [하시까]	홍역
はじける	弾ける [하지께루]	터지다
はしご	梯子 [하시고]	사다리
はじしらず	恥知らず [하지시라즈]	철면피
はしたがね	端金 [하시따가네]	푼돈
はじまる	始まる [하지마루]	시작되다
はじめ	始め [하지메]	시작, 처음
はじめて	初めて [하지메떼]	처음으로, 최초로
はじめる	始める [하지메루]	시작하다
はしゃぐ	[하샤구]	출랑대다
パジャマ	pajamas [파쟈마]	파자마
ばしょ	場所 [바쇼]	장소
はしら	柱 [하시라]	기둥
はじらい	恥じらい [하지라이]	수줍음
はしる	走る [하시루]	달리다
バス	bus [바스]	버스
はす	蓮 [하스]	연꽃
ばすえ	場末 [바스에]	변두리
はずかしい	恥ずかしい [하즈까시-]	부끄럽다
ハスキー	husky [하스끼-]	허스키
バスケットボール	basket ball [바스껫또보-루]	농구

はすっぱ	蓮っ葉 [하슷빠]	왈가닥
パスポート	passport [파스뽀-또]	패스포트
パズル	puzzle [파즈루]	퍼즐
はずれる	外れる [하즈레루]	벗어나다
はせい	派生 [하세이]	파생
はそん	破損 [하송]	파손
はた	旗 [하따]	깃발
はだ	肌 [하다]	살갗
バター	butter [바따-]	버터
はだいろ	肌色 [하다이로]	살색
はだぎ	肌着 [하다기]	내의
はたく	叩く [하따꾸]	털다
はたけ	畠・畑 [하따께]	밭
はだざわり	肌触り [하다자와리]	살에 닿는 느낌, 촉감
はたす	果す [하따스]	다하다, 완수하다
はたち	二十歳 [하따지]	스무 살
ばたつく	[바따쓰꾸]	발버둥치다, 버둥대다
はためく	[하따메꾸]	나부끼다, 펄럭이다
はたらく	働く [하따라꾸]	일하다
はたん	破綻 [하땅]	파탄
パタン	pattern [파땅]	패턴
はち	蜂 [하찌]	범(고추)
はちのす	蜂の巣 [하찌노스]	벌집
はちまき	鉢巻き [하찌마끼]	머리띠
はちゅうるい	爬虫類 [하쮸우루이]	파충류
ばつ	罰 [바쓰]	벌(죄)
はつあき	初秋 [하쓰아끼]	초가을

はついく	発育 [하쓰이꾸]	발육
はつおん	発音 [하쓰옹]	발음
はっかく	発覚 [핫까꾸]	발각
はつかねずみ	二十日鼠 [하쓰까네즈미]	생쥐
はっかん	発刊 [핫깡]	발간
はっき	発揮 [핫끼]	발휘
はっきゅう	発給 [핫뀨-]	발급
はっきり	[핫끼리]	똑똑히, 분명히
パック	pack [팍꾸]	팩
はっくつ	発掘 [핫꾸쓰]	발굴
はっけん	発見 [핫껜]	발견
はつげん	発言 [하쓰겡]	발언
はつこい	初恋 [하쓰꼬이]	첫사랑
はっこう	発行 [핫꼬-]	발행
はっさん	発散 [핫상]	발산
はっしゃ	発射 [핫샤]	발사
はっしゃ	発車 [핫샤]	발차
はっしん	発疹 [핫싱]	발진
はっしんにん	発信人 [핫신닝]	발신인
ばっすい	抜萃 [밧스이]	발췌
はっせい	発生 [핫세-]	발생
はっそう	発想 [핫소-]	발상
はっそう	発送 [핫소-]	발송
ばっそく	罰則 [밧소꾸]	벌칙
はったり	[핫따리]	허세
ばってき	抜擢 [밧떼끼]	발탁
バッテリー	battery [밧떼리-]	배터리

はつでん	発電 [하쓰뎅]	발전(전기)
はってん	発展 [핫뗑]	발전(진보)
はっと	[핫또]	퍼뜩
はっとうしん	八頭身 [핫또-싱]	팔등신
はつばい	発売 [하쓰바이]	발매
ハッピーエンド	happy end [합삐-엔도]	해피엔드
はっぴょう	発表 [합뾰-]	발표
はっぽうびじん	八方美人 [합뽀-비징]	팔방미인
はつみみ	初耳 [하쓰미미]	금시초문
はつめい	発明 [하쓰메-]	발명
はつゆき	初雪 [하쓰유끼]	첫눈
はつらつ	溌剌 [하쓰라쓰]	발랄
はつれい	発令 [하쓰레-]	발령
はと	鳩 [하또]	비둘기
はどう	波動 [하도-]	파동
はとば	波止場 [하또바]	부둣가, 선창
バドミントン	badminton [바도민똥]	배드민턴
パトロールカー	patrol car [파또로-루카-]	패트롤카
バトン	baton [바똥]	바통
はな	鼻 [하나]	코
はな	花 [하나]	꽃
はなうた	鼻歌 [하나우따]	콧노래
はなかご	花籠 [하나가고]	꽃바구니
はなくそ	鼻糞 [하나꾸소]	코딱지
はなし	話 [하나시]	이야기
はなしがい	放し飼い [하나시가이]	방목
はなしちゅう	話し中 [하나시쮸-]	통화중

はなす	離す [하나스]	떼다
はなす	話す [하나스]	말하다, 이야기하다
はなすじ	鼻筋 [하나스지]	콧날
はなたば	花束 [하나따바]	꽃다발
はなぢ	鼻血 [하나지]	코피
はなっぱしら	鼻っ柱 [하납빠시라]	콧대
バナナ	banana [바나나]	바나나
はなばたけ	花畑 [하나바따께]	꽃밭
はなび	花火 [하나비]	불꽃, 폭죽
はなびら	花びら [하나비라]	꽃잎
はなみず	鼻水 [하나미즈]	콧물
はなむこ	花婿 [하나무꼬]	신랑
はなよめ	花嫁 [하나요메]	새색시
はなれじま	離れ島 [하나레지마]	낙도, 외딴섬
はにかむ	[하니까무]	수줍어하다
はね	羽 [하네]	날개
ばね	発条 [바네]	용수철
ハネムーン	honeymoon [하네무ー ㄴ]	허니문
はねる	跳ねる [하네루]	뛰다(뛰다)
パノラマ	panorama [파노라마]	파노라마
はは	母 [하하]	어머니
ははうえ	母上 [하하우에]	어머님
ははおや	母親 [하하오야]	모친
はばかる	憚る [하바까루]	거리끼다, 꺼리다
はびこる	蔓延る [하비꼬루]	만연하다
はぶく	省く [하부꾸]	생략하다
ハプニング	happening [하뿌닝구]	해프닝

はブラシ	歯brush [하부라시]	칫솔
はぶり	羽振り [하부리]	위세
はへん	破片 [하헹]	파편
はまぐり	蛤 [하마구리]	대합
はまなす	浜茄子 [하마나스]	해당화
はみがき	歯磨き [하미가끼]	양치질
はみがきこ	歯磨き粉 [하미가끼꼬]	치약
ハム	ham [하무]	햄
はむかう	歯向かう [하무까우]	맞서다
はめつ	破滅 [하메쓰]	파멸
はめる	嵌める [하메루]	끼우다
ばめん	場面 [바멩]	장면
はもん	波紋 [하몽]	파문
はやい	速い・早い [하야이]	빠르다
はやく	早く [하야꾸]	빨리
はやし	林 [하야시]	숲
はやびき	早引き [하야비끼]	조퇴
はやぶさ	隼 [하야부사]	송골매
はやめに	早目に [하야메니]	일찌감치
はら	腹 [하라]	배(신체)
ばら	薔薇 [바라]	장미
はらいのける	払いのける [하라이노께루]	뿌리치다
はらいもどし	払戻し [하라이모도시]	환불
はらう	払う [하라우]	지불하다
パラダイス	paradise [파라다이스]	파라다이스
はらだちまぎれ	腹立ち紛れ [하라다찌마기레]	홧김
はらちがいの	腹違いの [하라찌가이노]	배 다른

はらはら	[하라하라]	조마조마
ばらばら	[바라바라]	산산조각, 뿔뿔이
はらむ	孕む [하라무]	잉태하다
はらん	波瀾 [하랑]	파란
バランス	balance [바란스]	밸런스
はり	針 [하리]	바늘
はりがね	針金 [하리가네]	철사
ハリケーン	hurricane [하리께-ㄴ]	허리케인
はりしごと	針仕事 [하리시고또]	바느질
はりねずみ	針鼠 [하리네즈미]	고슴도치
はる	貼る [하루]	붙이다(바르다)
はる	春 [하루]	봄
バルコニー	balcony [바루꼬니]	발코니
はるさめ	春雨 [하루사메]	봄비
バルブ	pulp [파루뿌]	펄프
パレード	parade [파레-도]	퍼레이드
バレーボール	volleyball [바레-보-루]	배구
はれぎ	晴れ着 [하레기]	나들이옷
はれつ	破裂 [하레쓰]	파열
はれもの	腫れ物 [하레모노]	종기
バレリーナ	ballerina [바레리-나]	발레리나
はれる	腫れる [하레루]	붓다(살갗)
はれる	晴れる [하레루]	걷히다, 맑다(날씨)
ばれる	[바레루]	들키다, 탄로나다
はんい	範囲 [항이]	범위
はんえい	繁栄 [항에-]	번영
ばんかい	挽回 [방까이]	만회

はんかがい	繁華街 [항까가이]	번화가
はんがく	半額 [항가꾸]	반액
ハンカチ	handkerchief [항까찌]	손수건
バンガロー	bungalow [방가로-]	방갈로
はんかん	反感 [항깡]	반감
はんぎゃく	反逆 [항갸꾸]	반역
パンク	puncture [팡꾸]	펑크
はんけい	半径 [항께-]	반경
はんげき	反撃 [항게끼]	반격
はんけつ	判決 [항께쓰]	판결
はんげつ	半月 [항게쓰]	반달
はんこ	判子 [항꼬]	도장
はんこう	反抗 [항꼬-]	반항
はんこう	犯行 [항꼬-]	범행
ばんごう	番号 [방고-]	번호
ばんこん	晩婚 [방꽁]	만혼
はんざい	犯罪 [한자이]	범죄
ばんざい	万才 [반자이]	만세
ハンサム	handsome [한사무]	잘생긴
ばんさんかい	晩餐会 [반상까이]	만찬회
はんじ	判事 [한지]	판사
ばんじ	万事 [반치]	만사
はんしゃ	反射 [한샤]	반사
はんじゅく	半熟 [한쥬꾸]	반숙
ばんしゃく	晩酌 [반샤꾸]	반주(술)
はんじょう	繁昌 [한죠-]	번창
はんしょく	繁殖 [한쇼꾸]	번식

はんすう	反芻 [한스-]	반추
はんせい	反省 [한세-]	반성
ばんぜん	万全 [반젱]	만전
ばんそう	伴奏 [반소-]	반주
ばんそうこう	絆創膏 [빈소-꼬-]	반창고
はんそく	反則 [한소꾸]	반칙
はんそく	販促 [한소꾸]	판촉
はんそで	半袖 [한소데]	반소매
はんたい	反対 [한따이]	반대
はんだん	判断 [한당]	판단
ばんち	番地 [반찌]	번지
パンチ	punch [판찌]	펀치
パンツ	pants [판쓰]	팬츠
はんてい	判定 [한떼이]	판정
パンティー	panties [판띠-]	팬티
はんと	版図 [한또]	판도
バンド	band [반도]	밴드
はんとう	半島 [한또-]	반도
はんどうたい	半導体 [한도-따이]	반도체
はんどく	判読 [한도꾸]	판독
ハンドバッグ	handbag [한도박구]	핸드백
パントマイム	pantomime [판또마이무]	팬터마임
パンドラ	pandora [판도라]	판도라
ハンドル	handle [한도루]	핸들
はんにん	犯人 [한닝]	범인
はんのう	反応 [한노-]	반응
ばんのう	万能 [반노-]	만능

はんばい	販売 [함바이]	판매
はんばいいん	販売員 [함바이잉]	판매원
はんぴれい	反比例 [함삐레-]	반비례
はんぷく	反復 [함뿌꾸]	반복
パンフレット	pamphlet [팡후렛또]	팸플릿
ばんぺい	番兵 [밤뻬-]	파수병
はんべつ	判別 [함베쓰]	판별
はんめい	判明 [함메-]	판명
はんめん	反面 [함멩]	반면
パンや	pan屋 [빵야]	빵가게
はんら	半裸 [한라]	반라
はんらん	反乱 [한랑]	반란
はんらん	氾濫 [한랑]	범람
はんりょ	伴侶 [한료]	반려
はんれい	判例 [한레-]	판례
はんろ	販路 [한로]	판로

ひ (ヒ)

ひ	碑 [히]	비석
ひ	日 [히]	날(일), 해
ひ	火 [히]	불
ひあい	悲哀 [히아이]	비애
ピアニスト	pianist [피아니스또]	피아니스트
ピアノ	piano [피아노]	피아노
ひいき	晶肩 [히-끼]	편애
ピーク	peak [피-꾸]	피크
ビーナス	Venus [비-나스]	비너스
ビール	네 bier [비-루]	맥주
ひうでる	秀でる [히-데루]	빼어나다
ピエロ	pierrot [피에로]	피에로
ひおおい	日覆い [히오-이]	차양
びか	美化 [비까]	미화
ひがいしゃ	被害者 [히가이샤]	피해자
ひがえり	日帰り [히가에리]	당일치기
ひかく	比較 [히까꾸]	비교
ひかげ	日陰 [히까게]	응달
ひがさ	日傘 [히가사]	양산
ひかぜい	非課税 [히까제이]	비과세

ひかせぎ	日稼ぎ [히까세기]	날품팔이
ひがた	干潟 [히가따]	개펄
ぴかぴか	[삐까삐까]	번쩍번쩍
ひがむ	僻む [히가무]	비뚤어지다(성격)
ひかり	光 [히까루]	빛
ひかる	光る [히까루]	반짝이다(별), 빛나다
ひかん	悲観 [히깡]	비관
ひがん	彼岸 [히강]	피안
びかん	美観 [비깡]	미관
ひきあげ	引上げ [히끼아게]	인상(임금)
ひきあげる	引き上げる [히끼아게루]	끌어올리다
ひきいる	率いる [히끼-루]	거느리다
ひきうける	引き受ける [히끼우께루]	떠맡다
ひきかえす	引き返す [히끼카에스]	되돌아가다
ひきがえる	ひき蛙 [히끼가에루]	두꺼비
ひきがね	引き金 [히끼가네]	방아쇠
ひきさがる	引き下がる [히끼사가루]	물러서다
ひきさげ	引下げ [히끼사게]	인하
ひきしお	引き潮 [히끼시오]	썰물
ひきしめる	引き締める [히끼시메루]	조이다
ひきずる	引きずる [히끼즈루]	질질 끌다
ひきだし	引出し [히끼다시]	인출, 빼냄, 서랍
ひきて	弾き手 [히끼떼]	연주자
ひきとめる	引き止める [히끼도메루]	만류하다
ひきにげ	轢き逃げ [히끼니게]	뺑소니
ひきはなす	引き離す [히끼하나스]	갈라놓다, 떼어놓다
ひきょう	卑怯 [히꾜-]	비겁

ひぎょう	罷業 [히교-]	파업
ひきよせる	引き寄せる [히끼요세루]	끌어당기다, 당기다
ひきわけ	引分け [히끼와께]	무승부, 비김
ひきわたす	引き渡す [히끼와따스]	내주다
ひく	引く [히꾸]	긋다
ひく	弾く [히꾸]	치다(악기)
ひくい	低い [히꾸이]	낮다
ひくいな	[히꾸이나]	뜸부기
びくびく	[비꾸비꾸]	벌벌
ひくめる	低める [히꾸메루]	낮추다
ひぐれ	日暮れ [히구레]	일몰
ひげ	髭 [히게]	수염
ひげき	悲劇 [히게끼]	비극
ひけぎわ	引け際 [히께기와]	물러갈 때
ピケット	picket [피껫또]	피켓
ひこう	飛行 [히꼬-]	비행
びこう	尾行 [비꼬-]	미행
びこう	鼻孔 [비꼬-]	콧구멍
ひこうかい	非公開 [히꼬-까이]	비공개
ひこうしき	非公式 [히꼬-시끼]	비공식
ひこく	被告 [히꼬꾸]	피고
ひごと	日毎 [히고또]	날마다
ひごとに	日毎 [히고또니]	나날이
ひこなみはずれて	人並外れて [히또나미하즈레떼]	남달리
ひざ	膝 [히자]	무릎
ビザ	visa [비자]	비자
ピザ	pizza [피자]	피자

ひさしぶり	久しぶり [히사시부리]	오래간만
ひざまずく	跪く [히자마즈꾸]	무릎 꿇다
ひさんな	悲惨な [히산나]	비참한
ひじ	肘 [히지]	팔꿈치
ビジネス	business [비지네스]	비즈니스
ひしゃく	柄杓 [히샤꾸]	국자
ひしゃたい	被写体 [히샤따이]	피사체
ひじゅう	比重 [히쥬-]	비중
びじゅつ	美術 [비쥬쓰]	미술
ひしょ	避暑 [히쇼]	피서
びじょ	美女 [비죠]	미녀
びしょう	微笑 [비쇼-]	미소
ひじょうぐち	非常口 [히죠-구찌]	비상구
びしょぬれ	びしょ濡れ [비쇼누레]	흠뻑 젖음
ビジョン	vision [비죵]	비전
びじん	美人 [비징]	미인
ビスケット	biscuit [비스껫또]	비스킷
ヒステリ-	Hysterie [히스떼리-]	히스테리
ひずめ	蹄 [히즈메]	말굽, 발굽
びせいぶつ	微生物 [비세이부쓰]	미생물
ひたい	額 [히따이]	이마
ひたす	浸す [히따스]	담그다, 적시다
ビタミン	vitamin [비따밍]	비타민
ひだりがわ	左側 [히다리가와]	왼쪽
ひだりきき	左利き [히다리키끼]	왼손잡이
ひだりて	左手 [히다리떼]	왼손
ひっかく	引っ掻く [힛까꾸]	할퀴다

ひっき	筆記 [힛끼]	필기
ピックアップ	pick up [픽꾸압뿌]	픽업
ひっくりかえる	引っくり返る [힛꾸리까에루]	뒤집히다
びっくりさせる	[빗꾸리시세루]	놀래다
びっくりする	[빗꾸리스루]	깜짝 놀라다
ひづけ	日付 [히즈께]	날짜
ひっこし	引っ越し [힛꼬시]	이사
ひっこめる	引っ込める [힛꼬메루]	움츠리다
ひっさつ	必殺 [힛사쓰]	필살
ひつじ	羊 [히쓰지]	양
ひっしてき	必死的 [힛시떼끼]	필사적
ひっしゃ	筆者 [힛샤]	필자
ひっす	必須 [힛스]	필수
ひっせき	筆跡 [힛세끼]	필적
ひつぜん	必然 [히쓰젱]	필연
ひったくる	引ったくる [힛따꾸루]	낚아채다, 빼앗다(잡아당겨)
ぴったりだ	[핏따리다]	딱맞다
ひっつかむ	引っ掴む [힛쓰까우]	거머쥐다
ひってき	匹敵 [힛떼끼]	필적
ヒット	hit [힛또]	히트
ひっぱる	引っ張る [힙빠루]	끌다, 잡아당기다
ひつめい	筆名 [히쓰메-]	필명
ひてい	否定 [히떼-]	부정
ビデオ	video [비데오]	비디오
びてき	美的 [비떼끼]	미적
ひでり	日照り [히데리]	가뭄, 한발
ひと	人 [히또]	사람

ひどい	酷い [히도이]	너무하다, 심하다
ひとかどの	一角の [히또카도노]	어엿한
ひときわ	一際 [히도끼와]	유달리
びとく	美徳 [비도꾸]	미덕
ひとこと	一言 [히도꼬또]	한마디
ひとしお	一入 [히또시오]	한결
ひとしきり	一頻り [히또시와리]	한바탕
ひとつ	一つ [히또쓰]	하나
ひとつのこらず	一つ残らず [히또쓰노꼬라즈]	낱낱이
ひとづま	人妻 [히또즈마]	유부녀
ひとで	人手 [히또데]	일손
ひととおり	一通り [히또도ー리]	대충
ひととなり	人となり [히도또나리]	됨됨이
ひとにぎり	一握り [히또니기리]	한줌
ひとばん	一晩 [히또방]	하룻밤
ひとまわり	一回り [히또마와리]	한바퀴
ひとみ	瞳 [히또미]	눈동자
ひとみしり	人見知り [히또미시리]	낯가림
ひとめ	人目 [히또메]	남의 눈
ひとよし	人好し [히또요시]	호인
ひとり	一人 [히또리]	한 사람, 홀로
ひとりがてん	独り合点 [히또리기뗑]	지레 짐작
ひとりぐらし	独り暮らし [히또리구라시]	독신생활
ひとりごと	独り言 [히또리고또]	혼잣말
ひとりじめ	独り占め [히또리지메]	독차지
ひとりでに	独りでに [히또리데니]	저절로
ひとりぼっち	独りぼっち [히또리봇찌]	외톨이

ひとりむすこ	一人息子 [히또리무스꼬]	독자(외아들)
ひとりむすめ	一人娘 [히또리무스메]	무남독녀
ひとりもの	独り者 [히또리모노]	독신자
ひとりよがり	独り善がり [히또리요가리]	독선
ひなた	日向 [히나따]	양지
ひなん	避難 [히낭]	피난
びなん	美男 [비낭]	미남
ビニール	vinyl [비니-루]	비닐
ひにく	皮肉 [히니꾸]	비꼬임
ひにん	否認 [히닝]	부인(불인정)
ひにん	避妊 [히닝]	피임
ひねる	捻る [히네루]	비틀다(손끝)
ひばり	雲雀 [히바리]	종달새
ひはん	批判 [히항]	비판
ひひょう	批評 [히효-]	비평
ひふ	皮膚 [히후]	피부
びぼう	美貌 [비보-]	미모
ひぼん	非凡 [히봉]	비범함
ひま	暇 [히마]	짬
ひましに	日増に [히마시니]	날로
ひまつぶし	暇潰し [히마쓰부시]	심심풀이
ひまわり	向日葵 [히마와리]	해바라기
ひまん	肥満 [히망]	비만
ひみつ	秘密 [히미스]	비밀
びみょう	微妙 [비묘-]	미묘함
ひめい	悲鳴 [히메-]	비명
ひも	紐 [히모]	끈

ひもぎれ	紐切れ [히모기레]	끄나풀
ひもじい	[히모지-]	배고프다, 시장하다
ひもの	干物 [히모노]	건어물
ひやあせ	冷汗 [히야아세]	식은 땀
ひやかす	冷やかす [히야까스]	조롱하다
ひゃく	百 [햐꾸]	백
ひやく	飛躍 [히야꾸]	비약
ひゃくせい	百姓 [햐꾸세-]	백성
ひやす	冷やす [히야스]	식히다
ビヤホール	beer hall [비야호-루]	비어홀
ひやみず	冷や水 [히야미즈]	냉수
ひやめし	冷や飯 [히야메시]	찬밥
ひややか	冷ややか [히야야까]	싸늘함
ひゆ	比喩 [히유]	비유
ビュッフェ	buffet [뷧휃]	뷔페
ひよう	費用 [히요-]	비용
びよう	美容 [비요-]	미용
ひょう	豹 [효-]	표범
びよういん	美容院 [비요-잉]	미장원
ひょうか	評価 [효-까]	평가
ひょうが	氷河 [효-가]	빙하
ひょうき	表記 [효-끼]	표기
びょうきみまい	病気見舞い [뵤우끼미마이]	문병
ひょうぐや	表具屋 [효우구야]	표구사
ひょうけつ	票決 [효우께쓰]	표결
ひょうげん	表現 [효우겡]	표현
ひょうご	標語 [효-고]	표어

ひょうざん	氷山 [효-장]	빙산
ひょうし	拍子 [효-시]	박자
ひょうし	表紙 [효-시]	표지
びょうしゃ	描写 [보-샤]	묘사
ひょうしゅつ	表出 [효-슈쯔]	표출
ひょうじゅん	標準 [효-쥰]	표준
ひょうしょう	表彰 [효-쇼-]	표창
ひょうじょう	表 [효-죠-]	표정
ひょうせつ	剽窃 [효-세쓰]	표절
ひょうたん	瓢箪 [효-땅]	호리병박
ひょうてん	氷点 [효-뗑]	빙점
びょうどう	平等 [보-도-]	평등
びょうにん	病人 [보-닝]	환자(병자)
ひょうばん	評判 [효-방]	평판
ひょうへん	豹変 [효-헹]	표변
ひょうめい	表明 [효-메-]	표명
ひょうめん	表面 [효-멩]	표면
ひょうりゅう	漂流 [효-류-]	표류
ひょうろん	評論 [효-롱]	평론
ひらく	開く [히라꾸]	열다
ひらける	開ける [히라께]	열리다
ひらしゃいん	平社員 [히라샤잉]	평사원
ひらたい	平たい [히라따이]	판판하다
ひらべったい	平べったい [히라벳따이]	납작하다
ピラミット	pyramid [피라밋또]	피라미드
ひらめ	鮃 [히라메]	광어
ひらめ	平目 [히라메]	광어

ひらめく	閃く [히라메꾸]	번뜩이다
ひらや	平屋 [히라야]	단층집
びり	[비리]	꼴찌
ひりつ	比率 [히리쓰]	비율
ひりひりする	[히리히리스루]	따끔거리다
ひりょう	肥料 [히료-]	비료
ひる	蛭 [히루]	거머리
ひる	昼 [히루]	낮
ビルディング	building [비루딩구]	빌딩
ひるね	昼寝 [히루네]	낮잠
ひるま	昼間 [히루마]	주간(낮)
ひるやすみ	昼休み [히루야스미]	점심시간
ひれ	鰭 [히레]	지느러미
ひれい	比例 [히레-]	비례
ひれつ	卑劣 [히레쓰]	비열
ひろい	広い [히로이]	넓다
ひろう	拾う [히로-]	줍다
ひろう	疲労 [히로-]	피로
ひろがる	広がる [히로가루]	넓어지다, 퍼지다
ひろげる	広げる [히로게루]	넓히다, 펴다
ひろげる	拡げる [히로게루]	펼치다
ひろさ	広さ [히로사]	넓이
ひろば	広場 [히로바]	광장
ひわ	悲話 [히와]	비화
ピン	pin [핑]	핀
ピンク	pink [핑꾸]	핑크
ひんけつ	貧血 [힝께쓰]	빈혈

ひんこん	貧困 [힝꽁]	빈곤
ひんし	瀕死 [힌시]	빈사
ひんしつ	品質 [힌시쓰]	품질
ひんじゃく	貧弱 [힌자꾸]	빈약
ひんしゅ	品種 [힌슈]	품종
ピンセット	pincette [핀세또]	핀셋
びんせん	便箋 [빈셍]	편지지
ヒント	hint [힌또]	힌트
ひんぱんに	頻繁に [힘빤니]	빈번히
びんぼう	貧乏 [빔보-]	가난
びんぼうにん	貧乏人 [빔보-닝]	가난뱅이
ピンポン	ping pong [핌뽕]	탁구
ひんもく	品目 [힘모꾸]	품목
びんわん	敏腕 [빙왕]	민첩

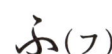

ふ (フ)

ファースト	first [화-스또]	퍼스트
ぶあいそう	無愛想 [부아이소-]	무뚝뚝함
ぶあいそうだ	無愛想だ [부아이소-다]	무뚝뚝하다
ファイル	file [화이루]	파일
ファインプレー	fine play [화인뿌레-]	파인플레이
ファウル	foul [화우루]	파울
ファクシミリ	facsimile [화꾸시미리]	팩시밀리
ファッション	[홧숑]	패션
ふあん	不安 [후앙]	불안
ファン	fan [황]	팬
ファンタジー	fantasy [환따지-]	판타지
ふい	不意 [후이]	불의
フィアンセ	fianc [휘안세]	피앙세
フィート	feet [휘-또]	피트
フィクション	fiction [휘꾸숑]	픽션
ふいに	不意に [후이니]	불시에
フィルター	filter [휘루따-]	필터
フィルム	film [휘루무]	필름
ふううん	風雲 [후-웅]	풍운
ふうか	風化 [후-까]	풍화

ふうき	富貴 [후-끼]	부귀
ふうき	風紀 [후-끼]	풍기
ふうきり	封切り [후-끼리]	개봉
ふうけい	風景 [후-께-]	풍경
ふうさい	風采 [후-사이]	풍채
ふうし	諷刺 [후-시]	풍자
ふうしゅう	風習 [후-슈-]	풍습
ふうせつ	風雪 [후-세쓰]	풍설
ふうせん	風船 [후-셍]	풍선
ふうぜん	風前 [후-젱]	풍전
ふうそく	風速 [후-소꾸]	풍속
ふうぞく	風俗 [후-조꾸]	풍속
ふうちょう	風潮 [후-쵸-]	풍조
ふうど	風土 [후-도]	풍토
ふうとう	封筒 [후-또-]	봉투
ふうび	風靡 [후-비]	풍미
ふうふ	夫婦 [후-후]	부부
ふうぶん	風聞 [후-붕]	풍문
ブーム	boom [부-무]	붐
ふうりゅう	風流 [후-류-]	풍류
ふうん	不運 [후웅]	불운
ふえ	笛 [후에]	피리
フェース	face [훼-스]	페이스
ふえる	増える [후에루]	늘다, 늘어나다
フォーク	fork [훠-꾸]	포크
ふか	賦課 [후까]	부과
ぶか	部下 [부까]	부하

ふかい	不快 [후까이]	불쾌
ふかい	深い [후까이]	깊다
ふかさ	深さ [후까사]	깊이
ぶかっこう	不格好 [부각꼬-]	꼴이 흉함
ふかのう	不可能 [후까노-]	불가능
ふかまる	深まる [후까마루]	깊어지다
ふかんぜん	不完全 [후깐젱]	불완전
ぶき	武器 [부끼]	무기
ふきげん	不機嫌 [후끼겡]	기분이 언짢음
ふきだす	吹き出す [후끼다스]	내뿜다
ふきつ	不吉 [후끼쓰]	불길(길흉)
ふきゅう	不朽 [후뀨-]	불후
ふきょう	不況 [후꾜-]	불황
ぶきりょうだ	不器量だ [부끼료-다]	못생기다
ふきん	付近 [후낑]	부근
ふきん	布巾 [후낑]	행주
ふく	福 [후꾸]	복
ふく	服 [후꾸]	옷
ふく	拭く [후꾸]	닦다, 훔치다
ふく	吹く [후꾸]	불다
ふぐ	河豚 [후구]	복어
ふくあん	腹案 [후꾸앙]	복안
ふくいん	福音 [후꾸잉]	복음
ふくごう	複合 [후꾸고-]	복합
ふくざつ	複雑 [후꾸자쓰]	복잡
ふくさんぶつ	副産物 [후꾸삼부쓰]	부산물
ふくし	福祉 [후꾸시]	복지

ふ

295

ふくしゃ	複写 [후꾸샤]	복사
ふくしゅう	復讐 [후꾸슈-]	복수(원수)
ふくしゅう	復習 [후꾸슈-]	복습
ふくじゅう	服従 [후꾸쥬-]	복종
ふくしょく	服飾 [후꾸쇼꾸]	복식
ふくしょく	復職 [후꾸쇼꾸]	복직
ふくすう	複数 [후꾸스-]	복수(숫자)
ふくせん	伏線 [후꾸셍]	복선
ふくそう	服装 [후꾸소-]	복장
ふくつう	腹痛 [후구쯔-]	복통
ふくぶ	腹部 [후꾸브]	복부
ふくまれる	含まれる [후꾸마레루]	포함되다
ふくむ	服務 [후꾸무]	복무
ふくむ	含む [후꾸무]	포함하다, 품다
ふくめる	含める [후꾸메루]	포함시키다
ふくよう	服用 [후꾸요-]	복용
ふくらはぎ	脹ら脛 [후꾸라하기]	장딴지
ふくらむ	膨らむ [후꾸라무]	부풀다
ふくろ	袋 [후꾸로]	자루
ふくろう	[후꾸로-]	올빼미
ふくろこうじ	袋小路 [후꾸로코-지]	막다른 골목
ふくろだたき	袋叩き [후꾸로다따끼]	뭇매
ふけ	髪垢 [후께]	비듬
ぶげい	武芸 [부게-]	무예
ふけいき	不景気 [후께-끼]	불경기
ふけつ	不潔 [후께쓰]	불결
ふける	耽る [후께루]	골몰하다

ふこう	不幸 [후꼬-]	불행
ふこう	不孝 [후꼬-]	불효
ふごう	符号 [후고-]	부호(기호)
ふごう	富豪 [후고-]	부호(부자)
ふごうかく	不合格 [후고-까꾸]	불합격
ふさい	負債 [후사이]	부채(빚)
ふさい	夫妻 [후사이]	부처
ふさがる	塞がる [후사가루]	막히다(방해)
ふさぐ	塞ぐ [후사구]	가로막다
ふざけ	巫山戯 [후자께]	너스레
ふざける	[후자께루]	까불다
ぶざま	不様 [부지마]	꼴불견
ふさわしい	相応しい [후사와시-]	걸맞다
ふし	父子 [후시]	부자
ふし	節 [후시]	마디
ふじ	不治 [후지]	불치
ぶし	武士 [부시]	무사(사람)
ぶじ	無事 [부지]	무사(일)
ふしあな	節穴 [후시아나]	옹이구멍
ふしぎ	不思議 [후시기]	이상함
ふしぜん	不自然 [후시젱]	부자연스러움
ふしちょう	不死鳥 [후시쵸-]	불사조
ふじみ	不死身 [후지미]	불사신
ふじゆう	不自由 [후지유-]	부자유스러움
ふじゅうぶん	不充分 [후쥬-붕]	불충분
ぶじゅつ	武術 [부쥬쓰]	무술
ふじゅん	不純 [후줌]	불순

ぶしょ	部署 [부쇼]	부서
ふしょう	負傷 [후쇼-]	부상
ぶしょうだ	無精だ [부쇼-다]	게으르다
ぶじょく	侮辱 [부죠꾸]	모욕
ふしん	不信 [후싱]	불신
ふじん	婦人 [후징]	부인(아내)
ふじん	夫人 [후징]	부인(여사)
ふす	伏す [후스]	엎드리다
ふせい	不正 [후세-]	부정(올바름)
ふぜい	風情 [후제-]	풍치
ふせぐ	防ぐ [후세구]	막다(방어)
ぶそう	武装 [부소-]	무장
ふそく	不足 [후소꾸]	부족
ふぞくひん	附属品 [후조꾸힝]	부속품
ふた	蓋 [후따]	뚜껑
ぶたい	舞台 [부따이]	무대
ぶたい	部隊 [부따이]	부대
ふたえまぶた	二重瞼 [후따에마부따]	쌍꺼풀
ふたご	双子 [후따고]	쌍둥이
ふたたび	再び [후다따비]	또다시
ふたん	負担 [후땅]	부담
ふだん	普段 [후당]	평소
ふち	縁 [후찌]	가장자리
ふち	[후찌]	언저리
ぶちこわす	ぶち壊す [부찌코와스]	때려 부수다
ぶちまける	[부찌마께루]	털어놓다
ふちゃく	付着 [후짜꾸]	부착

ふちゅうい	不注意 [후쮸-이]	부주의
ぶちょう	部長 [부쵸-]	부장
ふちん	浮沈 [후찡]	부침
ふつう	普通 [후쓰-]	보통
ふつう	不通 [후쓰-]	불통
ふつか	二日 [후쓰까]	이틀
ぶっか	物価 [북까]	물가
ふっかつ	復活 [훗까쓰]	부활
ぶつかる	[부쓰까루]	부딪히다
ふっき	復帰 [훗끼]	복귀
ぶっきょう	仏教 [붓꾜-]	불교
ブック	book [북꾸]	북(책)
ふっこ	復古 [훗꼬]	복고
ふっこう	復興 [훗꼬-]	부흥
ぶっし	物資 [붓시]	물자
ぶっしつ	物質 [붓시쓰]	물질
ぶっしょう	物証 [붓쇼-]	물증
ぶっしん	物心 [붓싱]	물심
ぶつぞう	仏像 [부쓰조-]	불상
ぶったい	物体 [붓따이]	물체
ぶっちょうづら	仏頂面 [붓쵸-즈라]	무뚝뚝한 얼굴
ふつつか	不束 [후쓰쓰까]	미거함
ぶっつける	[붓쓰께루]	들이받다
ぶっつり	[붓쓰리]	뚝
ぶっぴん	物品 [붐삥]	물품
ぶつぶつ	[부쓰부쓰]	중얼중얼
ぶつよく	物欲 [부쓰요꾸]	물욕

ぶつり	物理 [부쓰리]	물리
ぶつりょう	物量 [부쓰료-]	물량
ふで	筆 [후데]	붓
ふてい	不定 [후떼-]	부정(일정함)
ふてい	不貞 [후떼-]	부정(정조)
ふでいれ	筆入れ [후데-레]	필통
ふてぶてしい	[후떼부떼시-]	넉살 좋다
ふと	[후또]	문득
ふとい	太い [후또이]	굵다
ふとう	不当 [후또-]	부당
ぶどう	葡萄 [부도-]	포도
ぶとうかい	舞踏会 [부또-까이]	무도회
ふどうさん	不動産 [후도-상]	부동산
ふとうだ	不当だ [후또-다]	마땅찮다
ふところ	懐 [후또꼬로]	주머니
ふとる	太る [후또루]	살찌다
ふとん	布団 [후동]	이불
ふな	鮒 [후나]	붕어
ぶな	[부나]	너도밤나무
ふなびん	船便 [후나빙]	배편, 선편
ふなよい	船酔い [후나요이]	뱃멀미
ふなれ	不慣れ [후나레]	낯설다, 생소함
ぶなん	無難 [부낭]	무난함
ふにん	赴任 [후닝]	부임
ふね	船 [후네]	배(선박)
ふはい	腐敗 [후하이]	부패
ふはつ	不発 [후하쓰]	불발

ぶひん	部品 [부힝]	부품
ふぶき	吹雪 [후부끼]	눈보라
ぶぶん	部分 [부붕]	부분
ふへい	不平 [후헤-]	불평
ふへん	不変 [후헹]	불변
ふべん	不便 [후벵]	불편
ふぼ	父母 [후보]	부모
ふほう	不法 [후호-]	불법
ふまじめ	不真面目 [후마지메]	불성실
ふまん	不満 [후망]	불만
ふみ	文 [후미]	글
ふみきり	踏切り [후미끼리]	건널목
ふみだす	踏み出す [후미다스]	내딛다
ふみつける	踏み付ける [후미쓰께루]	짓밟다
ふみんしょう	不眠症 [후민쇼-]	불면증
ふむ	踏む [후무]	밟다
ふめい	不明 [후메-]	불명
ふめつ	不滅 [후메쓰]	불멸
ふもう	不毛 [후모-]	불모
ふもと	麓 [후모또]	기슭
ぶもん	部門 [후몽]	부문
ふやす	増やす [후야스]	늘리다
ふゆ	冬 [후유]	겨울
ふゆごもり	冬籠り [후유고모리]	동면, 겨울잠
ぶよう	舞踊 [부요-]	무용(춤)
プライバシー	privacy [푸라이바시-]	프라이버시
ブラインド	blind [부라인도]	블라인드

ブラウス	blouse [부라우스]	블라우스
ぶらさげる	ぶら下げる [부라사게루]	늘어뜨리다
ブラシ	brush [부라시]	브러시
ブラジャー	brassiere [부라쟈-]	브래지어
プラス	plus [푸라스]	플러스
プラスチック	plastics [푸라스칙꾸]	플라스틱
プラタナス	platanus [푸라따나스]	플라타너스
ふらち	不埒 [후라찌]	발칙함
ぶらつく	[부라쓰꾸]	거닐다, 어슬렁거리다
ブラック	black [부락꾸]	블랙
フラッシュ	flash [후랏슈]	플래시
プラットホーム	platform [푸랏또호-무]	플랫폼
プラトニック	platonic [푸라또닉꾸]	플라토닉
ぶらぶら	[부라부라]	어슬렁어슬렁
ブラボー	bravo [부라보-]	브라보
ぶらりと	[부라리또]	훌쩍
プラン	plan [푸랑]	플랜
プランクトン	plankton [푸랑꾸똥]	플랑크톤
ブランコ	포 balanco [부랑꼬]	그네
フランス	France [후란스]	프랑스
ブランデー	brandy [부란데-]	브랜디
ふり	不利 [후리]	불리
ふりかえる	振り返る [후리까에루]	돌아보다
ふりそそぐ	降り注ぐ [후리소소구]	쏟아지다
ふりつもる	降り積る [후리쓰모루]	내려쌓이다
ふりまく	振り巻く [후리마꾸]	끼얹다
ふりまわす	振り回す [후리마와스]	휘두르다

ふりむく	振り向く [후리무꾸]	뒤돌아보다
ふりょうひん	不良品 [후료-힝]	불량품
ぶりょく	武力 [부료꾸]	무력
ふりん	不倫 [후링]	불륜
プリンス	prince [푸린스]	프린스
プリント	print [푸린또]	프린트
ふる	降る [후루]	내리다(비가)
ふる	振る [후루]	흔들다
ブルー	blue [부루-]	블루
ブルース	blues [부루-스]	블루스
ふるえる	震える [후루에루]	떨다
ふるがお	古顔 [후루가오]	고참
ふるぎ	古着 [후루기]	헌옷
ふるだぬき	古狸 [후루다누끼]	능구렁이
ぶるぶる	[부루부루]	덜덜
ふるほん	古本 [후루홍]	고서
ふるまい	振舞い [후루마이]	거동
ふるもの	古物 [후루모노]	고물
ふるや	古家 [후루야]	헌집
ぶれい	無礼 [부레이]	무례
プレー	play [푸레-]	플레이
ブレーキ	brake [부레-끼-]	브레이크
プレゼント	present [뿌레젠또]	선물
プレミアム	premium [푸레미아무]	프리미엄
ふれる	触れる [후레루]	닿다(접촉하다)
ふろ	風呂 [후로]	목욕
プロ	professional [푸로]	프로

ブローカー	broker [부로-까-]	브로커
プログラム	program [푸로구라무]	프로그램
プロジェクト	project [푸로제꾸또]	프로젝트
ふろしき	風呂敷 [후로시끼]	보자기
プロダクション	production [푸로다꾸숑]	프로덕션
ブロック	block [부록꾸]	블록
プロデューサー	producer [푸로듀-사-]	프로듀서
ふろば	風呂場 [후로바]	목욕탕
プロペラ	propeller [푸로뻬라]	프로펠러
プロポーズ	propose [푸로뽀-즈]	프러포즈
フロント	front [후론또]	프런트
ふわ	不和 [후와]	불화
ふわたり	不渡り [후와따리]	부도
ふわりと	[후와리또]	둥실
ふんいき	雰囲気 [훙이끼]	분위기
ぶんか	文化 [붕까]	문화
ぶんかい	分解 [붕까이]	분해
ぶんがつ	文学 [붕가꾸]	문학
ぶんかつ	分割 [붕까이]	분할
ぶんきてん	分岐点 [붕끼뗑]	분기점
ぶんけ	分家 [붕께]	분가
ぶんげい	文芸 [붕게-]	문예
ぶんこ	文庫 [붕꼬]	문고
ぶんごう	文豪 [붕고-]	문호
ぶんざい	分際 [분자이]	분수(신분)
ぶんさん	分散 [분상]	분산
ふんしつ	紛失 [훈시쓰]	분실

ぶんしょ	文書 [분쇼]	문서
ぶんしょう	文章 [분쇼-]	문장
ぶんしん	分身 [분싱]	분신
ふんすい	噴水 [훈스이]	분수(물)
ぶんせき	分析 [분세끼]	분석
ふんそう	扮装 [훈소-]	분장
ふんだくる	[훈다꾸루]	탈취하다
ぶんだん	文壇 [분당]	문단
ぶんたん	分担 [분땅]	분담
ぶんてん	分店 [분뗑]	분점
ぶんばい	分配 [붐빠이]	분배
ふんばつ	奮発 [훔빠쓰]	분발
ぶんぴつ	分泌 [붐삐쓰]	분비
ぶんぷ	分布 [붐뿌]	분포
ぶんべん	分娩 [붐벵]	분만
ぶんぽう	文法 [붐뽀-]	문법
ぶんぼうぐや	文房具屋 [붐보-구야]	문방구점
ふんまつ	粉末 [홈마쓰]	분말
ぶんめい	文明 [붐메-]	문명
ぶんや	分野 [붕야]	분야
ぶんり	分離 [분리]	분리
ぶんるい	分類 [분루이]	분류
ぶんれつ	分裂 [분레쓰]	분열

へ	屁 [헤]	방귀
ヘアスタイル	hair style [헤아스따이루]	헤어스타일
へい	塀 [헤-]	담
へいおん	平穏 [헤-옹]	평온
へいかい	閉会 [헤-까이]	폐회
へいき	平気 [헤-끼]	태연함
へいきん	平均 [헤-낑]	평균
へいこう	閉口 [헤-꼬-]	질림
へいこうせん	平行線 [헤-꼬-셍]	평행선
べいこく	米穀 [베-꼬꾸]	미곡
べいこく	米国 [베-꼬꾸]	미국
へいさ	閉鎖 [헤-사]	폐쇄
へいじつ	平日 [헤-지쓰]	평일
へいち	平地 [헤-찌]	평지
へいてん	閉店 [헤-뗑]	폐점
へいねん	平年 [헤-넹]	평년
へいふく	平服 [헤-후꾸]	평복
へいほう	平方 [헤-호-]	평방
へいぼん	平凡 [헤-봉]	평범함
へいまく	閉幕 [헤-마꾸]	폐막

へいみん	平民 [헤-밍]	평민
へいめん	平面 [헤-멩]	평면
へいや	平野 [헤-야]	평야
へいわ	平和 [헤-와]	평화
ベーコン	bacon [베-꽁]	베이컨
ページ	page [페-지]	페이지
ペーパー	paper [페-빠-]	페이퍼
へきそん	僻村 [헤끼송]	벽촌
ヘクタール	hectare [헤꾸따-루]	헥타르
へこたれる	[헤꼬따레루]	녹초가 되다
ぺこぺこ	[뻬꼬뻬꼬]	굽실굽실
へさき	舳先 [헤사끼]	뱃머리
ペスト	pest [페스또]	페스트
ベストセラー	best seller [베스또세라-]	베스트셀러
へそ	臍 [헤소]	배꼽
へただ	下手だ [헤따다]	서툴다
べたつく	[베따쓰꾸]	끈적거리다
へたばる	[헤따바루]	지치다
べたべた	[베따베따]	덕지덕지
ペダル	pedal [페다루]	페달
へちま	[헤찌마]	수세미
べつじん	別人 [베쓰징]	나른 사람
ベッド	bed [벳도]	베드
ペット	pet [펫또]	페트
ヘッドライト	headlight [헷도라이또]	헤드라이트
べつに	別に [베쓰니]	따로
べつべつ	別別 [베쓰베쓰]	따로따로

へつらう	諂う [헤쓰라우]	아부하다
ベテラン	veteran [베떼랑]	베테랑
へど	反吐 [헤도]	구역질
べにづる	紅鶴 [베니즈루]	홍학
へび	蛇 [헤비]	뱀
ベビー	baby [베비-]	베이비
へや	部屋 [헤야]	방
ぺらぺら	[뻬라뻬라]	나불나불
ベランダ	veranda [베란다]	베란다
ヘリコプター	helicopter [헤리꼬뿌따-]	헬리콥터
へる	減る [헤루]	줄다
へる	経る [헤루]	거치다
ベルト	belt [베루또]	벨트
ペン	pen [뻰]	펜
べんかい	弁解 [벵까이]	변명
べんき	便器 [벵끼]	변기
ペンキ	pek [뻰끼]	페인트
べんきょう	勉強 [벵꾜-]	공부
へんくつだ	偏屈だ [헹꾸쓰]	괴팍스럽다
へんけん	偏見 [헹껭]	편견
へんこう	変更 [헹꼬-]	변경
へんさん	編纂 [헨상]	편찬
へんし	変死 [헨시]	변사
へんじ	返事 [헨지]	대답
へんしゃ	編者 [헨샤]	편자
へんしゅう	編集 [헨슈-]	편집
べんしょう	弁償 [벤쇼-]	변상

へんしょく	偏食 [헨쇼꾸]	편식
へんしん	変身 [헨싱]	탈바꿈
へんせい	編成 [헨세-]	편성
へんせい	編制 [헨세-]	편제
ペンダント	pendant [펜단또]	펜던트
ベンチ	bench [벤찌]	벤치
へんちょう	偏重 [헨쵸-]	편중
へんどう	変動 [헨도-]	변동
べんとう	弁当 [벤또-]	도시락
へんとうせん	扁桃腺 [헨또-셍]	편도선
へんにゅう	編入 [헨뉴-]	편입
ペンネーム	pen name [펜네-무]	펜네임
べんぴ	便秘 [벰삐]	변비
へんぴん	返品 [헴삥]	반품
べんり	便利 [벤리]	편리

ほ (ホ)

ほ	帆 [호]	돛
ボイラー	boiler [보이라-]	보일러
ポイント	point [포인뜨]	포인트
ほう	法 [호-]	법
ぼう	棒 [보-]	방망이
ほうあん	法案 [호-앙]	법안
ほうい	包囲 [호-이]	포위
ぼうう	暴雨 [보-우]	폭우
ほうえい	放映 [호-에-]	방영
ぼうえき	貿易 [보-에끼]	무역
ぼうえき	防疫 [보-에끼]	방역
ぼうえん	暴炎 [보-엥]	폭염
ぼうえんきょう	望遠鏡 [보-엥꾜-]	망원경
ぼうおん	忘恩 [보-옹]	망은
ぼうおん	防音 [보-옹]	방음
ほうか	砲火 [호-까]	포화
ほうかい	崩壊 [호-까이]	붕괴
ほうがく	法学 [호-가꾸]	법학
ぼうかん	防寒 [보-깡]	방한
ぼうかん	傍観 [보-깡]	방관

ほうかん	法官 [호-깡]	법관
ぼうかん	暴漢 [보-깡]	폭한
ほうき	放棄 [호-끼]	포기
ほうき	法規 [호-끼]	법규
ほうき	箒 [호-끼]	빗자루
ぼうきゃく	忘却 [보-까꾸]	망각
ほうぎょ	防禦 [보-교]	방어
ぼうぎれ	棒切れ [보-기레]	막대기
ぼうくん	暴君 [보-꿍]	폭군
ほうけい	包茎 [호-께-]	포경
ほうげき	砲撃 [호-게끼]	포격
ほうけん	封建 [호-껭]	봉건
ほうげん	方言 [호-겡]	방언, 사투리
ぼうけん	冒険 [보-껭]	모험
ほうこう	方向 [호-꼬-]	방향
ほうこう	彷徨 [호-꼬-]	방황
ほうこう	咆哮 [호-꼬-]	포효
ぼうこう	暴行 [보-꼬-]	폭행
ほうさく	豊作 [호-사꾸]	풍작
ほうし	奉仕 [호-시]	봉사
ぼうし	帽子 [보-시]	모자
ぼうし	防止 [보-시]	방지
ほうしき	方式 [호-시끼]	방식
ほうしゃせん	放射線 [호-샤셍]	방사선
ほうしゅう	報酬 [호-슈-]	보수(대가)
ほうしゅつ	放出 [호-슈쓰]	방출
ほうしょう	褒賞 [호-쇼-]	포상

ほうしん	方針 [호-싱]	방침
ほうじん	法人 [호-징]	법인
ぼうず	坊主 [보-즈]	중, (절의) 주지
ぼうずあたま	坊主頭 [보-즈아따마]	까까머리
ほうせき	宝石 [호-세끼]	보석
ぼうぜんと	茫然と [보-젠또]	망연히, 멍하니
ほうそう	放送 [호-소-]	방송
ほうそう	包装 [호-소-]	포장
ぼうそうぞく	暴走族 [보-소-조꾸]	폭주족
ほうそく	法則 [호-소꾸]	법칙
ほうたい	繃帯 [호-따이]	붕대
ぼうだい	膨大 [보-다이]	방대함
ほうだん	砲弾 [호-당]	포탄
ほうち	放置 [호-찌]	방치
ほうちょう	包丁 [호-쵸-]	식칼
ぼうちょう	膨張 [보-쵸-]	팽창
ぼうちょうきゃく	傍聴客 [보-쵸-까꾸]	방청객
ほうっておく	放っておく [호옷떼오꾸]	내버려두다
ほうてい	法的 [호-떼-]	법적
ほうていしき	方程式 [호-떼-시끼]	방정식
ほうどう	報道 [호-도-]	보도
ぼうどう	暴動 [보-도-]	폭동
ほうねん	豊年 [호-넹]	풍년
ぼうねんかい	忘年会 [보-넹까이]	망년회
ほうふ	抱負 [호-후]	포부
ぼうふう	暴風 [보-후-]	폭풍
ぼうふざい	防腐剤 [보-후자이]	방부제

ほうへい	砲兵 [호-헤-]	포병
ほうほう	方法 [호-호-]	방법
ほうまん	飽満 [호-망]	포만
ほうまん	豊満 [호-망]	풍만
ぼうめい	亡命 [보-메-]	망명
ほうめん	方面 [호-멩]	방면
ほうめん	方案 [호-앙]	방안
ほうもん	訪問 [호-몽]	방문
ほうもん	砲門 [호-몽]	포문
ほうよう	抱擁 [호-요-]	포옹
ぼうらく	暴落 [보-라꾸]	폭락
ぼうり	暴利 [보-리]	폭리
ほうりだす	ほうり出す [호-리다스]	내던지다
ほうりつ	法律 [호-리쓰]	법률
ぼうりょく	暴力 [보-료꾸]	폭력
ほうる	放る [호-루]	팽개치다
ほうれんそう	ほうれん草 [호-렌소-]	시금치
ほうろう	放浪 [호-로-]	방랑
ほえる	吠える [호에루]	짖다
ほお	頬 [호-]	볼, 뺨
ボーイ	boy [보-이]	보이
ホース	hose [호-스]	호스
ポーズ	pose [포-즈]	포즈
ボート	boat [보-또]	보트
ボーナス	bonus [보-나스]	상여금
ポーランド	Poland [포-란도]	폴란드
ボーリング	bowling [보-링구]	볼링

ほ

ボール	ball [보-루]	볼(공)
ボールペン	ball pen [보-루뻰]	볼펜
ほかく	捕獲 [호까꾸]	포획
ほかならぬ	他ならぬ [호까나라누]	다름 아닌
ほかの	他の [호까노]	다른
ぼく	僕 [보꾸]	나(남성어)
ほくおう	北欧 [호꾸오-]	북구
ぼくし	牧師 [보꾸시]	목사
ぼくじょう	牧場 [보꾸죠-]	목장
ボクシング	boxing [보꾸상구]	복싱
ぼくちく	牧畜 [보꾸찌꾸]	목축
ぼくどう	牧童 [보꾸도-]	목동
ほくとしちせい	北斗七星 [호꾸또시찌세-]	북두칠성
ぼくねんじん	朴念仁 [보꾸넨징]	벽창호
ぼくめつ	撲滅 [보꾸메쓰]	박멸
ポケット	pocket [포켓또]	포켓
ほけん	保険 [호껭]	보험
ほご	保護 [호고]	보호
ほこう	歩行 [호꼬-]	보행
ぼこう	母校 [보꼬-]	모교
ぼこく	母国 [보꼬꾸]	모국
ほこり	矜 [호꼬리]	긍지
ほこり	埃 [호꼬리]	먼지
ぼさつ	菩薩 [보사쓰]	보살
ぼし	母子 [보시]	모자
ほしい	欲しい [호시-]	탐나다
ほしうらない	星占い [호시우라나이]	점성술

ほしがき	干し柿 [호시가끼]	곶감
ほしがる	欲しがる [호시가루]	탐내다
ほじくる	[호지꾸루]	후비다
ポジション	position [포지숑]	포지션
ほしぶどう	干葡萄 [호시부도-]	건포도
ほしゅ	保守 [호슈]	보수(지킴)
ほじゅう	補充 [호쥬-]	보충
ぼしゅう	募集 [보슈-]	모집
ほじょ	補助 [호죠]	보조
ほしょう	補償 [호쇼-]	보상
ほしょう	保障 [호쇼-]	보장
ほしょう	保証 [호쇼-]	보증
ほしょう	歩哨 [호쇼-]	보초
ほす	干す [호스]	널다
ボス	boss [보스]	보스
ポスター	poster [포스따-]	포스터
ポスト	post [포스또]	포스트
ぼせい	母性 [보세-]	모성
ほそい	細い [호소이]	가늘다
ほそながい	細長い [호소나가이]	갸름하다, 홀쭉하다
ほぞん	保存 [호종]	보존
ほたてがい	帆立貝 [호다떼가이]	가리비
ぼたん	牡丹 [보땅]	모란
ボタン	ポ botao [보땅]	버튼
ぼち	墓地 [보찌]	묘지
ほっき	発起 [혹끼]	발기
ほっきょく	北極 [혹꾜꾸]	북극

ほっさ	発作 [홋사]	발작
ぼっしゅう	没収 [붓슈-]	몰수
ほっする	欲する [홋스루]	바라다(욕구)
ほっそく	発足 [홋소꾸]	발족
ほったん	発端 [홋땅]	발단
ぼっちゃん	坊っちゃん [봇짱]	도련님
ぼっとう	没頭 [봇또-]	몰두
ほっぺた	頬っぺた [홈뻬따]	볼퉁이
ぼつらく	没落 [보쓰라꾸]	몰락
ぼつりぼつり	[뽀쓰리뽀쓰리]	드문드문
ポテト	potato [포떼또]	포테이토
ホテル	hotel [호떼루]	호텔
ほどう	舗道 [호도-]	포장도로
ほどく	解く [호도꾸]	풀다
ほとけ	仏 [호또께]	부처
ほどこす	施す [호도꼬스]	베풀다
ほとばしる	[호또바시루]	샘솟다, 솟구치다
ほどほど	程程 [호도호도]	작작
ほどよい	程好い [호도요이]	알맞다
ほとんど	殆ど [호똔도]	거의
ぼにゅう	母乳 [보뉴-]	모유
ほね	骨 [호네]	뼈
ほねおり	骨折り [호네오리]	노고, 수고
ほねおる	骨折る [호네오루]	수고하다
ほねぐみ	骨組み [호네구미]	뼈대
ほのお	炎 [호노-]	불길(불꽃)
ポプラ	poplar [포뿌라]	포플러

ほへい	歩兵 [호헤-]	보병
ほほえましい	微笑ましい [호호에마시-]	흐뭇하다
ほほえむ	微笑む [호호에무]	미소 짓다
ほめすぎ	誉めすぎ [호메스기]	과찬
ほめる	誉める [호메루]	칭찬하다
ほゆう	保有 [호유-]	보유
ぼら	鯔 [보라]	숭어
ほらふき	ほら吹き [호라후끼]	떠버리
ほりおこす	掘り起こす [호리오꼬스]	파헤치다
ポリス	police [포리스]	폴리스
ほりゅう	保留 [호류-]	보류
ボリューム	volume [보류-무]	볼륨
ほる	掘る [호루]	파다
ホルモン	Hormone [호루몽]	호르몬
ほれる	惚れる [호레루]	반하다
ぼろ	[보로]	넝마, 누더기
ほろ	幌 [호로]	포장
ほろびる	滅びる [호로비루]	망하다
ぼろぼろ	[보로보로]	남루함, 너덜너덜
ぼろもうけ	ぼろ儲け [보로모-께]	노다지
ほろよい	ほろ酔い [호로요이]	얼큰하게 취하다
ほん	本 [홍]	책
ほんあん	翻案 [홍앙]	번안
ほんげつ	満月 [망게쓰]	보름달
ほんごく	本国 [홍고꾸]	본국
ほんごし	本腰 [홍고시]	본격적
ほんさい	本妻 [혼사이]	본처

ほんしつ	本質 [혼시쓰]	본질
ほんしゃ	本社 [혼샤]	본사
ほんしん	本心 [혼싱]	진심
ほんせき	本籍 [혼세끼]	본적
ほんだな	本棚 [혼다나]	책꽂이
ぼんち	盆地 [본찌]	분지
ほんてん	本店 [혼뗑]	본점
ほんど	本土 [혼도]	본토
ポンド	pound [폰도]	파운드
ほんとう	本当 [혼또-]	정말
ほんにん	本人 [혼닝]	본인
ほんね	本音 [혼네]	본심(참마음)
ほんの	[혼노]	명색뿐인
ほんのう	本能 [혼노-]	본능
ほんば	本場 [홈바]	본고장
ほんぶ	本部 [홈부]	본부
ポンプ	pump [폼뿌]	펌프
ほんぶん	本文 [홈붕]	본문
ほんもの	本物 [홈모노]	진짜
ほんや	本屋 [홍야]	책방
ほんやく	翻訳 [홍야꾸]	번역
ぼんやり	[봉야리]	우두커니
ぼんやりと	[봉야리또]	멀거니
ほんらい	本来 [혼라이]	본래, 본시
ほんろん	本論 [혼롱]	본론

ま (マ)

マーク	mark [마-꾸]	마크
マーケッティング	marketing [마-껫땅구]	마케팅
マージン	margin [마-징]	마진
まいあさ	毎朝 [마이아사]	매일 아침
マイク	mike [마이꾸]	마이크
まいげつ	毎月 [마이게쓰]	다달이, 매달
まいご	迷子 [마이고]	미아
まいぞう	埋蔵 [마이조-]	매장(묻음)
まいど	毎度 [마이도]	매번
マイナス	minus [마이나스]	마이너스
まいにち	毎日 [마이니찌]	매일
まいねん	毎年 [마이넹]	매년
まいばん	毎晩 [마이방]	매일 밤
まいぼつ	埋没 [마이보쓰]	매몰
マイル	mile [마이루]	마일
まうえ	真上 [마우에]	바로 위
まえ	前 [마에]	앞
まえうり	前売り [마에우리]	예매
まえがき	前書き [마에가끼]	머리말
まえかけ	前掛け [마에까께]	앞치마

まえがり	前借り [마에가리]	가불
まえきん	前金 [마에낑]	선금
まえば	前歯 [마에바]	앞니
まえばらい	前払い [마에바라이]	선불
まえもって	前以て [마에못떼]	사전에
まがいもの	紛い物 [마가이모노]	모조품
まがお	真顔 [마가오]	정색
マガジン	magazine [마가징]	매거진
まかす	任す [마까스]	맡기다
まがり	間借り [마가리]	셋방살이
まがる	曲がる [마가루]	구부러지다, 굽다
まきこまれる	巻き込まれる [마끼꼬마레루]	말려 들어가다
まきじゃく	巻尺 [마끼쟈꾸]	줄자
まきつく	巻きつく [마끼쓰꾸]	감기다, 휘감기다
まぎらわす	紛らわす [마기라와스]	얼버무리다
まぎわ	間際 [마기와]	직전
まく	幕 [마꾸]	막
まく	蒔く [마꾸]	뿌리다
まく	巻く [마꾸]	감다(실), 말다
まぐさ	秣 [마구사]	여물
まくら	枕 [마꾸라]	베개
まくらもと	枕元 [마꾸라모또]	머리말
まぐろ	鮪 [마구로]	참치
まげ	髷 [마게]	상투어
まける	負ける [마께루]	지다(시합), 패하다
まげる	曲げる [마게루]	구부리다
まけんき	負けん気 [마껭끼]	오기

まご	孫 [마고]	손자
まご	馬子 [마고]	마부
まさか	[마사까]	설마
まさつ	摩擦 [마사쓰]	마찰
まさる	勝る [마사루]	낫다
ました	真下 [마시따]	바로 밑
マジック	magic [마짓꾸]	매직
まして	[마시떼]	하물며
まじゅつ	魔術 [마쥬쓰]	마술
まじょ	魔女 [마죠]	마녀
まじる	交じる [마지루]	섞이다
ます	升 [마스]	되
まず	先ず [마즈]	먼저
ますい	麻酔 [마스이]	마취
まずい	不味い [마즈이]	맛이 없다
マスカラ	mascara [마스까라]	마스카라
マスク	mask [마스꾸]	마스크
マスコット	mascot [마스꼿또]	마스코트
マスコミ	masscom [마스꼬미]	매스컴
まずしい	貧しい [마즈시-]	가난하다
マスト	mast [마스또]	마스트
ますます	益益 [마스마스]	더 한층, 점점
ませる	[마세루]	조숙하다
まぜる	交ぜる [마제루]	섞다
また	股 [마따]	가랑이
また	又 [마따]	다시, 또
まだ	未だ [마다]	아직

まだい	間代 [마다이]	집세
またがる	跨る [마따가루]	올라타다
またたく	瞬く [마따다꾸]	깜빡거리다
またたくまに	瞬く間に [마따다꾸마니]	순식간에
マダム	madame [마다무]	마담
まだら	斑 [마다라]	얼룩
まち	街 [마찌]	거리(도로)
まちあいしつ	待合室 [마찌아이시쓰]	대합실
まちがい	間違い [마찌가이]	잘못
まちまち	区区 [마찌마찌]	가지각색
まつ	待つ [마쓰]	기다리다
まつ	松 [마쓰]	소나무
まっき	末期 [막끼]	말기
まっくら	真っ暗 [막꾸라]	캄캄함
まっくらい	真っ暗い [막꾸라이]	깜깜하다
まっくろい	真っ黒い [막꾸로이]	새까맣다
まつげ	睫毛 [마쓰게]	속눈썹
まつけむし	松毛虫 [마쓰게무시]	송충이
マッサージ	massage [맛사-지]	마사지
まっさつ	抹殺 [맛사쓰]	말살
まっしぐらに	[맛시구라니]	쏜살같이
まっしょうしんけい	末梢神経 [맛쇼우싱께-]	말초신경
まっしろだ	真っ白だ [맛시로다]	새하얗다
まっすぐ	真っ直ぐ [맛스구]	곧바로, 똑바로
まっせ	末世 [맛세]	말세
まったく	全く [맛따꾸]	도무지
まったん	末端 [맛땅]	말단

マッチ	match [맛찌]	성냥
マットレス	mattress [맛또레스]	매트리스
まっぱだか	真っ裸 [맙빠다까]	알몸
まっぴら	真っ平 [맙삐라]	질색
まつろ	末路 [마쓰로]	말로
まと	的 [마또]	과녁, 표적
まど	窓 [마도]	창
まどぎわ	窓際 [마도기와]	창가
まとめる	纏める [마또메루]	간추리다
まとも	真面 [마또모]	정면
マナー	manner [마나-]	매너
まないた	俎 [마나이따]	도마
まなつ	真夏 [마나쓰]	한여름
まなづる	真鶴 [마나즈루]	재두루미
まなぶ	学ぶ [마나부]	배우다
まにあう	間に合う [마니아우]	대다(시간)
まにうける	真に受ける [마니우께루]	곧이듣다
マニキュア	manicure [마니큐아]	매니큐어
まぬかれる	免れる [마누까레루]	면하다
まぬけ	間抜け [마누께]	맹추, 얼간이
まね	真似 [마네]	시늉, 흉내
マネー	money [마네-]	머니
マネージャー	manager [마네-쟈-]	매니저
マネキン	mannequin [마네킹]	마네킹
まねる	真似る [마네루]	흉내 내다
まばゆい	目映い [마바유이]	눈부시다
まばら	疎ら [마바라]	듬성듬성

まひ	麻痺 [마히]	마비
まひる	真昼 [마히루]	대낮
まぶた	瞼 [마부따]	눈꺼풀
まぶち	目縁 [마부찌]	눈가
マフラー	muffler [마후라-]	머플러
まほう	魔法 [마호-]	마법
まぼろし	幻 [마보로시]	환영
ままはは	継母 [마마하하]	계모
まむかい	真向い [마무까이]	바로건너
まめ	豆 [마메]	콩
まもなく	間もなく [마모나꾸]	머지않아, 이윽고
まもる	守る [마모루]	지키다
まゆげ	眉毛 [마유게]	눈썹
マヨネーズ	mayonnaise [마요네-즈]	마요네즈
マラソン	marathon [마라송]	마라톤
マラリア	malaria [마라리아]	말라리아
まり	毬 [마리]	공
まる	丸 [마루]	동그라미
まるい	丸い [마루이]	둥글다
まるきり	丸きり [마루끼리]	아예
まるた	丸太 [마루따]	통나무
まるで	[마루데]	마치
まれだ	稀れだ [마레다]	드물다
まわす	回す [마와스]	돌리다
まわり	周り [마와리]	둘레
まわる	回る [마와루]	돌다
まんいち	万一 [앙이찌]	만일

まんいん	満員 [망잉]	만원
まんが	漫画 [망가]	만화
まんかい	満開 [망까이]	만개
まんき	満期 [망끼]	만기
まんきつ	満喫 [망끼쓰]	만끽
まんげつ	満月 [망게쓰]	만월
まんじゅう	饅頭 [만쥬-]	만두
マンション	mansion [만숑]	맨션
まんせい	慢性 [만세-]	만성
まんぞく	満足 [만조꾸]	만족
まんちょう	満潮 [만쵸-]	만조
まんてん	満点 [만뗑]	만점
マント	ㅍ manteau [만또]	망토
まんなか	真ん中 [만나까]	한가운데
マンネリズム	mannerism [만네리즈무]	매너리즘
まんねんひつ	万年筆 [만넹히쓰]	만년필
マンホール	manhole [망호-루]	맨홀

み (ミ)

み	実 [미]	열매
みあい	見合い [미아이]	맞선
みあげる	見上げる [미아게루]	올려다 보다
みあやまり	見誤り [미아야마리]	잘못 봄
ミーラ	ᵱ mirra [미-라]	미라
みえすいた	見え透いた [미에스이따]	뻔한
みえる	見える [미에루]	보이다
みおくり	見送り [미오꾸리]	전송, 환송
みおろす	見下ろす [미오로스]	내려다보다
みかい	未開 [미까이]	미개
みかく	味覚 [미까꾸]	미각
みがく	磨く [미가꾸]	닦다(연마하다)
みかた	味方 [미까따]	우리 편, 자기 편
みかづき	三日月 [미까츠끼]	초승달
みがら	身柄 [미가라]	신병
みかん	蜜柑 [미깡]	귤, 밀감
みかんせい	未完成 [미깐세-]	미완성
みき	幹 [미끼]	나무줄기
みぎがわ	右側 [미기가와]	오른쪽
みぎて	右手 [미기떼]	오른손

みくびる	見縊る [미꾸비루]	얕잡아보다
みけつ	未決 [미께쓰]	미결
みこ	巫女 [미꼬]	무당
みこうかい	未公開 [미꼬-까이]	미공개
みこみ	見込み [미꼬미]	가망
みこん	未婚 [미꽁]	미혼
ミサイル	missile [미사이루]	미사일
みさき	岬 [미사끼]	곶
みさげる	見下げる [미사게루]	멸시하다, 업신여기다
みさご	鶚 [미사고]	물수리
みじかい	短い [미지까이]	짧다
みしゅう	未収 [미슈-]	미수(수납)
みじゅく	未熟 [미쥬꾸]	미숙
ミス	miss [미스]	미스
みず	水 [미즈]	물
みすい	未遂 [미스이]	미수(실패)
みずうみ	湖 [미즈우미]	호수
みずかき	水掻き [미즈가끼]	물갈퀴
みずから	自ら [미즈까라]	몸소, 손수, 스스로
みずぎ	水着 [미즈기]	수영복
みずぎわ	水際 [미즈기와]	물가(가장자리)
みずぐるま	水車 [미즈구루마]	물레방아
みずさし	水差し [미즈사시]	물주전자
みずしょうばい	水商売 [미즈쇼우바이]	물장사
ミスター	mister, Mr [미스따-]	미스터
みずたま	水玉 [미즈따마]	물방울
みずたまり	水溜り [미즈다마리]	물웅덩이

ミステリー	mystery [미스떼리-]	미스터리
みずのあわ	水の泡 [미즈노아와]	물거품
みすぼらしい	見窄らしい [미스보라시-]	너절하다, 초라하다
みすみす	見す見す [미스미스]	뻔히
みずむし	水虫 [미즈무시]	무좀
みせ	店 [미세]	가게
みせいねん	未成年 [미세이넹]	미성년
みせかけ	見せ掛け [미세까께]	겉치레
みせしめ	見せしめ [미세시메]	본때
みせもの	見せ物 [미세모노]	구경거리
みそ	味噌 [미소]	된장
みぞう	未曾有 [미조-]	미증유
みぞおち	鳩尾 [미조오찌]	명치
みそか	三十日 [미소까]	그믐날
みぞれ	霙 [미조레]	진눈깨비
みだし	見出し [미다시]	표제
みたす	満たす [미따스]	채우다
みだら	淫ら [미다라]	음탕함
みち	道 [미찌]	길
みち	未知 [미찌]	미지
みちしお	満ち潮 [미찌시오]	밀물
みちしるべ	道しるべ [미찌시루베]	길잡이
みちづれ	道連れ [미찌즈레]	길동무
みちばた	道端 [미찌바따]	길가
みちびく	導く [미찌비꾸]	이끌다, 인도하다
みつ	蜜 [미쓰]	꿀
みっか	三日 [밋까]	사흘, 초사흘

みっかい	密会 [밋까이]	밀회
みっかぼうず	三日坊主 [믹까보-즈]	작심삼일
みつくち	三つ口 [미쓰꾸찌]	언청이
みつける	見つける [미쓰께루]	찾아내다
みっこう	密航 [밋꼬-]	밀항
みっこく	密告 [믹꼬꾸]	밀고
みっしつ	密室 [밋시쓰]	밀실
ミッション	mission [밋숑]	미션
みっちゃく	密着 [밋짜꾸]	밀착
みっつ	三 [밋쓰]	셋
みつばい	密売 [미쓰바이]	밀매
みつばち	蜜蜂 [미쓰바찌]	꿀벌
みっぺい	密閉 [밉뻬-]	밀폐
みつめる	見つめる [미쓰메루]	응시하다, 쳐다보다
みつもり	見積り [미쓰모리]	견적
みつゆ	密輸 [미쓰유]	밀수
みつりん	密林 [미쓰링]	밀림
みてい	未定 [미떼이]	미정
みとめる	認める [미또메루]	인정하다
みどりいろ	緑色 [미도리-로]	초록색
みな・みんな	皆 [미나・민나]	모두
みなぎる	漲る [미나기루]	넘쳐 흐르다(가늑)
みなさん	皆さん [미나상]	여러분
みなし	見做し [미나시]	간주
みなと	港 [미나또]	항구
みなみ	南 [미나미]	남쪽
みならい	見習い [미나라이]	견습

みなり	身なり [미나리]	옷차림
みにくい	醜い [미니꾸이]	흉하다
みにしみて	身にしみて [미니시미떼]	뼈 아프게
みにしみる	身にしみる [미니시미루]	사무치다
ミニスカート	miniskirt [미니스까-또]	미니스커트
みね	峯・峰 [미네]	봉우리
みのうえ	身の上 [미노-에]	신상
みのがす	見逃す [미노가스]	간과하다, 눈감아주다
みのる	実る [미노루]	여물다, 영글다
みばえ	見映え [미바에]	볼품
みはり	見張り [미하리]	망, 파수꾼
みはる	見張る [미하루]	망보다
みぶん	身分 [미붕]	신분
みぼうじん	未亡人 [미보-징]	미망인
みほん	見本 [미홍]	견본
みまい	見舞い [미마이]	문안
みまん	未満 [미망]	미만
みみ	耳 [미미]	귀
みみうち	耳打ち [미미우찌]	귀띔
みみかざり	耳飾り [미미까자리]	귀고리
みみたぶ	耳朶 [미미따부]	귓불
みめい	未明 [미메-]	미명
みもだえ	身悶え [미모다에]	몸부림
みもと	身元 [미모또]	신원
みもん	未聞 [미몽]	미문
みゃくはく	脈搏 [먀꾸하꾸]	맥박
みやげ	土産 [미야게]	선물

みやぶり	見破り [미야부리]	간파
ミュージック	music [뮤-직꾸]	뮤직
みょうあん	妙案 [묘-앙]	묘안
みょうぎ	妙技 [묘-기]	묘기
みょうさく	妙策 [묘-사꾸]	묘책
みょうじょう	明星 [묘-죠-]	명성
みょうに	妙に [묘-니]	묘하게
みょうばん	明晩 [묘-방]	내일 밤
みょうみ	妙味 [묘-미]	묘미
みょうれい	妙齢 [묘-레-]	묘령
みらい	未来 [미라이]	미래
ミリ	ㆍmilli [미리]	밀리
みりょく	魅力 [미료꾸]	매력
ミルク	milk [미루꾸]	밀크
みれん	未練 [미렝]	미련
みわく	魅惑 [미와꾸]	매혹
みわけ	見分け [미와께]	분별, 분간
みわたす	見渡す [미와따스]	둘러보다
みんかん	民間 [밍깡]	민간
ミンク	mink [밍꾸]	밍크
みんじ	民事 [민지]	민사
みんしゅしゅぎ	民主主義 [민슈슈기]	민주주의
みんぞく	民俗 [민조꾸]	민속
みんぞく	民族 [민조꾸]	민족
みんぱく	民泊 [임빠꾸]	민박
みんぽう	民法 [임뽀-]	민법
みんよう	民謡 [밍요-]	민요

む (ム)

むいしき	無意識 [무이시끼]	무의식
むいちもん	無一文 [무이찌몽]	무일푼
むいみ	無意味 [무이미]	무의미
ムード	mood [무-도]	무드
むがい	無害 [무가이]	무해
むかいあう	向かい合う [무까이아우]	마주보다
むかう	向う [무까우]	향하다
むかえる	迎える [무까에루]	맞이하다
むかし	昔 [무까시]	옛날
むかつく	[무까쓰꾸]	느글거리다, 메스껍다
むかで	百足 [무까데]	지네
むかんかく	無感覚 [무깡카꾸]	무감각
むかんしん	無関心 [무깐싱]	무관심
むぎ	麦 [무기]	보리
むく	剥く [무꾸]	까다, 벗기다
むくいる	報いる [무꾸이루]	갚다, 보답하다
むくげ	木槿 [무꾸게]	무궁화
むくち	無口 [무꾸찌]	말이 적음
むげん	無限 [무겡]	무한
むこ	婿 [무꼬]	사위

むごい	酷い [무고이]	모질다
むこうがわ	向う側 [무꼬우가와]	건너편, 맞은편
むこうみずだ	向こうみずだ [무꼬우미즈다]	당돌하다
むごん	無言 [무공]	무언
むざい	無罪 [무자이]	무죄
むさいげん	無際限 [무사이겡]	무제한
むさくるしい	むさ苦しい [무사꾸루사이]	누추하다
むさべつ	無差別 [무사베쓰]	무차별
むさぼる	貪る [무사보루]	탐하다
むざむざ	[무자무자]	호락호락
むざん	無惨 [무장]	무참함
むし	無視 [무시]	무시
むし	虫 [무시]	벌레
むしあつい	蒸し暑い [무시아쓰이]	무덥다
むしかく	無資格 [무시까꾸]	무자격
むしき	無識 [무시끼]	무식
むしくだし	虫下し [무시꾸다시]	회충약
むしけん	無試験 [무시껭]	무시험
むしば	虫歯 [무시바]	충치
むしばむ	蝕む [무시바무]	벌레 먹다
むじひ	無慈悲 [무지히]	무자비
むじゃき	無邪気 [무자끼]	순진무구함
むじゅん	矛盾 [무쥰]	모순
むしょう	無償 [무쇼-]	무상
むじょう	無情 [무죠-]	무정
むじょうけん	無条件 [무죠-껭]	무조건
むしょうに	無性に [무쇼-니]	공연히

むしょぞく	無所属 [무쇼조꾸]	무소속
むしる	毟る [무시루]	뜯다, 쥐어뜯다
むしろ	筵 [무시로]	돗자리
むじんとう	無人島 [무진또-]	무인도
むずかしい	難しい [무즈까시-]	어렵다, 힘들다
むずがゆい	むず痒い [무즈가유이]	근질근질하다
むずかる	[무즈까루]	보채다
むすこ	息子 [무스꼬]	아들
むすびめ	結び目 [무스비메]	매듭
むすぶ	結ぶ [무스부]	매다, 묶다, 맺다
むすめ	娘 [무스메]	딸
むせきにん	無責任 [무세끼닝]	무책임
むせん	無線 [무셍]	무선
むそう	夢想 [무소-]	몽상
むだあし	無駄足 [무다아시]	헛걸음
むだぐち	無駄口 [무다구찌]	수다
むだぼね	無駄骨 [무다보네]	헛수고
むち	無知 [무찌]	무지
むち	鞭 [무찌]	회초리
むちゅう	夢中 [무쮸-]	정신없음
むてき	無敵 [무떼끼]	무적
むてっぽう	無鉄砲 [모뎁뽀-]	무모함
むでん	無電 [무뎅]	무전
むなぐら	胸倉 [무나구라]	멱살
むなざんよう	胸算用 [무나장요-]	꿍꿍이셈
むなしい	空しい [무나시-]	헛되다
むね	胸 [무네]	가슴

むねやけ	胸焼け [무네야께]	가슴앓이
むねん	無念 [무넹]	원통함
むのう	無能 [무노-]	무능
むほう	無法 [무호-]	법
むほん	謀反 [무홍]	모반
むめい	無名 [무메-]	무명
むやみに	無闇に [무야미니]	덮어놓고, 함부로
むよう	無用 [무요-]	무용(용도)
むら	村 [무라]	마을
むらがる	群がる [무라가루]	떼로 모이다, 무리 짓다
むらさきいろ	紫色 [무라사끼-로]	보라색
むり	無理 [무리]	무리
むりやり	無理矢理 [무리야리]	억지로
むりやりに	無理やりに [무리야리니]	강제로
むりょう	無料 [무료-]	무료
むれ	群れ [무레]	떼, 무리

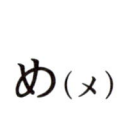

め	目 [메]	눈(보다)
め	芽 [메]	싹
めい	姪 [메-]	조카딸, 질녀
めいあん	明暗 [메-앙]	명암
めいが	名画 [메-가]	명화
めいかく	明確 [메-까꾸]	명확함
めいきゅう	迷宮 [메-뀨-]	미궁
めいきょく	名曲 [메-꾜꾸]	명곡
めいけん	犬 [메-껭]	명견
めいげん	名言 [메-겡]	명언
めいさいしょ	明細書 [메-사이쇼]	명세서
めいさく	名作 [메-사꾸]	명작
めいし	名士 [메-시]	명사(유명)
めいし	名詞 [메-시]	명사(품사)
めいし	名刺 [메-시]	명함
めいしょ	名所 [메-쇼]	명소
めいしょう	名将 [메-쇼-]	명장
めいしん	銘心 [메-싱]	명심
めいしん	迷信 [메-싱]	미신
めいじん	名人 [메-징]	명인

めいすう	命数 [메-스-]	명수
めいずる	命ずる [메-즈루]	명하다
めいせい	名声 [메-세-]	명성
めいそう	瞑想 [메-소-]	명상
めいだい	命題 [메-다이]	명제
めいちゅう	命中 [메-쮸-]	명중
めいひん	名品 [메-힝]	명품
めいふく	冥福 [메-후꾸]	명복
めいぶつ	名物 [메-부쓰]	명물
めいぶん	名分 [메-붕]	명분
めいみゃく	命脈 [메-먀꾸]	명맥
めいめい	銘銘 [메-메-]	제각기
めいめつ	明滅 [메-메쓰]	명멸
めいもく	名目 [메-모꾸]	명목
めいもん	名門 [메-몽]	명문
めいよ	名誉 [메-요]	명예
めいれい	命令 [메-레-]	명령
めいろ	迷路 [메-로]	미로
めいろう	明朗 [메-로-]	명랑
めいわく	迷惑 [메-와꾸]	폐가 됨
めいわくだ	迷惑だ [메-와꾸다]	성가시다
メーカー	maker [메-까-]	메이커
メーキャップ	make-up [메-깝]	메이크업
メード	maid [메-도]	메이드
メートル	ㅍ metre [메-또루]	미터
めかけ	妾 [메까께]	첩
めがしら	目頭 [메가시라]	눈시울

めかた	目方 [메까따]	무게(눈금)
メカニズム	mechanism [메까니즈무]	메커니즘
めがね	眼鏡 [메가네]	안경
めがみ	女神 [메가미]	여신
めくそ	目糞 [메꾸소]	눈곱
めくばせ	目配せ [메구바세]	눈짓
めぐみ	恵み [메구미]	은총
めくら	盲 [메꾸라]	맹인, 장님
めくらさがし	盲探し [메꾸라사가시]	무턱대고 찾음
めくらめっぽう	盲滅法 [메꾸라멥뽀-]	마구잡이
めさき	目先 [메사끼]	목전
めざましどけい	目覚し時計 [메자마시도께-]	괘종시계
めざわり	目障り [메자와리]	눈에 거슬림
めし	飯 [메시]	밥
メシア	Messiah [메시아]	메시아
めしあがる	召し上がる [메시아가루]	잡수시다
めしうど	囚人 [메시우도]	죄수
めした	目下 [메시따]	손아래
めしつぶ	飯粒 [메시쓰부]	밥알
メス	네 mes [메스]	메스
めす	雌 [메스]	암컷
めずらしい	珍しい [메즈라시-]	신기하다, 희한하다
めだか	目高 [메다까]	송사리
めだつ	目立つ [메다쓰]	눈에 띄다, 돋보이다
めだま	目玉 [메다마]	눈알
メダル	medal [메다루]	메달
めちゃ	滅茶 [메짜]	엉망

めちゃめちゃ	滅茶滅茶 [메짜메짜]	뒤죽박죽
メッカ	Mecca [멧까]	메카
めつき	目付き [메쓰끼]	눈매
めっきり	[멧끼리]	두드러지게
めっしつ	滅失 [멧시쓰]	멸실
メッセージ	message [멧세-지]	메시지
めったに	滅多に [멧따니]	좀처럼
めつぼう	滅亡 [메쓰보-]	멸망
めつぽう	滅法 [멧뽀-]	엄청
メディア	media [메디아]	미디어
めでたい	目出度い [메데따이]	경사스럽다
メニュー	ㅍ menu [메뉴-]	메뉴
めのほよう	目の保養 [메노호요-]	눈요기
めばえる	芽生える [메바에루]	움트다
めはし	目端 [메하시]	눈치
めぶんりょう	目分量 [메분료-]	눈대중
めまい	眩暈 [메마이]	현기증, 어지러움
メモ	memo [메모]	메모
めもり	目盛り [메모리]	눈금
メリケン メリケン	粉 [메리껭꼬]	밀가루
メロディー	melody [메로디-]	멜로디
メロン	melon [메롱]	멜론
めんえき	免疫 [멩에끼]	면역
めんかい	面会 [멩까이]	면회
めんくらう	面食らう [멩꾸라우]	어리둥절하다
めんじょ	免除 [멘죠]	면제
めんじょう	免状 [멘죠-]	면허장

めんぜいてん	免税店 [멘제-뗑]	면세점
めんせき	面積 [멘세끼]	면적
めんせつ	面接 [멘세쓰]	접
めんたい	面太 [멘따이]	동태(생선)
めんたい	明太 [멘따이]	명태, 북어
めんたいこ	明太子 [멘따이꼬]	명란젓
めんだん	面談 [멘당]	면담
めんどうだ	面倒だ [멘도-다]	거추장스럽다, 귀찮다
めんどり	雌鳥 [멘도리]	암탉
メンバー	member [멤바-]	멤버
めんぼく	面目 [멤보꾸]	면목
めんみつ	綿密 [멤미스]	면밀

も (モ)

もう	[모-]	벌써
もうける	設ける [모-께루]	마련하다
もうける	儲ける [모-께루]	돈벌다, 득을 보다
もうけん	猛犬 [모-껭]	맹견
もうげん	妄言 [모-겡]	망언
もうこ	猛虎 [모-꼬]	맹호
もうしこみ	申込み [모-시꼬미]	신청
もうじゅう	猛獣 [모-쥬-]	맹수
もうすこし	もう少し [모-스꼬시]	좀 더
もうそう	妄想 [모-소-]	망상
もうちゃく	悶着 [모-짜꾸]	말썽
もうとう	毛頭 [모-또-]	추호도
もうはつ	毛髪 [모-하쓰]	모발
もうひつ	毛筆 [모-히쓰]	무필
もうふ	毛布 [모-후]	담요
もうまく	網膜 [모-마꾸]	망막
もうもくてき	盲目的 [모-모꾸떼끼]	맹목적
もうれつ	猛烈 [모-레쓰]	맹렬
もうろく	耄碌 [모-로꾸]	노망, 망령
もえあがる	燃え上がる [모에아가루]	타오르다

モーター	motor [모-따-]	모터
モーニング	morning [모-닝구]	모닝
もがく	[모가꾸]	허우적거리다
もぎとる	もぎ取る [모기또루]	잡아떼다
もくぎょ	木魚 [모꾸교]	목탁
もくげきしゃ	目撃者 [모꾸게끼샤]	목격자
もくざい	木材 [모꾸자이]	목재
もくさつ	黙殺 [모꾸사쓰]	묵살
もくじ	目次 [모꾸지]	목차
もくせい	木製 [모꾸세-]	목제
もくぞう	木造 [모꾸조-]	목조
もくてき	目的 [모꾸떼끼]	목적
もくてきち	目的地 [모꾸떼끼찌]	목적지
もくにん	黙認 [모꾸닝]	묵인
もくひょう	目標 [모꾸효-]	목표
もくもく	黙黙 [모꾸모꾸]	묵묵히
もぐもぐ	[모구모구]	우물우물
もくようび	木曜日 [모꾸요-비]	목요일
もぐら	土竜 [모구라]	두더지
もくれい	目礼 [모꾸레-]	목례
もくれん	木蓮 [모꾸렝]	목련
もくろく	目録 [모꾸로꾸]	목록
もけい	模型 [모께-]	모형
もさく	模索 [모사꾸]	모색
もじ	文字 [모지]	글자
もじ・もんじ	文字 [모지・몬지]	문자
もしも	[모시모]	만약

もず	百舌 [모즈]	때까치
もたれる	凭れる [모따레루]	기대다
モダン	modern [모당]	모던
もち	餅 [모찌]	떡
もちば	持ち場 [모찌바]	담당 부서
もちまえ	持ち前 [모찌마에]	타고난 기질
もちろん	勿論 [모찌롱]	물론
もつ	持つ [모쓰]	가지다, 갖다, 들다
もったいぶる	勿体ぶる [못따이부루]	거드름 피우다
もっと	[못또]	더욱
モット-	motto [못또-]	모토
もっとも	最も [못또모]	가장(최고)
もっとも	尤も [못또모]	지당함
もっともっと	[못또못또]	더욱 더
もっぱら	専ら [몹빠라]	오로지, 오직
もてあそぶ	弄ぶ [모떼아소부]	농락하다
もてなす	持て成す [모떼나스]	대접하다
もてはやす	持て囃す [모떼하야스]	추켜세우다
モデル	model [모데루]	모델
もどかしい	[모도까시-]	초조하다
もとで 元手	[모또데]	밑천, 본전
もとのもくあみ	元の木阿弥 [모또노모꾸아미]	도로아미타불
もどる	戻る [모도루]	되돌아오다
モニタ-	monitor [모니따]	모니터
もの 物	[모노]	물건(것)
ものがなしい	物悲しい [모노가나시-]	구슬프다, 서글프다
ものごい	物乞い [모노고이]	구걸

ものしり	物知り [모노시리]	박식한 사람
ものすごい	物凄い [모노스고이]	끔찍하다
ものものしい	物物しい [모노모노시-]	으리으리하다
ものもらい	物貰い [모노모라이]	다래끼
もはん	模範 [모항]	모범
もほう	模倣 [모호-]	모방
もみじ・こうよう	紅葉 [모미지・코-요-]	단풍
もみじがり	紅葉狩り [모미지가리]	단풍놀이
もむ	揉む [모무]	비비다
もも	桃 [모모]	복숭아
もやし	[모야시]	콩나물
もやす	燃やす [모야스]	불태우다
もよう	模様 [모요-]	무늬
もらう	貰う [모라우]	받다
モラル	mora [모라구]	모럴
もり	銛 [모리]	작살
もる	盛る [모루]	담다
もれなく	漏れ無く [모레나꾸]	빠짐없이
もれる	漏れる [모레루]	새다
もろい	脆い [모로이]	여리다
もん	門 [몽]	대문
もんく	文句 [몽꾸]	불평(불만)
もんさつ	門札 [몬사쯔]	문패
もんだい	問題 [몬다이]	문제
もんどう	問答 [몬도-]	문답
もんばん	門番 [몸방]	문지기
もんもう	文盲 [몬모-]	문맹

や (ヤ)

やえい	野営 [야에-]	야영
やえば	八重歯 [야에바]	덧니
やおや	八百屋 [야오야]	채소가게
やがい	野外 [야가이]	야외
やかましい	[야까마시-]	시끄럽다
やから	輩 [야까라]	또래
やかん	夜間 [야깡]	야간
やかん	薬缶 [야깡]	주전자
やぎ	山羊 [야기]	염소
やきいも	焼き芋 [야끼이모]	군고구마
やきぐり	焼き栗 [야끼구리]	군밤
やきゅう	野球 [야뀨-]	야구
やくざ	八九三 [야꾸자]	건달, 깡패
やくしゃ	訳者 [야꾸샤]	역자
やくしょ	役所 [야꾸쇼]	관공서
やくする	訳する [야꾸스루]	번역하다
やくそく	約束 [야꾸소꾸]	약속
やくだつ	役立つ [야꾸다쓰]	도움이 되다
やくにん	役人 [야꾸닝]	공무원, 관리
やくひん	薬品 [야꾸힝]	약품

やくわり	役割 [야꾸와리]	역할
やけくそ	自棄糞 [야께꾸소]	자포자기
やける	焼ける [야께루]	타다(불)
やさい	野菜 [야사이]	야채
やさしい	優しい [야사시-]	상냥하다
やじゅう	野獣 [야쥬-]	야수
やしん	野心 [야싱]	야심
やすい	安い [야스이]	싸다(값)
やすい	易い [야스이]	쉽다
やすぶしん	安普請 [야스부싱]	날림공사
やすみやすみ	休み休み [야스미야스미]	쉬엄쉬엄
やすむ	休む [야스무]	쉬다
やせい	野生 [야세-]	야생
やせっぽち	痩せっぽち [야셋뽀찌]	말라깽이
やせる	痩せる [야세루]	마르다(야위다)
やたい	屋台 [야따이]	노점
やたらに	矢鱈に [야따라니]	무턱대고
やちん	家賃 [야찡]	집세
やつ	奴 [야쯔]	녀석, 놈
やっきょく	薬局 [얏꾜꾸]	약국
やっつける	[얏쓰께루]	해치우다
やっと	[얏또]	간신히
やつれる	窶れる [야쯔레루]	수척하다, 여위다
やどちょう	宿帳 [야도쬬-]	숙박부
やね	屋根 [야네]	지붕
やねうらべや	屋根裏部屋 [야네우라베야]	다락방
やはり	[야하리]	역시

やぶ	藪 [야부]	덤불
やぶいしゃ	藪医者 [야부이샤]	돌팔이의사
やぶへび	藪蛇 [야부헤비]	긁어 부스럼
やぶる	破る [야부루]	깨다, 어기다, 찢다
やぶれる	破れる [야부레루]	찢어지다
やぶれる	敗れる [야부레루]	패하다
やぼう	野望 [야보-]	야망
やぼったい	野暮ったい [야봇따이]	촌스럽다
やま	山 [야마]	산
やまし	山師 [야마시]	사기꾼
やまびこ	山彦 [야마비꼬]	산울림
やまぶきいろ	山吹色 [야마부끼-로]	황금색
やみつき	病み付き [야미쓰끼]	고질
やみとりひき	闇取引 [야미또리히끼]	암거래
やむ	止む [야무]	그치다
やむをえず	[야무오에즈]	부득이
やめる	止める [야메루]	그만두다
やもめ	寡婦 [야모메]	과부
ややこしい	[야야꼬시-]	까다롭다
やられる	[야라레루]	당하다
やり	槍 [야리]	창(무기)
やりかた	遣り方 [야리까따]	하는 방식
やりて	遣り手 [야리떼]	수완가
やりなおす	やり直す [야리나오스]	다시 하다
やるせない	[야루세나이]	안타깝다
やれやれ	[야레야레]	맙소사
やわらかい	柔らかい [야와라까이]	부드럽다

ゆ (유)

ゆいいつ	唯一 [유이-쯔]	유일
ゆいごん	遺言 [유이공]	유언
ゆう	結う [유-]	땋다
ゆういん	誘引 [유-잉]	유인
ゆううつ	憂鬱 [유-우쯔]	우울
ゆうえき	有益 [유-에끼]	유익
ゆうが	優雅 [유-가]	우아함
ゆうかい	誘拐 [유-까이]	유괴
ゆうがた	夕方 [유-가따]	저녁때
ゆうかん	夕刊 [유-깡]	석간
ゆうかん	勇敢 [유-깡]	용감함
ゆうき	勇気 [유-끼]	용기
ゆうぐれ	夕暮れ [유-구레]	해질 무렵
ゆうこう	有効 [유-꼬-]	유효
ゆうごう	融合 [유-고-]	융합
ゆうし	勇士 [유-시]	용사
ゆうし	融資 [유-시]	융자
ゆうしゅう	優秀 [유-슈-]	우수
ゆうしょう	優勝 [유-쇼-]	우승
ゆうじょう	友情 [유-죠-]	우정

ゆうじん	友人 [유-징]	친구
ゆうぜい	遊説 [유-제-]	유세
ゆうだち	夕立ち [유-다찌]	소나기
ゆうづ(ず)う	融通 [유-주-]	융통
ゆうとうせい	優等生 [유-또-세-]	우등생
ゆうどうだん	誘導弾 [유-도-당]	유도탄
ゆうのう	有能 [유-노-]	유능
ゆうびん	郵便 [유-빙]	우편
ゆうびんきょく	郵便局 [유-빙교꾸]	우체국
ゆうべ	昨夜 [유-베]	어젯밤
ゆうべん	雄弁 [유-벵]	웅변
ゆうぼう	有望 [유-보-]	유망
ゆうめい	有名 [유-메-]	유명
ユーモア	humor [유-모아]	유머
ゆうやけ	夕焼け [유-야께]	노을, 저녁놀
ゆうやみ	夕闇 [유-야미]	땅거미
ゆうらんせん	遊覧船 [유-란셍]	유람선
ゆうり	有利 [유-리]	유리(불리)
ゆうりょう	有料 [유-료-]	유료
ゆうりょく	有力 [유-료꾸]	유력
ゆうれい	幽霊 [유-레-]	유령
ゆうわく	誘惑 [유-와꾸]	유혹
ゆか	床 [유까]	마루
ゆかい	愉快 [유까이]	유쾌함
ゆかた	浴衣 [유까따]	욕의
ゆがむ	歪む [유가무]	비뚤어지다(모양)
ゆき	雪 [유끼]	눈(내리다)

ゆきがっせん	雪合戦 [유끼갓셍]	눈싸움
ゆきだるま	雪達磨 [유끼다루마]	눈사람
ゆくさき	行く先 [유꾸사끼]	행선지
ゆくて	行く手 [유꾸떼]	앞길
ゆげ	湯気 [유게]	김, 수증기
ゆけつ	輸血 [유께쓰]	수혈
ゆしゅつ	輸出 [유슈쓰]	수출
ゆすぶる	揺すぶる [유스부루]	뒤흔들다
ゆずる	譲る [유즈루]	양보하다
ゆそう	輸送 [유소-]	수송
ゆだねる	委ねる [유다네루]	내맡기다
ゆだん	油断 [유당]	방심
ゆっくり	[윳꾸리]	천천히
ゆったりと	[윳따리또]	느긋하게
ゆでる	茹でる [유데루]	삶다(데치다)
ゆでん	油田 [유뎅]	유전
ユニホーム	uniform [유니호-무]	유니폼
ゆにゅう	輸入 [유뉴-]	수입
ゆび	指 [유비]	손가락
ゆびわ	指輪 [유비와]	반지
ゆみ	弓 [유미]	활
ゆめ	夢 [유메]	꿈
ゆめうつつ	夢現 [유메우쓰쓰]	비몽사몽
ゆめじ	夢路 [유메지]	꿈길
ゆめみる	夢見る [유메미루]	꿈꾸다
ゆらい	由来 [유라이]	연유, 유래
ゆり	百合 [유리]	백합

ゆるい	緩い [유루이]	느슨하다
ゆるい	油類 [유루이]	유류
ゆるす	許す [유루스]	용서하다, 허락하다
ゆるむ	緩む [유루무]	느슨해지다
ゆるめる	緩める [유루메루]	늦추다
ゆれる	揺れる [유레루]	흔들리다

よ (ヨ)

よい	良い [요이]	좋다
よい	宵 [요이]	초저녁
よう	酔う [요-]	취하다(술)
よういく	養育 [요-이꾸]	양육
ようかい	溶解 [요-까이]	용해
ようき	陽気 [요-끼]	명랑함
ようぎしゃ	容疑者 [요-기샤]	용의자
ようきゅう	要求 [오-뀨-]	요구
ようけん	用件 [요-껭]	용건
ようご	用語 [요-고]	용어
ようし	用紙 [요-시]	용지
ようし	養子 [요-시]	양자
ようじ	楊枝 [요-지]	이쑤시개
ようじ	用事 [요-지]	볼일
ようじ	幼児 [요-지]	유아
ようしき	洋式 [요-시끼]	서양식
ようしき	様式 [요-시끼]	양식(형식)
ようしゃ	容赦 [요-샤]	용서
ようしゃなく	容赦なく [요-샤나꾸]	가차 없이
ようしょく	洋食 [요-쇼꾸]	양식(서양식)

ようじん	用心 [요-징]	조심
ようす	様子 [요-스]	모양
ようするに	要するに [요-스루니]	요컨대
ようせい	養成 [요-세이]	양성
ようせい	妖精 [요-세이]	요정
ようそ	要素 [요-소]	요소
ようそう	洋装 [요-소-]	양장
ようちえん	幼稚園 [요-찌엥]	유치원
ようてん	要点 [요-뗑]	요점
ようと	用途 [요-또]	용도
ようび	曜日 [요-비]	요일
ようひん	用品 [요-힝]	용품
ようふく	洋服 [요-후꾸]	양복(서양옷)
ようぼう	容貌 [요-보-]	용모
ようやく	[요-야꾸]	가까스로
ようりょう	要領 [요-료-]	요령
ようろういん	養老院 [요-로-잉]	양로원
ヨーグルト	Yoghurt [요-구루또]	요구르트
よか	余暇 [요까]	여가
ヨガ	Yoga [요가]	요가
よきん	預金 [요낑]	예금
よくしつ	浴室 [요꾸시쯔]	욕실
よくじつ	翌日 [요꾸지쯔]	이튿날
よくそう	浴槽 [요꾸소-]	욕조
よくねん	翌年 [요꾸넹]	다음해
よくばり	欲張り [요꾸바리]	욕심쟁이
よくぼう	欲望 [요꾸보-]	욕망

よける	避ける [요께루]	비키다(피하다)
よこ	横 [요꼬]	가로, 옆
よこがお	横顔 [요꼬가오]	옆얼굴
よこがき	横書き [요꼬가끼]	가로쓰기
よこぎる	横切る [요꼬기루]	가로지르다
よこく	予告 [요꼬꾸]	예고
よこしまだ	邪 [요꼬시마다]	간사하다
よごす	汚す [요고스]	더럽히다
よこたえる	横たえる [요꼬다에루]	눕히다
よこたわる	横たわる [요꼬따와루]	가로눕다, 눕다
よごと	夜毎 [요고또]	밤마다
よこどり	横取り [요꼬도리]	가로채기, 새치기
よこばら	横腹 [요꼬바라]	옆구리
よこみち	横道 [요꼬미찌]	옆길
よごれる	汚れる [요고레루]	더러워지다
よさん	予算 [요상]	예산
よしあし	善し悪し [요시아시]	잘잘못
よじれる	捩れる [요지레루]	뒤틀리다
よそう	予想 [요소-]	예상
よそおう	装う [요소오-]	치장하다
よそく	予測 [요소꾸]	예측
よそゆき	余所行き [요소유끼]	나들이
よそよそしい	[요소요소시-]	쌀쌀맞다
よっか	四日 [욱까]	나흘
よつかど	四つ角 [요쓰가도]	네거리
よっきゅう	欲求 [옥뀨-]	욕구
よてい	予定 [요떼-]	예정

よなか	夜中 [요나까]	밤중
よのなか	世の中 [요노나까]	세상
よび	予備 [요비]	예비
よびおこす	呼び起こす [요비오꼬스]	불러일으키다
よびこ	呼び子 [요비꼬]	호루라기
よびだし	呼出し [요비다시]	호출
よびりん	呼び鈴 [요비링]	초인종
よぶ	呼ぶ [요부]	부르다
よほう	予報 [요호-]	예보
よぼう	予防 [요보-]	예방
よほど	余程 [요호도]	어지간히
よみがえる	蘇る [요미가에루]	소생하다
よむ	読む [요무]	읽다
よめ	嫁 [요메]	며느리
よもすがら	終夜 [요모스가라]	밤새도록
よやく	予約 [요야꾸]	예약
よゆう	余裕 [요유-]	여유
よりわける	選り分ける [요리와께루]	가려내다
よる	夜 [요루]	밤(어둠)
よろい	鎧 [요로이]	갑옷
よろこび	喜び [요로꼬비]	기쁨
よろこぶ	喜ぶ [요로꼬부]	기뻐하다
よろこんで	喜んで [요로꼰데]	기꺼이
よろしい	宜しい [요로시-]	**괜찮다**
よろめく	蹌踉めく [요로메꾸]	뒤뚱거리다
よわい	弱い [요와이]	약하다
よわみ	弱味 [요와미]	취약점

ら (ラ)

ラーメン	중 老麵 [라-멩]	라면
らいう	雷雨 [라이우]	뇌우
ライオン	lion [라이옹]	사자
らいげつ	来月 [라이게쓰]	내달
らいしゃ	来社 [라이샤]	내사
らいしゅ	来週 [라이슈]	내주
らいしんし	頼信紙 [라이신시]	전보 용지
らいせ	来世 [라이세]	내세
ライト	light · right [라이또]	라이트
らいねん	来年 [라이넹]	내년
らいひん	[라이힝]	내빈
ライベル	rival [라이바루]	라이벌
らいほう	来訪 [라이호-]	내방
らいらく	磊落 [라이라꾸]	호탕함, 소탈함
ライラック	lilac [라이락꾸]	라일락
らいれき	来歴 [라이레끼]	내력
ライン	line [라잉]	라인
ラウンジ	lounge [라운지]	라운지
ラウンド	round [라운도]	라운드
らく	楽 [라꾸]	편안함

らくいん	烙印 [라꾸잉]	낙인
らくえん	楽園 [라꾸엥]	낙원
らくがき	落書き [라꾸가끼]	낙서
らくご	落伍 [라꾸고]	낙오
らくさ	落差 [라꾸사]	낙차
らくさつ	落札 [라꾸사쓰]	낙찰
らくせん	落選 [라꾸셍]	낙선
らくだ	駱駝 [라꾸다]	낙타
らくだい	落第 [라꾸다이]	낙제
らくたん	落胆 [라꾸땅]	낙담
らくちゃく	落着 [라꾸짜꾸]	낙착
らくてんか	楽天家 [라꾸땡까]	낙천가
らくのう	酪農 [라꾸노-]	낙농
らくば	落馬 [라꾸바]	낙마
ラグビー	rugby [라구비-]	럭비
らくらい	落雷 [라꾸라이]	낙뢰
らくらくと	楽楽と [라꾸라꾸또]	쉽게
ラケット	racket [라껫또]	라켓
ラジオ	radio [라지오]	라디오
らしんばん	羅針盤 [라심방]	나침반
ラスト	last [라스또]	라스트
らたい	裸体 [라따이]	나체
らち	拉致 [라찌]	납치
らっか	落下 [랏까]	낙하
らっか	落花 [랏까]	낙화
らっかせい	落花生 [랏까세-]	땅콩
らっかん	楽観 [락깡]	낙관

ラッキー	lucky [랏끼-]	럭키
ラッシュアワー	rush hour [랏슈이와-]	러시아워
らっぱ	喇叭 [랏빠]	나팔
ラテンご	Latin語 [라뗑고]	라틴어
ラブ	love [라부]	러브
ラブレター	love letter [라부레따-]	러브레터
ラベル	label [라베루]	라벨
らん	蘭 [랑]	난초
らんぎょう	乱行 [랑교-]	난행
ランキング	ranking [랑낑구]	랭킹
らんざつだ	乱雑だ [란자쓰다]	난잡하다
らんし	卵子 [란시]	난자
らんし	乱視 [란시]	난시
らんせい	乱世 [란세-]	난세
らんそう	卵巣 [란소-]	난소
らんだ	乱打 [란다]	난타
ランチ	lunch [란찌]	런치
ランデブー	ㅍ rendez-vous [랑데부-]	랑데부
らんにゅう	乱入 [란뉴-]	난입
ランニング	running [란닝구]	러닝
らんばつ	濫発 [람빠쓰]	남발
らんぴつ	乱筆 [람삐쓰]	난필
らんぶ	乱舞 [람부]	난무
ランプ	lamp [람뿌]	램프
らんぼう	乱暴 [람보-]	난폭
らんよう	濫用 [랑요-]	남용
らんりつ	乱立 [란리쓰]	난립

り (リ)

リアルだ	realだ [리아루다]	리얼하다
リーダー	leader [리-다-]	리더
リーダーシップ	leader-ship [리-다-십뿌]	리더십
リード	lead [리-도]	리드
りえき	利益 [리에끼]	이익
りかい	理解 [리까이]	이해
りがい	利害 [리가이]	이해(손득)
りきさく	力作 [리끼사꾸]	역작
りきせつ	力説 [리끼세쓰]	역설
りきてん	力点 [리끼뗑]	역점
りきりょう	力量 [리끼료-]	역량
りく	陸 [리꾸]	뭍
リクエスト	request [리쿠에스또]	리퀘스트
りくぐん	陸軍 [리꾸궁]	육군
りくじょう	陸上 [리꾸죠-]	육상
りくち	陸地 [리꾸찌]	육지
りくつ	[리꾸쓰]	이치
りこう	利口 [리꼬-]	똑똑함, 영리함, 총명함
りこしゅぎ	利己主義 [리꼬슈기]	이기주의
りこん	離婚 [리꽁]	이혼

リサイタル	recital [리사이따루]	리사이틀
りす	栗鼠 [리스]	다람쥐
リスク	risk [리스꾸]	리스크
リスト	list [리스또]	리스트
リズム	rhythm [리즈무]	리듬
りせい	理性 [리세-]	이성
リセプション	reception [리세뿌숑]	리셉션
りそう	理想 [리소-]	이상
りそく	利息 [리소꾸]	이자
りちぎ	律儀 [리찌기]	고지식함
りつあん	立案 [리쓰앙]	입안(계획서)
りったい	立体 [릿따이]	입체
リットル	liter [릿또루]	리터
りっぱ	立派 [립빠]	훌륭함
りっぽう	立法 [립뽀-]	입법
リトマスし	litmus紙 [리또마스시]	리트머스종이
りねん	理念 [리넹]	이념
リハーサル	rehearsal [리하-사루]	리허설
リフト	lift [리후또]	리프트
リバイバル	revival [리바이바루]	리바이벌
リベート	rebate [리베-또]	리베이트
リボン	ribbon [리봉]	리본
リモコン	remote control [리모꽁]	리모컨
リヤカー	rear car [리야까-]	리어카
りゃくじ	略字 [랴꾸지]	약자
りゃくしき	略式 [랴꾸시끼]	약식
りゃくず	略図 [랴꾸즈]	약도

りゃくだつ	略奪 [랴꾸다쓰]	약탈
りゆう	理由 [리유-]	이유
りゅう	竜 [류-]	용
りゅうがく	留学 [류-가꾸]	유학
りゅうこう	流行 [류-꼬-]	유행
りゅうちょう	流暢 [류-쵸-]	유창함
りゅうつう	流通 [류-쓰-]	유통
りゅうほ	留保 [류-호]	유보
リュックサック	rucksack [룽꾸삭꾸]	륙색
りよう	利用 [리요-]	이용
りょういき	領域 [료-이끼]	영역
りょうがえ	両替 [료-가에]	환전
りょうがわ	両側 [료-가와]	양쪽
りょうき	猟奇 [료-끼]	엽기
りょうきん	料金 [료-낑]	요금
りょうじかん	領事館 [료-지깡]	영사관
りょうしゅうしょう	領収証 [료-슈-쇼-]	영수증
りょうしん	良心 [료-싱]	양심
りょうしん	両親 [료-싱]	양친
りょうど	領土 [료-도]	영토
りょうり	料理 [료-리]	요리
りょかん	旅館 [료깡]	여관
りょきゃく	旅客 [료갸꾸]	여객
りょくいん	緑陰 [료꾸잉]	녹음
りょくち	緑地 [료꾸찌]	녹지
りょくないしょう	緑内障 [료꾸나이쇼-]	녹내장
りょけん	旅券 [료껭]	여권

りょこう	旅行 [료꼬-]	여행
りょっか	緑化 [룟까]	녹화(푸르름)
リラックス	relax [리락꾸스]	릴랙스
りりく	離陸 [리리꾸]	이륙
りりしい	凛しい [리리시-]	늠름하다, 씩씩하다
リレー	relay [리레-]	릴레이
りれきしょ	履歴書 [리레끼쇼]	이력서
りろん	理論 [리롱]	이론
りんかく	輪郭 [링까꾸]	윤곽
リング	ring [링구]	링
リンゲルえき	Ringer液 [링게루에끼]	링거
りんご	林檎 [링고]	사과
りんじ	臨時 [린지]	임시
りんじゅう	臨終 [린쥬-]	임종
リンス	rinse [린스]	린스
りんてんき	輪転機 [긴뗑끼]	윤전기
りんり	倫理 [린리]	윤리
るいけい	累計 [루이께-]	누계
るいせき	累積 [루이세끼]	누적

る (ル)

ルージ	rouge [루-쥬]	루즈
ルート	route [루-또]	루트
ループ	loop [루-뿌]	루프
ルール	rule [루-루]	룰
るす	留守 [루스]	부재중
るつぼ	坩堝 [루쓰보]	도가니
ルネサンス	renaissance [루네산스]	르네상스
ルビー	ruby [루비-]	루비
ルンペン	Lumpen [룸뻰]	룸펜

れ (レ)

レイアウト	layout [레-아우또]	레이아웃
れいか	零下 [레-까]	영하
れいがい	例外 [레-가이]	예외
れいかん	霊感 [레-껑]	영감
れいぎ	礼儀 [레-기]	예의
れいきゃく	冷却 [레-까꾸]	냉각
れいけつ	冷血 [레-께쓰]	냉혈
れいこくだ	冷酷だ [레-꼬꾸다]	냉혹하다
れいこん	霊魂 [레-꽁]	영혼
れいしょう	冷笑 [레-쇼-]	냉소
れいじょう	令状 [레-죠-]	영장
れいせい	冷静 [레-세-]	냉정
れいぞうこ	冷蔵庫 [레-조-꼬]	냉장고
れいたん	冷淡 [레-떵]	냉담
れいだんぼう	冷暖房 [레-담보-]	냉난방
れいてつ	冷徹 [레-떼쓰]	냉철
れいとう	冷凍 [레-또-]	냉동
れいはい	礼拝 [레-하이]	예배
れいふじん	令夫人 [레-후징]	영부인
れいぼう	冷房 [레-보-]	냉방

れいめい	黎明 [레우메우]	여명
レーザー	laser [레-자-]	레이저
レース	race [레-스]	레이스
レーダー	radar [레-다-]	레이더
レール	rail [레-루]	레일
れきし	歴史 [레끼시]	역사
れきだい	歴代 [레끼다이]	역대
レクリエーション	recreation [레꾸리에-송]	레크리에이션
レコーダー	recorder [레코-다-]	리코더
レコーディング	recording [레코-딩구]	리코딩
レコード	record [레꼬-도]	레코드
レジャー	leisure [레자-]	레저
レストラン	ㅍ restaurant [레스또랑]	레스토랑
レスリング	wrestling [레스링구]	레슬링
レター	letter [레따-]	레터
れつ	列 [레쓰]	줄
れっしゃ	列車 [렛샤]	열차
レッスン	lesson [렛승]	레슨
レッテル	네 letter [렛떼루]	레테르
れっとう	列島 [렛또우]	열도
れっとうかん	劣等感 [렛또우깡]	열감
レディー	lady [레디-]	레이디
レパートリー	repertory [레-빠또리-]	레퍼토리
レフェリー	referee [레훼리-]	레퍼리
レベル	level [레베루]	레벨
レポーター	reporter [레뽀-타-]	리포터
レポート	report [레뽀-또]	리포트

レモン	lemon [레몽]	레몬
れんあい	恋愛 [렝아이]	연애
れんが	煉瓦 [렝가]	벽돌
れんぎょう	連翹 [렝교-]	개나리
れんけつ	連結 [렝께쓰]	연결
れんさい	連載 [렌사이]	연재
れんしゅう	練習 [렌슈-]	연습
レンズ	lens [렌즈]	렌즈
れんぞく	連続 [렌조꾸]	연속
レンタカー	rent-a-car [렌따까-]	렌터카
れんびん	憐憫 [렘빙]	연민
れんぼ	恋慕 [렘보]	연모
れんま	練磨 [렘마]	연마
れんらく	連絡 [렌라꾸]	연락

ろ (ロ)

ロイヤルティー	royalty [로이야루띠-]	로열티
ろうか	廊下 [로우까]	복도
ろうか	老化 [로우까]	노화
ろうがんきょう	老眼鏡 [로우강꾜-]	돋보기
ろうきゅう	老朽 [로우뀨-]	노후(썩음)
ろうしょう	老少 [로우쇼-]	노소
ろうじん	老人 [로우징]	노인
ろうすい	老衰 [로우스이]	노쇠
ろうすい	漏水 [로우스이]	누수
ろうぜき	狼藉 [로우제끼]	행패
ろうせつ	漏洩 [로우세쓰]	누설
ろうぞうしい	騒騒しい [소우조우시-]	떠들썩하다
ろうそく	蝋燭 [로우소꾸]	양초
ろうでん	漏電 [로우뎅]	누전
ろうと	漏斗 [로우또]	깔때기
ろうどう	労働 [로우도-]	노동
ろうどく	朗読 [로우도꾸]	낭독
ろうば	老婆 [로우바]	노파
ろうばい	狼狽 [로우바이]	낭패
ろうひ	浪費 [로우히]	낭비

ろうぼ	老母 [로우보]	노모
ろうまん	浪漫 [로우망]	낭만
ろうれい	老齢 [로우레-]	노령
ろうれん	老練 [로우렝]	노련함
ローション	lotion [로-숑]	로션
ロータリー	rotary [로-따리-]	로터리
ローテーション	rotation [로-떼-숑]	로테이션
ロープ	rope [로-뿌]	로프
ローマじ	Rome字 [로-마지]	로마자
ローラー	roller [로-라-]	롤러
ろくおん	録音 [로꾸옹]	녹음
ろくが	録画 [로꾸가]	녹화(비디오)
ろくに	碌に [로꾸니]	제대로
ろくまく	肋膜 [로꾸마꾸]	늑막
ロケーション	location [로께-숑]	로케이션
ロケット	locket [로껫또]	로켓
ろこつてき	露骨的 [로꼬쓰떼끼]	노골적
ろじ	路地 [로지]	골목
ろしゅつ	露出 [로슈쓰]	노출
ろじょう	路上 [로죠-]	노상
ろせん	路線 [로셍]	노선
ろだい	露台 [로다이]	노대
ロッカー	locker [록까-]	로커
ろっこつ	肋骨 [록꼬쓰]	늑골
ろば	驢馬 [로바]	당나귀
ロビー	lobby [로비-]	로비
ロビイスト	lobbyist [로비-스또]	로비스트

ロボット	robot [로봇또]	로봇
ロマンス	romance [로만스]	로맨스
ろめん	路面 [로멩]	노면
ろんご	論語 [롱고]	논어
ろんこく	論告 [롱꼬꾸]	논고
ろんじゅつ	論述 [론쥬스]	논술
ろんずる	論ずる [론즈루]	논하다
ろんせつ	論説 [론세쓰]	논설
ろんそう	論争 [론소-]	논쟁
ロンドン	London [론동]	런던
ろんなん	論難 [론낭]	논란
ろんぶん	論文 [롬붕]	논문
ろんり	論理 [론리]	논리

わ (ワ)

わ	輪 [와]	고리
ワイフ	wife [와이후]	와이프
わいろ	賄賂 [와이로]	뇌물
ワイン	wine [와잉]	와인
わかい	若い [와까이]	젊다
わかす	沸かす [와까스]	끓이다
わかめ	若布 [와까메]	미역
わかもの	若者 [와까모노]	젊은이
わからない	分からない [와까라나이]	모르다(이해)
わかれ	別れ [와까레]	이별
わかれみち	別れ道 [와까레미찌]	갈림길
わかれる	別れる [와까레루]	헤어지다
わき	脇 [와끼]	겨드랑이
わきかえる	沸き返る [와끼까에루]	들끓다
わきまえる	弁える [와끼마에루]	분별하다
わきめをふる	脇目をふる [와끼메오후루]	한눈을 팔다
わく	沸く [와꾸]	끓다
わく	湧く [와꾸]	솟다
わく	[와꾸]	테두리
ワクチン	Vakzin [와꾸찡]	왁친

わけ	訳 [와께]	까닭, 영문
わけない	訳無い [와께나이]	문제없다
わける	分ける [와께루]	나누다
わざわざ	[와자와자]	일부러
わし	鷲 [와시]	독수리
わずらう	患う [와즈라-]	앓다
わずらわしい	煩しい [와즈라와시-]	번거롭다
わすれなぐさ	勿忘草 [와스레나구사]	물망초
わすれる	忘れる [와스레루]	잊다
わた	綿 [와따]	솜
わたし	私 [와따시]	나
わたしたち	私達 [와따시타치]	우리들
わたしば	渡し場 [와따시바]	나루터
わたしぶね	渡し船 [와따시부네]	나룻배
わたす	渡す [와따스]	넘기다(건네다)
わたりどり	渡り鳥 [와따리도리]	철새
わたる	渡る [와따루]	건너다
わな	罠 [와나]	덫, 올가미
わなわな	[와나와나]	와들와들
わに	鰐 [와니]	악어
わびしい	侘しい [와비시-]	외롭다
わめく	喚く [와메꾸]	아우성치다
わら	藁 [와라]	지푸라기, 짚
わらう	笑う [와라-]	웃다
わらび	蕨 [와라비]	고사리
わらや	藁屋 [와라야]	초가집
わらわす	笑わす [와라와스]	웃기다

わりあて	割当て [와리아떼]	할당
わりかん	割り勘 [와리깡]	각자 부담
わりこむ	割り込む [와리꼬무]	비집고 돌아가다
わりざん	割り算 [와리장]	나눗셈
わりばし	割り箸 [와리바시]	소독저
わりびき	割引 [와리비끼]	할인
わる	割る [와루]	가르다
わるい	悪い [와루이]	나쁘다
わるくち	悪口 [와루쿠찌]	욕설
ワルツ	waltz [와루쓰]	왈츠
われる	割れる [와레루]	갈라지다, 깨지다
わんしょう	腕章 [완쇼ー]	완장
わんぱく	腕白 [왐빠꾸]	개구쟁이
ワンピース	one-piece [왐삐ー스]	원피스
わんりょく	腕力 [완료꾸]	완력